GRAVITARE

关 怀 现 实 , 沟 通 学 术 与 大 众

FIRESTONE'S
SCRAMBLE FOR
LAND AND POWER
IN LIBERIA

橡胶帝国

美国资本在利比里亚的土地与权力之争

EMPIRE OF RUBBER

［美］格雷格·米特曼　著

田泽浩　译

SPM
南方传媒　广东人民出版社
·广州·

图书在版编目（CIP）数据

橡胶帝国 /（美）格雷格·米特曼著；田泽浩译.
广州：广东人民出版社，2025.7. --（万有引力书系）.
ISBN 978-7-218-18353-4

Ⅰ. K447.4
中国国家版本馆 CIP 数据核字第 2025A7D362 号

著作权合同登记号：图字19-2025-061号

EMPIRE OF RUBBER: Firestone's Scramble for Land and Power in Liberia by Gregg
Mitman©2021 by Gregg Mitman
Published by arrangement with The New Press, New York

XIANGJIAO DIGUO
橡 胶 帝 国
［美］格雷格·米特曼 著　田泽浩 译　　　版权所有　翻印必究

出 版 人：肖风华

书系主编：施　勇　钱　丰
责任编辑：梁欣彤
营销编辑：龚文豪
责任技编：吴彦斌
特约编辑：方　宇

出版发行：广东人民出版社
地　　址：广州市越秀区大沙头四马路10号（邮政编码：510199）
电　　话：（020）85716809（总编室）
传　　真：（020）83289585
网　　址：https://www.gdpph.com
印　　刷：广州市岭美文化科技有限公司
开　　本：889毫米×1194毫米　1/32
印　　张：13　　字　数：275千
版　　次：2025年7月第1版
印　　次：2025年7月第1次印刷
定　　价：98.00元

如发现印装质量问题，影响阅读，请与出版社（020-85716849）联系调换。
售书热线：（020）87716172

目　录

前　言

　　夜雨洗去了暑气与烟尘，晨间的微风给新的一天带来了一丝清爽的凉意。法明顿酒店的后院一片寂静，这座造价 2000 万美元的五星级豪华酒店于 2017 年在利比里亚的罗伯茨国际机场（也被称为"罗伯茨菲尔德国际机场"）对面正式营业。这座酒店的客人主要是国际商务人士和慈善机构的工作人员，他们能够负担得起每晚 200 美元的住宿费，而这个国家的半数人口每日的生活费不到 2 美元。由于我们的摄制组在接下来的几天里将在附近的利比里亚生物医药研究院工作，因此住在这间酒店颇为便利。[1]

　　哈贝尔镇也在酒店附近，这里曾是费尔斯通种植园公司总部所在地，该公司现在已经更名为费尔斯通利比里亚公司。今天的哈贝尔已经看不到往日的繁荣景象，当时这个国家的自然资源被大量开采，随之而来的收益装满了美国橡胶大亨、钢铁巨头和利比里亚特权阶层的腰包。

　　酒店的后院正对着法明顿河，酒店因此得名。下游几英里（1英里约合 1.6 千米）处，法明顿河的淡水同大西洋咸涩的海水汇合，在河口形成了一处独特的景观，红树林与堰洲岛共同构成了多种生物的栖息地。河对岸是赞加镇，孩子们在那里玩耍。我看见镇子边缘长着棕榈树和香蕉树，泥砖房之间有小菜园，菜园里种的也许是胡椒、木薯和其他利比里亚人的主食。在利比里亚，这些作物提供了食物、收入和土地所有权的依据——在这个国家，土地就是生命。近处还有一艘巨大的用原木做成的独木舟，它正将人们从河的一边运送到另一边。

这里在 20 世纪 40 年代一度热闹非凡，挤满了美国军人、费尔斯通公司工程师和利比里亚劳工。他们要尽快建好一座机场，将它交付泛美航空公司，后者将根据军事合同运营机场。这座机场最初被称为罗伯茨机场，旁边还计划修建一座军事基地，为赶赴地中海与东南亚前线的美国空军运输机提供服务。不过保卫利比里亚同样十分重要。当时整个世界陷入战火，数千名非裔美国士兵，以及少数白人军官与士兵，奉命前来保障美国的天然橡胶供应不受影响。这个属于美国的帝国时代已经告终，但它的遗产仍然存在。今日，在原来的罗伯茨国际机场航站楼一旁，矗立着一座由玻璃、混凝土与钢材建造的新航站楼。它的造价为 5000 万美元，这笔资金由中国进出口银行提供。这座大楼不久前才投入运营，它的双悬臂式屋顶酷似大型喷气机的双翼，这象征着非洲进入了地缘政治与资源开采的新时代。

不到 1 英里外便是费尔斯通利比里亚公司的正门。该公司如今由总部设在东京的普利司通公司运营，后者在 1988 年收购了美国的费尔斯通轮胎橡胶公司。[①] 在收购成交的大约 10 年前，最后一位费尔斯通家族成员放弃了家族企业的控制权。1926 年，利比里亚政府授予老哈维·费尔斯通（Harvey Firestone Sr.）100 万英亩（1英亩约合 0.004 平方千米）土地的特许经营权，后者在此基础上建起了世界上规模最大的连片橡胶种植园。这家总部位于俄亥俄州阿克伦市的轮胎制造商最初要求的土地，也就是后来修建罗伯茨菲尔德国际机场的地区，曾是巴萨人的传统领地。他们是长期居住在这片地区上的诸多族群之一，远早于从 19 世纪早期起，先后从美国和加勒比地区到此定居的移民。

从法明顿酒店向上游看去，我望见一座银色的水塔，它标志着建于 1940 年的费尔斯通乳胶工厂的位置。如今，在大约 200 平方英里（1 平方英里约合 2.6 平方千米）的区域内，采集工人像祖辈一样，每天早早赶来，从数百万棵橡胶树上采集乳白色的液体。数千加仑（1 加仑约合 3.8 升）的液体乳胶每日被用卡车从种植园的各个分区运往工厂。我一时大意，弯下腰嗅闻厂内快速流动的乳胶，几近昏厥。我这才知晓，处理厂中氨水的气味竟能如此刺鼻。数十年间，费尔斯通种植园公司将法明顿河当作方便的排水渠，向河中倾倒工业化生产"天然"橡胶过程中产生的氨水等废料。周围的居民在河中洗澡、洗衣、捕鱼，而恶臭的气味、被污染的井水、皮肤疾病和鱼类骤减等问题一直令他们怨声载道。但直到 2008 年，

---

① Firestone 既是创始人姓氏，也是公司名称。该品牌还存在火石轮胎与凡士通等中译名，普利司通集团收购该品牌后在中国大陆使用的官方译名则为风驰通。为与人名保持一致，本书翻译均采用费尔斯通。——译者注（本书脚注均为译者注，后文不再说明）

当地才建设了一座废水处理厂，这距乳胶厂最初投产已经过了近70年。[2]

在远处的山顶，距离公司总部旧址大门不远的地方，有一栋二层红色砖楼的废墟，它与此地常见的泥砖与煤渣砖的房屋截然不同。我认出这是费尔斯通公司为其管理人员（全部是美国白人）建造的舒适的住宅。棕榈树笼罩着这栋建筑，四周一片荒凉，只有一些新近种的橡胶树苗。类似这样的废弃建筑在费尔斯通种植园内随处可见，让人联想到南北战争前美国南方种植园的风光，那里的种植园主就从这样的楼上俯瞰他们的财产，包括土地、作物和奴隶。而这里的"种植园主"是费尔斯通公司的分区主管，他们在山顶的房屋有意区别于分区的营地，后者通常建于低地和沼泽中，供非洲劳工居住。山顶的房屋能在一定程度上抵御雌性疟蚊的叮咬，因其不喜于高处活动。这种蚊子是恶性疟原虫传播的重要媒介，对费尔斯通公司工人的健康与效率构成了相当大的威胁，直到今天仍然如此。

从法明顿酒店出发，朝着与费尔斯通种植园相反的方向走上几英里，就能看到另一个体现美利坚橡胶帝国深远影响的例子。利比里亚生物医药研究院同样采用了费尔斯通公司的建筑风格。正门入口的走廊上挂着一块金色的牌匾，专门用来纪念老哈维。这座建筑建成于1952年，资金来自小哈维·费尔斯通（Harvey Firestone Jr.）提供的25万美元捐款，他希望建设一所热带医学研究院，以纪念其父"与利比里亚人民的深情厚谊"，以及为"他们的健康幸福"所做的长期努力。[3]

在研究院外的一个地方，生锈的空笼子和几个涂漆的黑猩猩水泥雕像，让人联想起一段以人和动物为对象进行临床试验的时期。在这里，西方的医生与生物医学研究者共同寻找治疗疟疾、血吸虫病等热带疾病的良方，这些疾病阻碍着大规模改造自然的努力。从费尔斯通投资利比里亚之初，美国的科学与医学就被用来改善利比里亚工人的生活，这有助于美利坚橡胶帝国在一个非洲主权共和国赢得支持。这个以种植园为中心的帝国的碎片和残骸无处不在。为满足即将进入汽车时代的美国对橡胶不断增长的需求，一套工业生态关系在利比里亚建立起来，它重塑了这个国家的生命与土地的关系。这些残余让我们有机会一瞥对旧世界的改造与新世界的诞生。[4]

我在 2012 年首次造访利比里亚，想要重走 1926 年一支哈佛大学考察队探索利比里亚的路线。在从布鲁塞尔飞往蒙罗维亚的航班上，我遇到了各种各样的人。其中一些是为躲避内战而远赴海外的利比里亚人，他们想探望和帮助亲人。另一些人来自西方的非政府组织或政府机构，他们想用他们的时间和专业知识来重建这个国家。机上还有美国传教士，其中不少是大学生年纪的白人女性，这些传教士或许是出于利比里亚需要拯救的信念而踏上这段旅程。

像许多来到这个西非国家的美国人（包括那支哈佛大学考察队的成员）一样，当我到达这里时，我误读了此地的景观。[5] 从机场到蒙罗维亚的路上，我不明白为何沿途有大量盖了一半的煤渣砖房，我以为它们是在战争中遭到遗弃的建筑。我的脑海中浮现出关丁战争与贫穷的画面和故事，我想当然地认定这些都是废墟。后来，我逐渐了解了土地在利比里亚的价值与意义，并意识到这些建筑并非废墟，而是复兴的标志。在这个国家，土地一直是维持生计和争取自主权的重要资源。这些房子代表着人们占据和保有一片土地的渴望。2018 年，大约 50% 的土地被长期租借给外国投资者。[6] 2003 年，当长达 14 年，几乎持续不断的内战最终结束后，利比里亚政府需要资本以激活国家经济，重建毁坏的基础设施。政府积极吸引外国投资，慷慨地提供农业、采矿、伐木等领域的特许经营权。

如今，大农场农业的浪潮席卷全球，土地成为重要资源。这与 19 世纪末 20 世纪初的情况非常相似，当时欧美企业竞相争夺拉丁美洲、太平洋岛屿、东南亚和非洲的土地，在那里种植热带水果、橡胶树和油棕树，以满足消费者对菠萝、香蕉、汽车轮胎等产品的需求。据估计，仅在过去 10 年，全球就有 750 万英亩土地被出售或租赁给外国投资者，用于油棕、橡胶和农产品的大规模特许经营。[7] 建立种植园世界的第一步永远是夺取土地。将近 100 年前，费尔斯通在利比里亚获得了一大片土地的特许经营权，并在此基础上建立了庞大的橡胶种植园，从而帮助美国打破了英国与荷兰对当时世界利润最高的一种商品的垄断。

本书将通过费尔斯通公司在利比里亚的活动来讲述美国的历史。在这个故事中，一家庞大的美国企业在利润和民族主义使命的驱使下，以慈善的名义，通过协议、操纵和暴力等手段进入当时非洲大陆上仅有的两个黑人主权国家中的一个。美国之外的视角能够使人更清楚地看到由科学和医学支持的白人特权与权力结构，它们推动着美国资本主义与美国的全球扩张。然而，费尔斯通公司在利比里亚的故事不仅是一个关于白人至上与种族资本主义（它们支撑着一个美国商业家族延续了半个多世纪）的故事，也是一段关于斗争、共谋与反抗的历史。这个黑人共和国顽强斗争，其领导人以各种手段来保住他们的土地，防止国家沦为美国的保护领。而离散在世界各地的非洲同胞，包括非裔政治家、作家、科学家、外交官与企业家也参与其中，支持或反对费尔斯通在利比里亚开展的实验。

　　土地掠夺、种族剥削与强迫劳动塑造了大西洋世界的历史，这个种植园是否能够摆脱这些罪行而存在？[8] 在一个帝国主义与殖民主义猖獗的世界，美国资本是否值得信任？它能否尊重一个黑人主权国家及其人民？费尔斯通究竟会成为利比里亚的天使还是魔鬼？这些疑问的核心是老哈维的承诺，他声称要在利比里亚建立一座现代的工业种植园，该种植园将为这个国家及其人民带来巨大利益。这些疑问至今仍然存在。

　　利比里亚的许多长者、酋长、同事、朋友与亲人同我分享了他们的故事，帮助我解答困惑，在村庄里热情地接待我，并纠正了我的诸多错误。我对他们感激不尽。他们挑战了我的想法与信念，让我看到世界上不同的生活方式，并改变了我工作与努力的方向。没有他们，本书不可能完成。由于无法查阅费尔斯通公司的档案（2005 年一桩指控费尔斯通种植园侵犯劳工权利的诉讼案后，该公司的档案被移出了公立的阿克伦大学），我只好从世界各地收集、整理零星的材料，试图拼凑出一个可以而且应当从多个角度讲述的故事。[9] 作为一名科学史、医学史与环境史学家，我提供了一个视角，并希望对过去的了解能够帮助建立一个更加公正的未来。

第一章

"美国应该生产自己的橡胶"

"橡胶是世界上最重要的商品。"美国橡胶协会主席老哈维面对来到纽约华尔道夫酒店参加1917年年会的600名协会成员与来宾宣告道。身穿黑色燕尾服，系着雪白领结的工商业高管，纷纷放下嘴边的生蚝、乳鸽、法式奶冻与红酒。他们讥笑费尔斯通竟这样口出狂言。但48岁的费尔斯通丝毫没有开玩笑的意思。宾客用餐与他讲话所在的这间气派的舞厅，当日特地布置了一系列隆重的爱国主义装饰，挂满了美利坚星条旗。

另一位俄亥俄州的名人威廉·霍华德·塔夫脱（William Howard Taft）是当晚的主宾，体重350磅（1磅约合0.45千克）的他堪称巨人。不仅如此，塔夫脱先是于1901年出任美属菲律宾首任总督，后来又在1909—1913年担任美国总统，而他向来乐于利用私人资本与政府权力，在外国土地上为美国企业谋取经济和政治优势。塔夫脱一心在菲律宾建立文官政府，在当地维护美国资本，令橡胶企业有机会"在美属土地上种植和生产自己的橡胶"。当晚的宾客对此报以热烈掌声。塔夫脱发言称，美国消费了全世界60%

的生橡胶，并提醒到场听众"橡胶供给不足的窘境"。他评论道："对橡胶日益增长的需求，凸显了我们对热带产品越来越严重的依赖，以及越来越迫切的改善热带国家的生活、营商、治理环境的需求。"[1] 塔夫脱的这篇演讲与费尔斯通的想法不谋而合。

为进一步取得竞争优势，这位总部位于阿克伦的企业家用尽一切手段压低自家工厂轮胎的生产成本。但其中一类成本是他无法控制的，那就是生橡胶的价格。美国各家轮胎制造商都意识到，自己受制于这种热带植物的气候条件，以及使巴西、英国与荷兰控制了全球橡胶供应的帝国地缘政治环境。

乳胶在 20 世纪初被称为"白色黄金"。它是数千种开花植物都会分泌的一种浑浊黏稠的物质，是植物对抗捕食者的一种天然保护机制。这种乳白色液体包含多种防御物质，当昆虫啃食树叶时，它会被分泌在树叶表面，并在接触空气后凝固。橡胶本质上是一种天然聚合物，是许多植物的乳胶中含有的一种保护性物质。昆虫会惊觉其口器乃至全身都陷入了这种黏性的泥状液体。橡胶还可起到绷带的作用，封盖住茎叶的伤口。

数百年来，橡胶一直受到中美洲原住民的珍视。他们从巴拿马橡胶树等中美洲本土植物中提取乳胶，制成凉鞋和皮球。在欧洲征服与成为一种帝国主义标志性商品之前，乳胶早已在阿兹特克、奥尔梅克与玛雅文明①贸易网中被交换。1839 年，美国化学家查尔斯·古德伊尔（Charles Goodyear）发现，受热的硫黄能够稳定橡

---

① 阿兹特克、奥尔梅克与玛雅均是中美洲古文明，其中奥尔梅克一词本身就具有"橡胶"的含义。

胶特有的弹性与防水性能。这一发现令一种此前引起人们兴趣，但未得到广泛应用的物品变成了美国工业基础设施重要的"弹性肌肉与跟腱"——这句话出自固特异轮胎橡胶公司①总裁保罗·利奇菲尔德（Paul Litchfield）之口。[2]

世界燃起对橡胶的渴望，而这要靠亚马孙雨林中生长的一种树来满足。巴西橡胶木不仅出产高质量橡胶，而且分泌的浓度是同类植物的两倍。然而，这种树的天然产地并不适合大规模采集橡胶。这些树能长到75—150英尺（1英尺约合0.3米），生长在多种雨林植物之间，每英亩通常只有一两棵橡胶树，这导致采集橡胶成为一项折磨人的工作。采集工人（或称"橡胶挖掘者"）大多是巴西东北部的无地农民。他们用砍刀开路，穿越茂密的丛林，寻找珍贵的橡胶树。一名采集工人的采集路线上有150—200棵橡胶树，他会从这些树上采集橡胶。工人随后把采得的橡胶放在明火上烤，使其凝固为生橡胶。橡胶采集是季节性工作，仅限于旱季。但是这一时期降水稀少，温度不断升高，闷热的天气和各类生物（如携带疟疾的蚊子、致命的毒蛇）对采集工人的生命构成了威胁。其中还包括他们的债主。中间人（或称"老板"）拥有橡胶树所在雨林的土地所有权。为换取采集橡胶的许可，"橡胶挖掘者"同老板达成协议，从他那里购买食物和日用品，再将采集的橡胶卖给"老板"。这是一套偏袒老板，剥削采集工人的制度。[3]

---

① 固特异公司（Goodyear Tire and Rubber Company）的名称旨在纪念古德耶尔的发现，但公司的创办与经营另有其人。除本段外，书中使用这一名称均指向公司活动而不涉及人名，因此翻译时采取了通用的公司名称，下文中的百路驰公司等亦然。

交易员（或称"船手"）驾驶蒸汽小艇，穿梭于亚马孙河的众多支流，从"老板"手中购买生橡胶。船员随后会顺流而下，带着橡胶赶往巴西帕拉州的港口城市贝伦。世界第一大河的洪流在此汇入大西洋，形成了一片广阔的三角洲。生橡胶大量堆积在商人在这里建造的库房里。外国买家则会从美国、英国等地来贝伦寻找商机。

在 1879—1912 年的巴西"橡胶繁荣"期间，亚马孙的橡胶以及橡胶采集所依赖的劳动制度，为中间人、交易员与投机商人创造了大量财富。本土与海外的投资者从巴西、玻利维亚和秘鲁政府手中得到了大片土地的特许权，以此建立起一种资源掠夺型经济。华尔街投资人与美国橡胶巨头都参与其中。玻利维亚财团是一家由英美投资人建立的特许公司，其背后包括橡胶巨鳄查尔斯·弗林特（Charles Flint），金融家 J. P. 摩根（J. P. Morgan）、罗斯柴尔德（Rothschild）家族，以及运输业大亨科尼利尔斯·范德比尔特（Cornelius Vanderbilt）的几位继承人。他们粗暴地侵占了阿克里地区①5000 万英亩的土地，那是亚马孙最主要的橡胶产地之一。其时巴西与玻利维亚对这一区域争执不下，而该公司虽然号称支持玻利维亚，却在玻利维亚部队遭受巴西打击而被迫退出后，单方面终止了租约。即便如此，玻利维亚财团仍然获得了 11 万英镑的和解金。[4]

巴西政府严格管控橡胶贸易，这让美国的橡胶制造商非常恼火。巴西精英每年设定橡胶价格，美国厂商无可奈何。通过橡胶获

---

① 阿克里如今是巴西西北部的一个州，西靠玻利维亚，南临秘鲁，面积约为 15.3 万平方公里。

得的财富使许多地区变得繁荣，比如玛瑙斯，这是一座位于雨林中心、亚马孙河下游起点的城市。该市宏伟的亚马孙剧院采用了文艺复兴风格，使用了法式砖瓦、英国钢结构和意大利的卡拉拉大理石。橡胶令这座仅有 5 万人口的城市成为巴西的文艺中心。歌剧院投入使用 8 年后的 1905 年，费尔斯通与亨利·福特（Henry Ford）签约，为后者的 N 型车生产轮胎。这一年，每磅帕拉州橡胶的价格从 61 美分上涨至 1.5 美元。又过了 5 年，T 型车以前所未有的速度驶下福特公司的生产线，而巴西橡胶的价格则飙升至每磅 3.06 美元。费尔斯通每年都深感焦虑，不知该在何时在这个他完全无法控制的高投机性商品市场购买橡胶。5

1876 年，凭借英国植物学家亨利·威克姆（Henry Wickham）盗窃的橡胶树种子，巴西对生橡胶的垄断终于被打破了。约瑟夫·胡克（Joseph Hooker）是位于基尤的皇家植物园①园长，管辖着大英帝国在世界范围内庞大的植物王国。胡克于 1871 年派遣威克姆远赴南美洲考察和收集种子。5 年后，威克姆带着一批秘密货物回到伦敦，其中包括 7 万颗巴西橡胶木种子。它们取自巴西帕拉州的塔帕若斯高原，那里生长着许多最优质的橡胶树。大约 3000 粒种子在基尤生根发芽。这些树苗随后被从气候恶劣的英国送往气候更加适宜的热带栖息地——英国殖民统治下的新加坡与锡兰（今斯里兰卡）。6

在新加坡与锡兰，英国人成功驯化了野生橡胶树，将其转化为

---

① 基尤（Kew）既是地点，也可直接指代皇家植物园（Royal Botanic Gardens）。第二种语境下通常译为"邱园"。

一种种植园作物。这完全是生态上的好运。在亚马孙地区，一种寄生性真菌能够使橡胶树染上南美叶疫病。真菌侵入树叶细胞结构空隙时会破坏生物组织，使叶面变黑，进而导致树木难以进行光合作用。不同树龄的橡胶树在茂密的亚马孙丛林间分散生长，这本身就是一种防御机制。这使树种和真菌形成了进化上的均势。但在巴西尝试建立橡胶种植园，则会使寄生性真菌占据上风——密植的橡胶树苗会被真菌杀死。亨利·福特后来亲身领悟了这一点，他于1927 年规划在巴西帕拉州 250 万英亩的特许地上种植美洲橡胶树。他在热带雨林中建立了短命的福德兰迪亚种植园和贝尔特拉种植园 ①，在这个过程中遇到了一系列难以克服的疾病、劳工和政治难题。[7] 而南亚、英属马来亚与荷属东印度则不存在橡胶树的这种真菌天敌，因此橡胶树能够作为单一种植园作物生根发芽，以约 15英尺的间距排列成行，纵横交错，整齐排布。在这些地区，每英亩能种植近 200 棵橡胶树。

　　起初投资者心存疑虑，不愿为橡胶种植园投入巨款。到 1904年（此时距大英帝国重新规划橡胶树的地理分布已经过了 28 年），南亚与东南亚仅仅种植了 5 万英亩橡胶树。帕拉产橡胶价格的飞涨改变了一切。1905 年巴西橡胶价格上涨导致种植园生产的橡胶供不应求，投资的高额回报引发了在马来群岛种植橡胶树的热潮，许多衰败的咖啡种植园受到青睐，此前咖啡锈病以及与巴西的竞争使它们濒临破产。[8] 1910 年，英国殖民官员查尔斯·布拉多克（Charles

---

　　① 福德兰迪亚（Fordlandia）与贝尔特拉（Belterra），字面意思分别为"福特之地"与"美丽之地"，二者如今分别为巴西的市属行政区与市。

Braddock）这样展望未来："爪哇、苏门答腊和马来半岛饱受摧残的咖啡种植园主，能够以牙还牙，摧毁巴西的橡胶产业，就如同此前巴西摧毁他们的咖啡生意一样。这样便能在因果报应的永恒正义中实现平衡。"[9] 他不需要等太久。到 1914 年，种植园橡胶已经在世界舞台上取代了野生橡胶，达到全球总产量的 60%。至 1922 年，这个比例跃升至 93%。无论生产规模还是利润率，外来劳动力在工业种植园种植的橡胶都远超野生橡胶。[10]

新加坡迅速成为世界橡胶贸易的金融中心与知识之都。位列世界七大港口的新加坡是亚洲文化的熔炉，并且扼守着通往南海、印度洋和太平洋的门户。1911 年，大英帝国有意将其打造为官方指定的橡胶交易市场。每周三中午 12 时 30 分，橡胶交易所都会举行橡胶拍卖会，买卖各种橡胶，从美国轮胎制造商钟爱的一级烟片胶①到低质量的废料。橡胶交易所靠近新加坡的金融中心莱佛士坊，这是新加坡商会和新加坡俱乐部所在地，聚集了城中最富有、最具影响力的欧美殖民贵族。苏格兰人唐纳德·阿拉斯泰尔·罗斯（Donald Alastair Ross）后来担任费尔斯通利比里亚公司首任总经理。他在新加坡橡胶繁荣时期，作为种植园主和土木工程师赚了一大笔钱。他夸口说自己每周末度假时都会跟朋友在莱佛士酒店用英镑纸币点雪茄。这家酒店就在港口对面，从新加坡俱乐部搭黄包车很快便能抵达。1914 年，一级烟片胶在交易所拍卖会上的平均成交价，已经成为全世界橡胶交易的实际标准价。相关信息每周以电

---

① 作为原材料的橡胶在发往海外前必须经过粗加工，按照工艺可分为烟片胶、标准胶、皱片胶、乳胶、颗粒胶等。其中烟片胶分为六个品类，包括特级与一至五级。

报形式发出，海底电缆连接着橡胶产地马来群岛与阿克伦的轮胎制造工厂和全世界的中小买家。[11]

在阿克伦的企业中，百路驰公司于 1913 年率先在新加坡设点，并聘用了采买专员 W. T. 伊斯利（W. T. Easley）。伊斯利是纽约人，住在英国直辖的海峡殖民地，当时新加坡就属于该行政区划。这种不借助代理商，由专人与供应商直接议价的方式，使百路驰比阿克伦的其他竞争者更具优势。费尔斯通公司迅速跟上百路驰的步伐，于 1915 年在大英帝国的这处自由港设立自己的采买办事处。据估计，这一举措每日能为公司节省大约 1500 美元。《新奥尔良平民时报》（New Orleans Times Picayune）的记者写道："虽然阿克伦和新加坡之间的电报价格不菲，而且战争时期一律禁止使用任何缩写暗号，但厂商仍然同其在世界另一端聘请的橡胶行家电报往来不绝。"[12] 4 年后，为抵消不断攀升的原料成本，也为了"使远东处理生橡胶的办法美国化"，费尔斯通斥资 100 万美元在新加坡建立一家工厂，用于整理、清洁和压缩生橡胶。这一举动绕开了"诸多中间商"并降低了运输成本。S. G. 卡库夫（S. G. Carkhuff）是费尔斯通公司的秘书，他发现了别的好处。他夸耀道，在新加坡，"一个白人每个月只需要花费不到 40 美元"，就能雇用四个仆人来照顾他的所有需求。[13]

在产地附近控制橡胶的采购和加工成功地降低了成本。在追求主导美国轮胎市场的道路上，费尔斯通的目标是实现垂直整合，即控制轮胎生产的每一个环节，而下一步就是种植橡胶树。但在哪里种植呢？东南亚似乎很有前景。然而，英国人与荷兰人牢牢控制着这个区域的土地和劳工。他们对东南亚橡胶种植带的控制让费尔斯通非常不满。邀请塔夫脱作为 1917 年美国橡胶协会年会的主讲嘉宾是一项策略。塔夫脱直言，要采取"极端措施"保卫美国企业在外国土地的投资。他还同费尔斯通一样，对菲律宾的法律不满，这些法律规定企业占有土地不得超过 2500 英亩，还限制了进口契约劳工的引入。这两项措施都阻碍着费尔斯通在东南亚建立落脚点。[14]

　　强烈的民族主义情感使费尔斯通不愿意参与荷属东印度或英属马来亚高利润的橡胶种植业务，而美国其他橡胶制造企业早在种植园橡胶兴起之初便进入了这两个地区。美国橡胶公司于 1910 年花费 70 万美元在苏门答腊东海岸取得了 1.5 万英亩土地为期 75 年的租约。这家橡胶公司成立了一家子公司——荷美种植园公司，并且迅速将原来的烟草种植园改造成庞大的橡胶园地。至 1922 年，种植面积已增加了近两倍，达到 4.5 万英亩左右。这是美国橡胶公司在荷属东印度与英属马来亚最大的一块土地，该公司在这两个地区总共拥有 11 万英亩土地。所谓的"美元之地德利"，指的便是美国资本大量涌入苏门答腊，随后固特异等其他美国公司也纷纷来到这里。[15] 论规模和劳动力，美国橡胶公司在苏门答腊的种植园是当时世界上最大的连片工业种植园。这是一片白人的飞地，来自欧美（以美国为主）的经理人和各行各业的专家，包括工程师、土壤科学家、林业科学家、植物学家和医生，"科学地管理着人和树"。[16] 2 万名从爪哇和中国引进的契约劳工，在这个区域开荒、种植、采集橡胶，满足了美国母公司大约 20% 的橡胶需求。费尔斯通喜欢说自己是一个自力更生的人，一个开拓者。但他后来在西非的土地上培育巴西橡胶木时，严重依赖这些东南亚种植园的知识、组织管理模式和植物。

|||||||||||||||||||||||||

　　销售天赋和养马才能把老哈维领进了橡胶产业，但他的成功主要得益于他对商品市场价格起落的深刻理解。在这门生意里，稳定获取和低价购入生产轮胎的原材料生橡胶和棉花的能力至关重要。这是他年轻时收获的知识。1868 年，未来的轮胎大亨出生在俄亥俄州哥伦比亚纳的一个农场。每年他都看着父亲本杰明·费尔斯通（Benjamin Firestone）谈成一桩桩的牲畜和粮食买卖。本杰明管理着一家饲养 400 头羊，种植数百英亩小麦、玉米和燕麦，还养着几十头牛和马的农场，并培养了一种把握买卖时机的敏锐直觉。得益于这种直觉和在丰年存钱的原则，哈维和他的两个兄弟不必过 19 世纪艰苦的农场生活。哈维评价父亲是"我见过最出色的商人"。这是极高的赞誉，因为到 1929 年，61 岁的哈维已经建立了美国第二大轮胎制造企业，当时市值 1.35 亿美元（约合今日的 20 亿美元）。此外，他的轮胎广受欢迎，在新型汽车和卡车市场上仅有固特异公司的产品能够与之匹敌；他的汽车服务网点遍布全国；他在美国全国广播公司（NBC）拥有一档每周的音乐广播栏目《费尔斯通之声》（*The Voice of Firestone*）。这些都使费尔斯通成为全美家喻户晓的名字。[17]

　　农场生活教会了哈维如何将盈余转化为资本，这是他最感兴趣的。他很快发现，他对马的喜爱和知识能够变现。十几岁时，他开始交易马匹，并遵循着他父亲"永远不要急于成交"的建议。"到我 15 岁时，"哈维自夸道，"论卖马没人能占我便宜。"马匹是费尔斯通生命的一部分，他从来没有离开过马。他的哈贝尔庄园位于阿克伦，占地 100 英亩，包含一幢拥有 118 个房间的宅邸、一座私人马球场和一个能容纳 75 匹马的马厩。在他和沃伦·哈丁（Warren Harding）总统、托马斯·爱迪生（Thomas Edison）、亨利·福特结伴露营时，总统对他的一匹栗色公马一见钟情，他甚至当场就把这匹在大赛中获奖的 3 岁肯塔基纯种马[①]送给了对方。对于这个俄亥俄州的农场男孩来说，马是他经商的启蒙教材，也是通往美国上流阶层的敲门砖。[18]

马（确切地说，马车）带领费尔斯通进入了竞争激烈、依赖专利、由卡特尔（垄断集团）主导的橡胶制造业。费尔斯通毕业于克利夫兰的斯宾塞商学院，石油大亨约翰·D. 洛克菲勒（John D. Rockefeller）曾在这里学习记账。费尔斯通最初在一家煤炭公司当会计，后来改做推销员，推销调味料和专利药品。他的叔叔克林顿·费尔斯通（Clinton Firestone）是哥伦布马车公司的控股合伙人，哈维入职该公司并成为底特律区销售处经理。19 世纪 90 年代，这家公司每天能生产 100 辆马车，雇员超过 1000 人，年销售额达 200 万美元。哈维生活惬意。他每月进账 150 美元，因此可以投资给马。他一边训练和出售赛马，买了一辆比赛用的轻型马车，还加入了海兰帕克绅士驾驶俱乐部。出于对马车比赛的热爱，他经常出现在底特律的私人赛场上，有时为自己而战，有时为更富有的人驾车。因为他叔叔公司的关系，他率先驾驶橡胶轮胎的马车，当时整

---

① 肯塔基赛马大会是美国著名赛事，自 1875 年起定于每年 5 月的首个星期六举办。赛制要求只能使用 3 岁的纯种马，仅全世界最优秀的 16 匹马可以参加。

个底特律只有一辆这种马车。舒适的体验并不便宜，从普通马车的制式钢轮升级为嵌胶轮胎要额外花费 40 美元。哈维逐渐喜欢上了奢华生活。但在经济萧条时期，很少有农民买得起哥伦布马车公司110 美元的马车，而竞争对手则以 35 美元的价格出售质量不错的马车。19 世纪 90 年代，农业歉收、物价跳水、信贷紧缩等一系列问题滋生了农民的不满，平民党[①]因而壮大。他们敌视银行和铁路，尤其反对专为精英服务的政府。华丽的马车成了美国镀金时代[②]巨大收入不平等的标志。1896 年，哥伦布马车公司破产清算，哈维决定独自创业。[19]

一位芝加哥投资人在搭乘马车体验了橡胶轮胎在风城[③]鹅卵石街道上行驶的舒适感后，决定出资支持费尔斯通，后者因此搬到了繁荣的中西部大都会。费尔斯通买下了一家老旧的橡胶工厂，创办了费尔斯通-维克多橡胶公司。他开始在芝加哥售卖橡胶马车轮胎，主要面向通过投资和交易牛、猪、木材和粮食等农产品而发财的客户。在芝加哥，费尔斯通首次了解了金融的运作方式，包括贷款、抵押、资产、负债、股票和债券。[20]

19 世纪 90 年代，橡胶制造业的主要产品并非马车轮胎，而是

---

① 平民党是 19 世纪 90 年代于美国出现的左翼农民政党，主要活跃于南部与西部，政治主张包括铁路国有化以及放弃金本位、自由铸造金银币等。在鼎盛时期，平民党一度能够影响民主党的总统候选人人选。然而，其支持的民主党人威廉·詹宁斯·布莱恩在 1896 年的总统大选中败给了共和党人威廉·麦金莱，平民党就此衰落。

② 镀金时代指的是 1870—1898 年内战结束后，美国国内和平发展的时期。这一时期美国既取得突出的工业发展，同时也产生了严重的社会问题。

③ 芝加哥别称"风城"。

自行车轮胎以及鞋靴、雨衣、围裙、计生用品、水管、传送带、电报机部件等各种商品。但在1897年，俄亥俄州州长威廉·麦金莱（William McKinley）当选美国总统后，招摇地乘坐安有橡胶轮胎的马车进入白宫，这引发了大众对橡胶马车轮胎的兴趣，订单随即暴增。麦金莱的共和党政府见证了经济的快速增长、保护主义关税壁垒和1898年的美西战争。美西战争以美国的胜利告终，这预示着美国作为帝国主义势力的崛起。这些历史发展塑造了费尔斯通的商业前景，他正是乘着这股橡胶马车轮的浪潮而崛起的。

1896年，这位企业家用人生中的第一笔贷款买下了一家更大的制造商——帝国橡胶公司。两年后，他的公司并入了橡胶轮胎公司。凭借把橡胶固定在带凸缘的钢制轮圈上的专利，橡胶轮胎公司控制着马车轮胎市场。但公司的大股东埃德温·凯利（Edwin Kelly）诓骗了初出茅庐的橡胶制造商，以12.5万美元买下了费尔斯通的公司股份。1899年，为成立一个橡胶制造公司的垄断组织，凯利以125万美元将橡胶轮胎公司卖给了麦克米林投资集团，并将公司改名为联合橡胶轮胎公司。费尔斯通则怀揣4.5万美元出局。1000美元的投资四年后能有如此回报已经非常不错，但费尔斯通因被排除在更大的交易之外而懊悔不已。自那时起，他决定单打独斗，坚决反对垄断和垄断组织。[21]

1900年，费尔斯通带着妻子艾达贝尔（Idabelle）与两岁的儿子小哈维，还有用于投资的2.5万美元，动身前往阿克伦。19世纪末20世纪初，阿克伦迅速成为世界橡胶中心。走近这座橡胶之城，你能闻到一股特殊的味道。硫化橡胶的刺鼻气味从橡胶生产企业的混炼厂中飘出，这是一种由生橡胶、硫黄和其他化合物组成的有毒混合物的气味。这种气味弥漫着整座城市，一些居民将它比作脏尿布的味道。[22]

费尔斯通抵达阿克伦之际，百路驰、固特异和戴蒙德橡胶已经在中西部橡胶产业站稳了脚跟。在东岸，橡胶巨头弗林特通过他的美国橡胶公司的控股权，掌握着制鞋业橡胶市场四分之三以上的份额和机械制品领域橡胶市场一半以上的份额。身高 1.7 米[①]、体格瘦弱的费尔斯通看上去完全无法与这些巨头抗衡。但费尔斯通是一个强劲的对手。在办公室里，他坐在一张巨大的椅子上，还垫着厚厚的坐垫，面前是尺寸同样夸张的办公桌。他认为，面对前来找他的员工与生意伙伴，超大的桌子和垫高的座椅能够使他在谈判中获得心理优势。[23]

事实证明，与身高相比，专利更有助于在橡胶行业取得竞争优势。费尔斯通的首次好运在 1900 年 7 月找上门来，那时他才到阿克伦不久，退休医生路易斯·E. 西斯勒（Louis E. Sisler）注意到了他驾车用的两匹俊美的栗色马。西斯勒看出这对良驹远好于自己的马，并认为这显示了马主人的品味，便上前同他攀谈。得知费尔斯通对轮胎感兴趣后，这名医生随即安排了一次会面。西斯勒叫来自己的生意伙伴詹姆斯·斯温哈特（James Swinehart），后者曾是一名教师和木匠活。这次会面改变了费尔斯通的一生。斯温哈特手握一项专利，一种把橡胶轮胎固定到钢圈上的独特技术。他曾在西斯勒的帮助下，向阿克伦的橡胶厂商推销，但无人买账。费尔斯通认识到这种十字形设计的优点，尤其是可以应用在重型商用车上——

---

① 原文为 5 英尺 6 英寸。

这种车的重量对做出坚固耐用的高品质轮胎是一项挑战。初来乍到的费尔斯通壮志满怀、坚定不移。若想在阿克伦取得一席之地，这项专利正是他需要的。那年8月，费尔斯通、西斯勒、斯温哈特和皮革商人詹姆斯·克里斯蒂（James Christy）共同成立了费尔斯通轮胎橡胶公司。手握2万美元启动资金和一个合法可靠的专利，并任命自己为会计兼总经理的费尔斯通，不仅准备好在阿克伦扬名立万，还打算在美国瞬息万变的橡胶行业闯出名堂。[24]

他确实做到了。头两年，这家新生企业靠的是为其他制造商生产马车轮胎，而这些制造商同时也是竞争对手。为了满足旺盛的需求，公司要么收购一家工厂，要么出局。费尔斯通四处游说，向投资人出售了价值20万美元的股票，并用这笔钱买下阿克伦南部的一家闲置的铸造厂和二手生产设备。1903年1月，工厂正式开工。12个工人一天能生产40个实心橡胶轮胎，胎面宽度为4.75英寸（1英寸约合2.54厘米）。对更大的轮胎的需求拉动了最初的销量。最终，波士顿90%的商用车都装上了费尔斯通轮胎。得益于费尔斯通，安海斯－布希公司（Anheuser-Busch）[①]在圣路易斯运送啤酒的5吨重的马拉货车用上了橡胶轮胎。而在纽约市和芝加哥，所有消防部门都在他们的马车上安装了费尔斯通轮胎。到1904年，公司销售额近50万美元，利润超7万美元。股东应该感到满意，但费尔斯通并不知足。他的座右铭是"大自然永不停歇"。他的销售额还不及阿克伦更大的橡胶厂商的一半。始终寻找机会扩张的费

---

① 这家啤酒酿造公司创立于1852年，总部位于密苏里州的圣路易斯，旗下有百威等知名品牌。

尔斯通，看中了快速增长的汽车业和一项新发明——充气轮胎。这
种轮胎内部由气体而非橡胶填充，能够为在崎岖道路上行驶的车辆
提供缓冲。[25]

||||||||||||||||||||||||||

1905 年，底特律即将成为美国汽车城，而阿克伦的命运也将
随之起落。在底特律，密歇根州的农场少年和天才机械师福特，正
匆忙筹备着一款廉价轿车的产品线，他希望使农民和工人都负担得
起这款新车。费尔斯通听说福特计划推出售价约 500 美元的 N 型
车后，便带着自己新设计的充气轮胎前往底特律。费尔斯通迫切希
望同福特签订采购 2000 套轮胎的合同。

二人共同点颇多。他们都在相对富裕的中西部农场长大，对繁
重的农活毫无兴趣。他们最初都被掌握核心专利的垄断组织打压，
被排除在各自的制造领域之外。两人都认为自己是个人主义者，是
与垄断集团对抗的局外人。他们都坚定地反对工会，都奉行垂直整
合战略以扩大公司规模。他们都支持维护美国经济独立的政策。

共有的情感纽带深化成此后数十年的友谊，但费尔斯通说服福
特主要靠的是最低的报价。费尔斯通保证，每套轮胎可以比戈姆利
与杰弗里轮胎协会①的价格（70 美元）低 15 美元。物美价廉成了
费尔斯通和他的管理团队的口号，这一思路有时使公司面临侵犯知
识产权的法律诉讼。费尔斯通签订了 N 型车轮胎合同。这款轿车

---

① 戈姆利与杰弗里嵌合轮胎协会 1879 年成立于芝加哥，最初专营儿童单车
所用的轮胎，后来进驻汽车产业。

1918 年 8 月，福特（坐在拖拉机上）和老哈维参观费尔斯通农庄途中。
老哈维的五个孩子陪同他们，小哈维·费尔斯通站在父亲身旁，两人都系
着领带（亨利·福特博物馆收藏）

使福特在 1907 年成为美国第一大汽车制造商。而这只是二人合作的开始，费尔斯通从中获得了巨额利润。1908 年，福特推出了 T 型车。这是世界上第一款大规模生产的汽车，在其 20 年的生产周期里，一共生产了 1500 多万辆。费尔斯通拿下了生产一半 T 型车原装轮胎的合同。1909 年，福特 T 型车轮胎的订单占费尔斯通公司年产量的 10% 以上。600 名费尔斯通工人一天能手工制作近 500 个轮胎。

T 型车发布后，汽车的制造与销售速度几乎每两年就能翻一番。阿克伦很难跟上姊妹城市的步伐，满足不了市场需求。发现并解决生产过程中的瓶颈是所有公司成功的关键。每年，与福特公司的合同都必须重新谈判；每年，费尔斯通都面临固特异、百路驰和戴蒙德对福特公司业务的激烈竞争；每年，他都开出最低的价格，有时甚至低于成本价。为在保证质量的同时压低价格和保障盈利，费尔斯通被迫追随福特自动化的步伐。1908 年，费尔斯通聘请了百路驰的化学家约翰·托马斯（John Thomas），建立了一间小型实验室，并开始采用科学管理的方法。"这是必需的吗？""可以简化吗？"这样的问题贯穿着生产和销售的每个环节。

在最初的 10 年，轮胎制造是劳动密集型行业，涉及一些对身体素质要求较高的工作，其中一些需要技能，还有一些不需要，但都离不开强壮男性的力量与毅力。费尔斯通公司和固特异公司都要求应聘者在面试时展示双手。手掌光滑、没有老茧的人被认为不适合当"胶工"——这是轮胎工人的别称。在混炼和研磨车间，工人要给生橡胶称重，早期这些生橡胶是从亚马孙雨林运来的。工人要在生橡胶中加入硫黄与铅盐等化学物质。研磨机不断搅拌橡胶和危险的化学物质，工人需要拾起洒在地上的橡胶和化学物质的混合物，将其重新加入研磨机。接下来，压延机（一种有许多个辊筒的大型器械）会将橡胶与棉线压成大片的薄板，这是自然和机器共同生产的混合物。手持大刀的工人每分钟切六下，将混着棉线的橡胶片切成条状，或者说"胎带"，再将其交给轮胎成型工。工作指标决定了轮胎车间的效率。轮胎成型工在一个旋转的滚筒上将胎带拉伸、平整、分层，用苯等挥发性煤焦油溶剂把它们黏合在一起，然后再加上最后一层胎面。轮胎成型工是橡胶工人中技术含量最高的，因此收入最高，而且受人尊重。在机械化以前，最好的工人一天可以制造七八个中等大小的轮胎。久而久之，他们手部的皮肤越来越薄，很容易出血；在这个行业的工人中，指间缠着纱布是常有的事。最辛苦的工作是在"坑"里进行的，那是将轮胎加热、成型、固定成最终形状的地方。工厂老板寻找的是体重 200 磅以上的大块头工人。他们既要能做这项工作，还必须能够忍受酷热和窒息的条件，以及硫化过程中产生的硫化氢的臭味。[26]

为了跟上福特的节奏，费尔斯通和他的对手都想方设法简化工艺。在汽车轮胎制造业起步的 10 年间，轮胎生产的环境和 19 世纪的车间差别不大。然而，以大规模生产为原则的新时代的工厂正在到来。1910 年，福特在底特律附近的海兰帕克设厂，这彻底改变了制造业。福特引入了装配流水线，并在三年内将一辆 T 型车的生产时间由 728 分钟缩短至 93 分钟。这款最受欢迎的福特车型的价格也由 1909 年的 825 美元降至 1913 年的 525 美元。福特工厂开工几个月后，费尔斯通就前去参观。他返回阿克伦后，急于仿照海兰帕克工厂展示的高效、标准化与科学的管理原则，建立一家轮胎制造厂。[27]

在阿克伦的轮胎制造商中，费尔斯通是第一个建造混凝土、钢筋、玻璃的现代化工厂的人。福特的海兰帕克工厂由密歇根建筑师阿尔伯特·卡恩（Albert Kahn）设计，而费尔斯通的工厂借鉴了前者的许多理念。为建设最先进的工厂，费尔斯通将公司的股本从50万美元增加到400万美元。他仔细研究了工厂的比例模型，以确保每日生产5000个轮胎所需的原材料、人员能够毫无障碍地移动，流程能够顺利推进。这座庞大的四层黄砖建筑占地23英亩，于1910年在阿克伦南部竣工。倾斜的天窗与大落地窗使阳光能够照射到位于工厂四翼的宽敞的车间。毗邻工厂的发电站和铁道降低了能源和运输成本。工厂里有更大的研磨机、压延机和新式的轮胎成型机，它们使此前由一个工人完成的工作得以细化，从而迅速提高了生产效率。过去机器辅助人类，现今人类是机器的补充。然而，变革是有代价的。[28]

费尔斯通喜欢把自己的公司想象成"一个大家庭"。[29]在某些方面，确实如此。1912年，哈维拥有公司41%的普通股。同年，百路驰与戴蒙德合并，这引起了费尔斯通或将与固特异合并的推测。费尔斯通明确了为家庭做的规划："我有五个儿子，他们长大后会参与公司事务。我希望为他们准备好这些职位。"[30]他很早就开始准备了。1902年12月，他的长子、还不到5岁的小哈维·费尔斯通按下了费尔斯通公司第一家工厂的机器开关。这对父子还将执掌这家公司70多年。老哈维喜欢提醒自己他建立的家族帝国。他所有珍贵的财产，包括在阿克伦的庄园、位于迈阿密海滩富人区拥有15间卧室的冬季度假别墅、他送给哈丁总统的获奖的肯塔基

工人在费尔斯通公司的现代化工厂宽敞明亮的车间工作。这座工厂位于阿克伦南部，于1911年投产（阿克伦大学图书馆藏固特异轮胎公司相关记录）

纯种马和他在 1926 年建立的利比里亚橡胶种植园，全部以"哈贝尔"命名。这是他的名字"哈维"与妻子名字"艾达贝尔"（Idabelle）的缩写，他在 1895 年与艾达贝尔成婚。艾达贝尔是一位出色的作曲家和古典音乐爱好者，但此后一直生活在家族产业的阴影之中。他们的女儿伊丽莎白（Elizabeth）也是如此，她于 1941 年离世，年仅 26 岁。在与员工和家人相处时，哈维很享受自己的家长角色。从 1913 年开始，他会带着工厂的主管和工头回到家族农场，举办年度聚会。这支由 30 辆车组成的车队（他走在最前面，他的继承人小哈维紧随其后）从阿克伦出发，经乡间小路到达哥伦比亚纳。这个全部由男性组成的队伍抵达目的地后，立即可以吃上热气腾腾的烤鸡晚餐。备餐的是艾达贝尔、老哈维的母亲凯瑟琳（Catherine）和恩典归正教会妇女协进会 ① 的女士们。费尔斯通非常重视忠于家庭的品质，无论是在家中还是在公司里均是如此。他会提拔那些忠心跟随他的人，而且他坚信自己清楚什么对他的孩子和员工是最好的。他曾说："我必须像重视制造产品一样重视培养有操守的人。"[31]

在成立后的第一个 10 年间，费尔斯通轮胎橡胶公司都是从周边地区招募工人。对于公司早年的情况，费尔斯通怀旧地写道："我们的雇员都是美国人——来自俄亥俄农场的乡下人，是我们知根知底，一起长大的那种人。"[32] 1910 年，阿克伦人口为 6.9 万，其中 80% 是在美国出生的白人，19% 是白人移民（大多来自德国、匈牙利和奥地利），1% 是非裔美国人。[33] 在接下来的 10 年里，为了满

① 恩典归正教会属加尔文宗。妇女协进会大多成立于美国南北战争时期（1861—1865），最初负责医护与后勤工作。

足橡胶轮胎急剧增长的需求，阿克伦劳动力的规模与结构都发生了变化。美国汽车保有量从 1913 年的 110 万辆飞涨至 1920 年的 810 万辆，为跟上这一节奏，轮胎公司从肯塔基、西弗吉尼亚、田纳西等州的山区雇用了越来越多的橡胶工人。[34] 费尔斯通一直热衷于开拓新市场，并率先在拖拉机上使用橡胶轮胎，同时积极推动"卡车送货"运动[①]。至 1920 年，美国的道路上一共行驶着 110 万辆卡车，较 1910 年增加了 100 倍。[35] 第一次世界大战也帮助阿克伦成为美国发展最快的城市。为了满足包括美国在内的协约国战争机器的需求，固特异、百路驰与费尔斯通三家公司的工厂迅速生产探测气球、防毒面具、靴子、雨衣，以及专供军车使用的轮胎与内胎。当 1918 年和平到来时，阿克伦已是一座人口达到 20.8 万的繁忙的城市，每年消耗全世界 40% 的生橡胶供应。[36] 在繁荣的年代，劳动力短缺、员工流动性高和人力成本高等问题始终困扰着费尔斯通公司。该公司的雇员人数增加到 1.3 万多人，生产了 400 多万个轮胎。不过，费尔斯通公司的业绩并未受这些不利因素的拖累。1919 年，该公司的销售额突破 9100 万美元，利润达 900 万美元。在此等经济体量下，费尔斯通大家庭的团结理想不堪重负。[37]

第一个显示费尔斯通大家庭内部并不和谐的信号出现在 1913 年。当时费尔斯通的新工厂每天有 5% 的劳动力离职，或是因为伤病，或是被解雇。能够忍受得住高温、臭味、汗水和噪声的轮胎成型工和精整工，可以领取高达 6 美元的日薪。这一工资标准不仅高

---

① "卡车送货"运动由费尔斯通于 1918 年发起。此前美国主要通过铁路运输货物，而通过在美国各地设立轮胎站，卡车也可以参与长途货运。此举大大刺激了轮胎的销量。

于一年后福特公司为男性工人开出的 5 美元日薪，也足以令美国工业界大吃一惊。为进一步提升效率和降低成本，费尔斯通聘请了一位时间运动研究顾问罗伯特·P. 霍姆斯（Robert P. Holmes），对其充满疑心的工人称他为"福尔摩斯"。[①] 公司根据霍姆斯的建议引入了计件工资制度，规定轮胎成型工和精整工的日薪不得高于 3.5 美元，工人随即开始罢工。世界产业工人联盟于 1905 年在芝加哥成立，1912 年进驻阿克伦，此时立刻行动起来。被称为"沃比"[②] 的会员四处演讲，设立救济站，并计划、协调和执行组织工作。受此鼓舞，阿克伦 2.2 万名橡胶工人中的约四分之三参加了罢工。这是阿克伦的橡胶大亨们第一次碰上工人的集体行动。[38] 费尔斯通认为这冒犯了他心爱的公司和家庭。小哈维当时正在北卡罗来纳州阿什维尔的一所高级寄宿学校中，他的父亲在给他的信中表示对阿克伦当前"混乱和动荡的局势"感到不满："我们的人大约有一半不在工作岗位上。工人们显然没有任何不满或怨言，但是煽动者还是来这里，试图组织他们。"[39] 费尔斯通把罢工归咎于外面的人——敌视资本的激进"红色分子"和社会主义者，而不是工资减少和恶劣的工作条件。

　　阿克伦的橡胶公司拒不承认世界产业工人联盟在该市的分部。

---

　　① 　时间运动研究通过观察工人一般的工作节奏来安排工作指标，是科学管理方法的雏形。费尔斯通请来的霍姆斯与著名侦探福尔摩斯同姓。

　　② 　世界产业工人联盟是一个国际工会组织，在 20 世纪 10—20 年代具有很大影响力。关于会员昵称的"沃比"（Wobbly）一词的起源存在多种说法，一说曾有支持协会的华裔老人将字母 W 读作沃比，协会简称 IWW 在口语交谈中因而成为"我，沃比，沃比"。

不到六周后，罢工便停息了。原因是多方面的，包括协会内部政治斗争不断，罢工诉求十分混乱，难以维持工人的团结，美国劳工联合会等主流工人组织的影响，缺少市民支持等。未来的 20 年里，阿克伦仍将是一座没有工会的城市。不过这次罢工迫使费尔斯通跟随固特异的步伐，为工人增加了一系列福利（这就是所谓的"福利资本主义"），从而使自家公司免受工会影响。费尔斯通开始在这座缺乏住房的城市建造"费尔斯通家园"，这是一个房地产开发项目，占地面积 1000 英亩，就在费尔斯通工厂附近。项目的房屋销售始于 1916 年，工人只需要支付 5% 的首付，就可以从西尔斯·罗巴克公司提供的都铎复兴、荷兰殖民、乔治复兴等建筑风格的房屋中进行选择，[①] 并可以在 929 个地块中挑选自己心仪的地块。负责该项目的纽约建筑师此前曾设计费尔斯通的哈贝尔庄园。费尔斯通家园有蜿蜒的林荫道、绿地、运动场、俱乐部、图书馆、学校和教堂，鸟瞰这片区域，这个整齐排布的社区的轮廓恰如公司标志性的费尔斯通盾牌图案[②]。住进费尔斯通家园，便成为费尔斯通大家庭的一员。为了增加归属感，费尔斯通开始向雇员提供储蓄股购买计划，这后来成为正式的招工条件。为了进一步鼓励员工勤俭节约、积极储蓄，公司于 1916 年成立了费尔斯通家园银行（Firestone

---

① 西尔斯·罗巴克公司是一家成立于 1892 年的美国零售公司。都铎复兴、荷兰殖民、乔治复兴均为建筑风格，其中前两者为殖民宗主国在北美仿照欧洲建筑而采取的设计，而乔治复兴则流行于 20 世纪前半期，是美国本土建筑师为彰显美国独特文化而采用的设计。这些风格均反映出，费尔斯通尝试建立典型且同质化的美式居民区。

② 费尔斯通公司的标志是盾牌图案，红色的盾形边框内是大写的字母 F。

Park Bank）。10 年后，这家银行拥有 500 万美元的工人存款。虽然费尔斯通说，"我们不相信家长式管理"，但公司的行为恰恰相反。[40]

通过向工人提供住房、运动娱乐、持股计划、储蓄银行，以及为移民开设英语课程，费尔斯通实施了一项旨在使工人融入公司大家庭和美国《吉姆·克劳法》的积极计划，但阿克伦的一类居民被排除在计划之外。费尔斯通家园是一块"白人飞地"[①]，黑人不得拥有住房所有权。[41]大迁徙时期，大量非裔美国人从实行的南方逃往工作机会更好的美国北部。[②]1910—1930 年，底特律成为备受青睐的目的地。而阿克伦是梅森－迪克森线以北最大的三 K 党中心之一，始终是一个对黑人不太友善的地方。[③]南方来的白人移民构

---

① 飞地原为政治地理概念，意指行政中心无法直接抵达的辖区。但"白人飞地"在本书中并无行政含义，应理解为奉行种族隔离的园区。

② 吉姆·克劳（Jim Crow）本是美国白人出于歧视而创造的笨拙黑人的形象，而《吉姆·克劳法》则是用于指代种族隔离的法律，即通过立法手段限制非裔居民的基本权利。相关法律主要推行于内战后的美国南方各州，从 19 世纪 70 年代延续至 20 世纪 40 年代。因此出现了非裔居民自南向北的大迁徙（the Great Migration），通过前往相对友好的社会环境以改善自身生活条件。

③ 梅森－迪克森线（Mason–Dixon line）由英国人查尔斯·梅森（Charles Mason）与杰里迈亚·迪克森（Jeremiah Dixon）于 1763—1767 年共同勘测，后以二人的名字命名。这条线确定了英国殖民时期宾夕法尼亚与马里兰的边界，大致与北纬 39°43″ 重合，后来在美国南北战争中成为南北分界线。三 K 党（Ku Klux Klan）是奉行白人至上的恐怖主义团体，最初由南北战争中落败的南方军队于 19 世纪 60 年代组建。文中的 1910—1930 年是三 K 党在美国第二次兴起的时期。这一阶段，三 K 党在美国南北部都拥有支持者。他们的主张从推翻北方政府转向社会层面的排外主义，反对移民、黑人、犹太人和天主教徒等。

成了这座橡胶城的劳动力主体。出于多种原因,当时阿克伦被戏称为西弗吉尼亚州首府[①]。[42] 数据显示,1920 年,底特律 79% 的男性黑人劳工从事着同汽车产业相关的工业。[43] 同年,阿克伦橡胶工厂7.4 万劳动力中,仅有不到 700 名非裔工人。这些极少数进入费尔斯通、固特异和百路驰工作的黑人雇员,被要求从事工资最低且最脏最苦的工作——搬运从东南亚源源不断发来的成捆的生橡胶。一直到 1955 年美国民权运动引起国内与国际的广泛关注后,非裔美国人才终于有权接受职业培训,进入阿克伦的橡胶工厂并受雇做轮胎成型工。[44]

1920 年,阿克伦约有 6000 名非裔居民,其中大部分不在橡胶产业工作,而是作为日结工人或仆人,满足像费尔斯通这样的富有企业家的需求。在哈贝尔庄园,小哈维和他的兄弟姐妹在白人优先的世界中长大成人。在那里,非裔女仆要在餐桌旁站直身子,手端餐盘,等待雇主传召。小哈维少年时就被送入阿什维尔的学校,预期有朝一日将接管公司。他继续在种族主义与种族隔离的环境中接受教育。他活跃于学校的戏剧社团,沉浸在寄宿学校的种族歧视文化当中。那些小男孩时不时把脸涂黑,扮成黑人,以滑稽、幼稚和贬低的方式表现非裔美国人的形象。[45] 无论是家中、学校还是工厂车间,小哈维周围充斥着对非裔工人的家长式和歧视态度。他的父亲曾评价道:"我们发现黑人特别适合搬运我们的原材料。"[46] 这

---

① 阿克伦属于俄亥俄州,相邻的西弗吉尼亚州的首府则是查尔斯顿。之所以将阿克伦称作西弗吉尼亚州首府,与橡胶企业从该州雇用了大量劳动力有关。该州此前属于南方邦联,农业经济在南北战争后萎靡不振,当地因而出现了前往北方大城市务工的浪潮,而这同时也向阿克伦等地带去了南方的种族观念。

就是非裔工人在费尔斯通大家庭中长年扮演的角色。非裔劳工只能清理工厂车间的痰盂，或在研磨室搅拌生橡胶与有毒化学物质，或者在利比里亚采集乳胶。在费尔斯通的家中、工厂和 20 世纪 20 年代之后的种植园中，他们只能在隔绝的空间中从事服务工作。

||||||||||||||||||||||||

"不要依靠任何人。"[47] 这是费尔斯通与爱迪生和福特一起开车在美国乡间旅行时学到的生意经。三位好友于 1916—1924 年的七个夏天进行了堪称传奇，但绝对算不上"苦行记"①的郊游。年长的自然学家约翰·伯勒斯（John Burroughs）称这些旅途为"轮子上的华尔道夫酒店"。车队有装着费尔斯通轮胎的劳斯莱斯房车和帕卡德豪华汽车、有电灯的野餐帐篷、良马与随行马夫，以及由厨师、佣人、管家和摄影师组成的随从团队。随从的规模与奢华程度逐年增加，最终构成了车队的主体。陪伴这几位阔绰流浪汉的是像伯勒斯这样受尊敬的友人，以及共和党中的重要人物，如 1921 年就任美国总统的俄亥俄同乡哈丁，还有在他之后入主白宫的卡尔文·柯立芝（Calvin Coolidge），他们一次或多次加入三人备受关注的度假活动中。媒体痴迷于报道这些名人进行的砍柴比赛。人群在乡间小路排成长队，以求能望上一眼有钱有势的人从自己面前经过，并为他们欢呼。"一队队的记者前来报道，负责记录的摄影师

---

① 此处原文 roughing it 使用了美国作家马克·吐温于 1872 年完成的半自传式游记《苦行记》的标题。书中记录了作者兼主人公于 1861—1871 年在美国西部经历的冒险故事，以黑色幽默的腔调描绘了当时艰苦的自然环境与尔虞我诈的社会风气。而几位商业大亨的出游在各种意义上都完全相反。

排成人海，"福特公司高管查尔斯·索伦森（Charles Sorensen）写道，"这些装备齐全的短程出游本是为了追求孤独，但实则它们的私密性和隐蔽性几乎与好莱坞电影的首映礼相当。福特本人很享受高曝光度。"[48] 费尔斯通同样如此。他曾说自己厌恶"巡演的马戏团"，但车队是绝佳的广告宣传，福特与费尔斯通的经销商都把车队的到来当作营销良机。

无论这些乘车露营旅行带来了怎样的宣传噱头，晚间围坐在篝火旁的对话不免要转向当前迫切的政治和商业问题。小哈维通常会陪伴在旁，还总在其他人回帐篷休息后继续陪爱迪生坐在火边。这位普林斯顿大学的本科生于 1920 年取得了文学学士学位，他的一个爱好是驾驶柯蒂斯 JN-4"珍妮"型双翼飞机。年轻的他曾于 1918 年加入美国空军，但从未踏足战场。那年夏天，100 多万名美国士兵前往法国，在西线鏖战。而小哈维则陪着他的父亲、爱迪生和其他友人出游，沿着蜿蜒的蓝岭山脉前行，这座山脉从北卡罗来纳州阿什维尔附近的西南余脉一直延伸到弗吉尼亚州的谢南多厄河谷。[49] 欧洲的战事令一行人思绪万千。老哈维刚刚回绝了担任主管美国政府战时橡胶政策的"橡胶沙皇"的请求。爱迪生则担任着美国海军专家委员会主席，负责为海军提供可以提升军事效率的建议与技术。战时供应短缺与政府的限制暴露了美国工业生产极度依赖外国原材料的现状。[50]

对美国制造业至关重要的各项进口商品中，橡胶引发了最大的忧虑。1914 年 8 月英国对德宣战险些引发费尔斯通和其他橡胶厂商的灾难。当年 10 月，英国出台政策，禁止从英属港口向外运输橡胶。25 万名美国橡胶工人中，半数以上的人在当年 12 月失去了

约翰·伯勒斯、托马斯·爱迪生和哈维·费尔斯通在 1916 年的郊游旅途中（亨利·福特博物馆收藏）

工作，而厂商则争相寻找不受英国控制的其他渠道。当伍德罗·威尔逊（Woodrow Wilson）总统决心让美国避开战火时，一份外交协议恢复了从英国远东种植园向阿克伦运输生橡胶的航线。美国国务卿威廉·詹宁斯·布赖恩（William Jennings Bryan）下令，禁止向英国的敌人出口美国生产的禁运商品，这一举措换来了英国对橡胶出口限制的放松。三年后的 1917 年 4 月，美国正式加入协约国阵营，对战时供应短缺的担忧终于消散。大批美国士兵涌入欧洲战场，英国随即进一步放松了对美国厂商的橡胶出口管制。这令美国橡胶公司总裁塞缪尔·科尔特（Samuel Colt）十分满意。1914 年以来，他的公司进口的生橡胶量终于足以完全满足商品需求。科尔特称赞道："英国对我们公正地以盟友相待，慷慨地展示它的友谊，甚至尽其所能维护我们的商业利益。"[51]

费尔斯通则不像科尔特那样信任英国的善意。美国橡胶工业严重依赖英国，甚至在战争结束后仍然如此，他对此十分警觉。如果说他跟爱迪生和福特结伴野营有任何收获，那就是自给自足在商业事务中的重要性。这位坚定的个人主义者惊叹于福特在密歇根上半岛的艾恩芒廷厂区。三人在那里参观了大型锯木厂、水电站和占地面积 31.3 万英亩的林场，它提供了汽车生产所需的木材。"我学到的是，"费尔斯通反思道，"生产活动应当涵盖从原材料到最终产品的所有环节，除非能够控制资源，否则就不能说真正控制了自己的生意。"[52]

第一次世界大战后，费尔斯通将这一教训转变为一项备受关注的事业。他带头反对英国在世界橡胶供应上近乎垄断的地位，用民族情感和爱国热情来包装经济独立与自给自足的诉求。1922 年底，英国颁布了限制橡胶产量和出口量的《斯蒂文森限制法案》，这彻底激怒了费尔斯通，而福特和爱迪生则站在他一边。费尔斯通决心寻找一个合适的地方，以在美国的管辖下种植橡胶树。《斯蒂文森限制法案》的制定者包括时任英国殖民地事务大臣的温斯顿·丘吉尔（Winston Churchill）、尊尼获加威士忌公司总经理詹姆斯·斯蒂文森（James Stevenson）爵士领导的一个委员会和英国橡胶种植园主协会的成员。一张描绘丘吉尔对阵费尔斯通的漫画非常出名，前者被画成一只英国斗牛犬，而后者在体型和性格上都酷似一条小猎犬——矮小、无畏、坚毅。小哈维事后在《费尔斯通之声》电台栏目中豪言，他的父亲只身一人保卫祖国，对抗丘吉尔"那家伙……只想着……如何用英国对橡胶的垄断来勒索美国人的钱财，毕竟当时美国消耗了四分之三的橡胶产量"。但实际参与其中的人和势力要多得多。[53]

经过一段繁荣期后，美国橡胶业于 1920 年经历了一场浩劫。美国的汽车与轮胎制造商预计将迎来又一个爆炸性增长之年，这导致它们过度扩张产能。随着战时经济向和平时期经济转变，它们的销量暴跌。生橡胶的过度供应导致价格急剧下跌。费尔斯通公司的橡胶和纺织品存货价值较年初蒸发了 3500 万美元，而且银行票据也到期了。将轮胎零售价下调 25% 和裁员拯救了公司。费尔斯通与福特签订的为后者提供 65% 原装车胎的合同也起了作用。阿克伦的其他轮胎制造商的日子就没有那么好过了。固特异和百路驰在纽约各大银行欠下了沉重的债务。[54]

1920 年美国轮胎行业的衰退在大西洋对岸引起了震荡。美国订单大幅减少，生橡胶价格随之跳水，远低于英国种植园主维持橡胶种植园所需的利润水平。第一次世界大战后，美国在世界舞台上的地位大幅提升，对欧洲国家拥有重要的经济影响力。欧洲盟友在战争期间向美国购买弹药、粮食等各项商品，这导致它们欠美国近110亿美元债务。美国已经成为一个主要的债权国和资本输出国。前英国种植园主弗兰克·尼尔森（Frank Nelson）的角色解释了美国经济崛起如何促使英国决定出台《斯蒂文森限制法案》："一团无比昏暗且绝望的乌云笼罩着整个橡胶世界，在乌云的边缘……有三四个拥有无限的（美国）资金的财团，这一点我亲身领受过……它们等着买下那些除破产外再无选择的种植园。只消几天，甚至几小时，禁令就将通过。"[55] 英国种植园主联名请求政府干预，丘吉尔最初犹豫不决。然而，他在1922年秋天站在了他们一边。丘吉尔在为大英帝国的利益辩护时解释道："我们向美国偿付欠款的主要手段之一是提供橡胶。"[56] 11月1日，英国政府颁布了《斯蒂文森限制法案》，以稳定剧烈波动的橡胶价格。它为英国橡胶种植园设置了生产指标，以保证每磅橡胶价格至少为30—36美分。这令费尔斯通暴跳如雷。

1922年12月，他在阿克伦召开的股东大会上首次发出警报。他说，公司已从1920—1921年的萧条中恢复过来，当年轮胎销量较上一年上涨23%，每股股价上涨了16美元，负债减少了900万美元，仅用一年时间就减少了近50%的债务。公司已经挺过了狂风暴雨，费尔斯通对1923年充满期待。但他还是警告股东与美国民众："除非英国及其殖民地政府撤销限制生橡胶产量及出口的举措……否则这项不公正的法案将造成巨大的危害。"《斯蒂文森限制法案》通过后，生橡胶的出口价格在不到四个月的时间里就从每磅 15 美分攀升至 37 美分。费尔斯通预计，生橡胶价格的暴涨会令来年美国橡胶的进口成本增加 1 亿美元。这些成本最终必将由美国消费者承担。费尔斯通提出，摆脱这一困境的唯一方法是"美国政府通过相关法案，鼓励美国资本在菲律宾群岛开发橡胶种植园……并且同南美洲的共和国协商，在他们的橡胶产地发展生产"。费尔斯通认为，这将"使菲律宾成为我们最有价值的资产之一"，并且能保障橡胶的"安全供应"。[57] 几周后，他催促制造商同行采取行动。费尔斯通称，每家公司都需要"以防御性的民族主义对抗进攻性的民族主义，告知美国人民并唤起民意，要采取措施确保未来美国人能生产自己的橡胶"。[58]

费尔斯通在自己的野营伙伴哈丁当选总统后，得以直接进入椭圆形办公室①。这位橡胶大亨不久便向哈丁政府中有权势的共和党友人寻求帮助。1923 年 1 月初，他赶往华盛顿面见哈丁总统，商务部长赫伯特·胡佛（Herbert Hoover）和代表伊利诺伊州的参议员、参议院外交委员会主席梅迪尔·麦考米克（Medill McCormick）。他们友善地听取了费尔斯通的意见。橡胶已成为美国对外关系中的一个重要问题。它是美国第四大进口商品（排在生丝、糖和咖啡之后），美国在 1923 年进口了价值 1.85 亿美元的橡胶，占全世界总产量的 72%。[59] 而作为美国经济重要引擎的汽车制造业则完全依赖橡胶。在内阁会议上，麦考米克和胡佛积极推动费尔斯通的想法，要求打破英国对美国橡胶行业的控制。哈丁内阁中的一部分成员，如战争部长约翰·威克斯（John Weeks），支持在美国领地上种植

---

① 即美国总统办公室，因形状而得名。

橡胶树，尤其是在菲律宾。而麦考米克则认为，专心经营中美洲与南美洲更为有利。美国拥有的橡胶种植园将进一步刺激美国与拉丁美洲的贸易。此外，从西半球获得橡胶供应，更有利于防止战争期间敌国海军破坏供应链。胡佛与麦考米克都认可费尔斯通的建议，即商务部应当组织调查全球适合种植橡胶树的地点。麦考米克起草了一项法案，提交给国会，主张资助对全球能够不受外国控制地种植橡胶树的地区进行广泛的调查。与此同时，英国橡胶种植园主协会的三名代表于 2 月初抵达华盛顿。胡佛尝试通过外交施压，换取英国政府维持合理的生橡胶价格的保证。交涉无果后，胡佛便全力支持费尔斯通实现美国橡胶独立的目标。[60]

费尔斯通虽然在华盛顿赢得了支持，但他仍旧在美国橡胶制造商中孤军奋战。美国橡胶协会无视前主席发出的迫切警告，反而热烈欢迎了英国代表团。代表英国种植园主利益的三人被百路驰总裁伯特伦·沃克（Bertram G. Work）邀请到家中做客，还在纽约市中心俱乐部接受了美国橡胶与银行业高管的款待，并以贵宾身份参观了阿克伦的轮胎工厂。除了费尔斯通，美国橡胶协会的其他成员都接受了代表团的说辞，即《斯蒂文森限制法案》旨在稳定生橡胶价格并保障供应，这对轮胎行业未来的成功与盈利至关重要。百路驰、固特异和美国橡胶公司都受制于纽约的银行，负债水平远远高于费尔斯通公司。这或许可以解释它们对英国代表的态度。花旗银行等放贷方支持任何有助于英国偿还战争贷款的计划，哪怕这可能意味着美国消费者需要支付更高的价格。虽然费尔斯通忧心忡忡，但对于美国银行的利益而言，丘吉尔将英国的还贷能力与生橡胶价格挂钩的做法明显占了上风。几年之内，《斯蒂文森限制法案》确实增加了美国普通人的财务压力，并为银行（它们为橡胶企业发放了大量贷款）带来了利润。费尔斯通之前的话成真了。

　　遵循爱迪生和福特关于自力更生的教诲，费尔斯通同美国橡胶协会分道扬镳，单枪匹马地反对《斯蒂文森限制法案》。2月下旬，这位坚毅好斗的企业家组织了一场为期两天的会议。邀请汽车、橡胶制品、轮胎生产等行业的领袖和政府官员出席，抗议英国的垄断并商议对策。美国橡胶协会进行了抵制，发出电报要求其成员留在家中。美国橡胶公司、百路驰和固特异的高管无人出席。但确有约200名商人到场聆听了一系列慷慨激昂的民族主义演讲，这些演讲倡导美国的橡胶独立。费尔斯通成功地说服与会者共同支持自己的事业。大会通过一项决议，称将与英国橡胶厂商合作，要求废除英国的橡胶禁令。另一项决议支持一项已经提交给国会的法案，该法案要求拨款50万美元用于调查全球适合种植橡胶树的地区，并探索在美国控制的土地上种植橡胶树的可能性。众议院在前一天批准了这项拨款法案。几天后，参议院也通过了这些法案。[61]

　　费尔斯通虽然成功得到了哈丁及其内阁的支持，却没能获得美国橡胶协会的支持，无论是反对《斯蒂文森限制法案》，还是将美国资本投入大规模种植橡胶树的事业。事实上，费尔斯通与这个曾由他本人领导的组织关系紧张，甚至演变成了公开的骂战。在橡胶协会资助的新闻报道中，美国轮胎产业的领袖批驳了费尔斯通的观点，质疑在菲律宾种植橡胶树的可靠性，并且安慰读者说，英国的计划将保障生橡胶价格的稳定。费尔斯通大为光火。他于5月初退出协会，并且直接向美国公众发表自己的意见。[62]"美国应该生产自己的橡胶。"这句话占据了1923年春季和夏季全国各大报纸的头条。[63] 部分评论家指出，百路驰和固特异等公司受"华尔街金融家"操纵，并称赞费尔斯通用"成堆的金钱与巨大的勇气"捍卫美国消费者的利益。[64] 其他人则乐观地看待费尔斯通和福特在菲律宾和南美洲建立橡胶种植园的计划，期待这项计划最终将使"纽约或其他美国城市"成为"世界橡胶之都"。[65] 费尔斯通诉诸民族主义情绪，并将舆论战引向美国人最关心的问题，即他们的钱包。这赢得了美国民众支持，也使更多的美国车主对他的品牌产生了好感。

||||||||||||||||||||||||||||||

有了哈丁政府和美国民众的支持，以及一笔用于调查合适的橡胶产地的 50 万美元国会拨款，费尔斯通信心大增。他坚信能在世上找到一片适合大规模种植橡胶树的土地。在白宫里有了朋友之后，他同样深信美国政府将保护私人资本利益，无论是使用外交手段还是动用武力。1923 年 4 月，商务部长胡佛在商务部专门成立了一个生橡胶部门，任命哈里·N. 惠特福德（Harry N. Whitford）博士为负责人。对惠特福德的任命表明，胡佛和费尔斯通圈子的其他人极度重视菲律宾，将其视为美国的橡胶产地。惠特福德是耶鲁大学森林学院热带系主任，此前正是在菲律宾开启了自己的职业生涯。1910 年，随着美国将新获得的殖民地看作自然资源产地，惠特福德便对菲律宾的森林开展了广泛的植物学调查，评估其商用价值。在胡佛指派他为美国政府提供有关生橡胶产地的建议后，惠特福德领导着一个由具有林学、土壤科学与经济学专业知识的美国人组成的团队。他们前往全球各地，包括亚马孙的橡胶产地、巴拿马、墨西哥、锡兰、英属马来亚、荷属东印度和菲律宾群岛等，以寻找

适宜种植橡胶树的气候、土壤、土地与劳动力。此外，他们关注的必备条件还包括能够满足美国利益和需求的商业与政治环境。[66]

费尔斯通缺乏耐心，也不信任惠特福德召集的所有专家。其中一位这样的专家是戴维·费加特（David Figart），他"在远东圈子里名气很大"，并曾为英国种植园主的利益辩护。5 月，惠特福德的商务部团队甚至尚未组建完毕，费尔斯通就成立了自己的调查团队。费尔斯通给他在新加坡的采买专员马里昂·奇克（Marion Cheek）发电报，指示后者雇用最好的种植专家前往菲律宾与墨西哥考察。费尔斯通认为，这两个国家都有适合种植橡胶树的条件，并且可以为美国的资本与军事威胁所左右。奇克带着种植专家唐纳德·罗斯（Donald Ross）和塞缪尔·维尔曼（Samuel Wierman）前往菲律宾。费尔斯通的团队成员在那里得到了美国任命的总督伦纳德·伍德（Leonard Wood）的接待。伍德是一名毕业于哈佛大学的军医，参加过阿帕奇战争，曾在古巴与西奥多·罗斯福（Theodore Roosevelt）并肩作战。[①] 他在塔夫脱总统任内担任过陆军参谋长。他的职业生涯是在美国扩张的最前沿度过的。伍德曾给费尔斯通写信，希望他能"派些人来看看情况"。奇克、罗斯、维尔曼三人抵达菲律宾后，乘着伍德的游艇探索了调查吕宋岛、棉兰老岛和巴西兰岛等地。当地的土壤和气候条件十分理想，但菲律宾法律规定外国人拥有的土地不得超过 2500 英亩，同时禁止引入"苦

---

① 阿帕奇战争主要发生在 1849—1886 年。击败墨西哥后的美国夺取了得克萨斯州等地，随即与当地的印第安原住民爆发了武装冲突。西奥多·罗斯福是第 26 任美国总统，曾于 1898 年美西战争爆发后组建志愿骑兵旅，前往古巴作战，尤其以圣胡安山战役的突出表现闻名。

力"劳动力。这两点使费尔斯通的计划落空。这位橡胶巨头请求伍德动用总督权力废除这些法律，但《琼斯法案》（Jones Act）赋予菲律宾议会制定土地与移民相关法律的权利，伍德因此无能为力。曼努埃尔·奎松（Manuel Quezon）与曼努埃尔·罗哈斯（Manuel Roxas）等菲律宾立法者坚决捍卫菲律宾的独立，他们对美国资本的怀疑是有道理的。费尔斯通对种植园的投资将为美国政府继续插手菲律宾事务提供一个新借口。费尔斯通未能使菲律宾议会屈从于他的意志，只能在别处寻求实现其建立美国橡胶帝国的梦想。[67]

墨西哥的前景也不乐观。埃尔伍德·迪芒（Elwood Demmon）和维尔曼都有丰富的在远东种植橡胶树的经验。二人代表费尔斯通踏上旅程，却不得不缩短了在墨西哥南部考察的行程。他们赶上了墨西哥革命，后经危地马拉脱逃。[68]

虽然寄予菲律宾与墨西哥的厚望双双受挫，但费尔斯通一心要打破英国对橡胶的垄断。他将目光投向其他地方。1923 年 12 月 15 日，罗斯作为费尔斯通的代表，从利物浦登船前往利比里亚。1924 年 1 月 10 日，刚到利比里亚一个多星期后，他从蒙罗维亚给费尔斯通发电报："种植园面积 2000 英亩，条件良好，劳动力充足，高素质工人工资每日 1 先令。条件有利……建议回报。"[69] 这条简短的信息引发了随后一系列的活动与事件，并永久改变了一个国家的命运，包括其土地和人民。

第二章

回溯

1924 年 1 月初的温暖的一天，W. E. B. 杜波依斯（W. E. B. Du Bois）眺望着蒙罗维亚市郊的一座废弃的种植园，那里有 2000 多棵排列整齐的橡胶树。这位毕业于哈佛大学的历史学家、社会学家与民权活动家（美国最杰出的黑人知识分子与领袖之一）受总统之命，来到利比里亚。这里曾经是一座咖啡种植园，如今这里的 1300 英亩的土地改为种植橡胶树。这些橡胶树像柱子一样笔直，树干灰白相间，高约 30 英尺，树梢分枝，树冠连成一片，遮住贫瘠的地面。树干上挂着小型白乳胶收集杯，挂在 V 字形疤痕下方。这片橡胶林边缘的几间小屋、两个设备间和两座熏制橡胶的屋子提醒着人们，这里从前热火朝天的工作场面。但现在，巴克利山种植园空无一人，寂静无声。英国自然主义者、探险家亨利·汉密尔顿·约翰斯顿（Henry Hamilton Johnston）爵士领导的英国财团——利比里亚橡胶公司在几年前离开了这里。不断下跌的橡胶价格与高昂的出口关税都是种植园衰落的原因，但最主要的原因还是管理不善。但即便如此，这里的橡胶树依然苗壮成长。非洲原本没有巴西橡胶木，英国人将橡胶树的树种和树苗从锡兰，经英国运到距离其原产地 3000 英里的利比里亚，并于 1908—1911 年间将它们种下。幸运的是，这种植物适应了西非的土地和利比里亚炎热湿润的气候。[1]

美国驻利比里亚公使兼总领事所罗门·波特·胡德（Solomon Porter Hood）与杜波依斯同行。胡德毕业于林肯大学，这所大学是美国历史上第一所黑人大学。他曾于六周前致信费尔斯通，告知后者巴克利山种植园被废弃一事。利比里亚本来并不在 1923 年美国商务部开展的生橡胶调查的范围之内，包括费尔斯通在内的所有人都关注着马来群岛，尤其是菲律宾。胡德向美国国务院递交了多份报告，这些报告也被送到费尔斯通手中。报告详尽描述了利比里亚的地形、土壤、降水、温度、劳动力、医疗、交通、关税、出口与生活状况，提供了评估在利比里亚种植橡胶树的前景所需的一切信息。[2] 呈送报告的时机恰到好处。费尔斯通未能令菲律宾议会屈服，在墨西哥又被革命者阻挠，因而倾向于根据胡德提供的信息采取行动。胡德的消息将为费尔斯通的公司和他的家族带来巨额财富，但费尔斯通从未将在利比里亚种植橡胶树的想法归功于胡德。

橡胶大亨派罗斯前往利比里亚考察，罗斯此时已经是费尔斯通轮胎橡胶公司的代表。罗斯与杜波依斯、胡德二人同行。旱季的烈日毒辣地照耀着巴克利山种植园，也炙烤着前来进行非正式调查，以找到适合种植橡胶树的地区的三人。他们各自想象着费尔斯通可能在这里建立的新世界。[3]

罗斯看到了一种未来。廉价的土地与劳动力，再加上有利的气候与土壤，都是在利比里亚建立橡胶种植园的理想条件，这些种植

巴克利山种植园，洛林·惠特曼摄于 1926 年（印第安纳大学图书馆收藏）

园能够媲美英国海峡殖民地和荷属东印度等地的种植园。在利比里亚的土地上建立一个美国的橡胶帝国，有望为费尔斯通轮胎橡胶公司和像罗斯这样的白人种植园主带来丰厚的收益。

杜波依斯和胡德则看到了另一种未来。他们在这里看到了非洲人与世界各地的非裔斗争与团结的希望。虽然在1200万平方英里的非洲大陆上，这个西非共和国只占据了4.3万平方英里的土地，但作为非洲仅存的两个黑人主权国家之一，它的象征意义极为重要。杜波依斯是美国有色人种协进会①的领导人，也是协进会官方刊物《危机》（The Crisis）杂志的主编，该杂志是美国最具影响力的黑人政治、生活与文化期刊之一。杜波依斯告诉读者，利比里亚或许是贫穷的，"但在澎湃激荡的100年里"，利比里亚人"始终敢于追求自由"。杜波依斯坚信，在美国资本的支持下，利比里亚的政治独立和经济成功必将为黑人自治提供勇气与力量，推动整个非洲的殖民地和保护领实现"民主发展，建立出色的工业组织"。[4]

出于不同的动机和愿望，罗斯、杜波依斯和胡德都希望吸引费尔斯通与美国投资进入利比里亚。这并不是利比里亚历史上第一次出现白人资本利益与黑人的自决与自由愿望合流的情况。相互竞争的动机与利益正是利比里亚能够从西非海岸的一个黑人定居点最终发展成一个独立自由的黑人共和国的基础。

---

① 美国有色人种协进会（National Association for the Advancement of Colored People，NAACP）成立于1909年，旨在帮助美国非裔居民争取合法权利，消除种族仇恨。杜波伊斯与协进会关系密切，但除了他，该组织的创始人均是白人。

||||||||||||||||||||||||||

"种植园"这个词的用法与含义随时间而变化。17世纪早期，它意为建立一个殖民地。英国在北美最初的十三个殖民地就是作为种植园兴起的。它们是个人投资者和公司发起的投机性项目，旨在在英国国王名义上拥有的土地上建立永久定居点，并获得收益。例如，1628年，英国国王查理一世（Charles I）为马萨诸塞湾殖民地颁布了王室特许状，允许"在马萨诸塞湾建立种植园"，供新世界的清教徒定居。到1660年，十三个殖民地都受英国的贸易与种植园委员会管辖。种植园最初象征着一种殖民行为，意思是在新的土地上安置一个移民社会，而且常常意味着通过贸易或武力从原住民手中夺取土地。

一个世纪以后，这个词有了新的含义。占领土地、安置人员、种植作物和榨取大自然的剩余价值等原有的含义保留了下来。不过，到18世纪，以奴隶制为基础的新型种植园在大西洋世界蓬勃发展。种植园此前是一套建立在掠夺原住民土地的基础上的经济、农业与社会的生产系统，此时则依赖从非洲进口至美洲的奴隶劳动力，这些奴隶遭受了残酷对待和种族暴力。种植园系统的先驱可见于中世纪地中海地区的糖类作物种植业。15世纪，葡萄牙和西班牙将糖类作物引入非洲大陆沿岸的岛屿，如马德拉群岛、加那利群岛与几内亚湾的群岛。5 蔗糖、棉花与烟草等面向全球市场的经济作物的种植，推动了植物、人、商品和资本在世界范围内的流动。种植园集合了人、机器、规训的劳动力和高效的生产力，这与其他商业生产体系类似，如使西班牙帝国获得巨额财富的波托西银矿。[6] 在种植园与银矿中，土地、劳动力与资本都被组织成采集与剥削性经济，并成为资本主义发展壮大的基础。现代工厂及其管理制度就是在这样的生产与交换系统中发展出来的。工业生态系统同样如此，该系统在全球商品的生产过程中重塑了土地、人、非人类生物和物品之间的关系。[7]

南北战争或许终结了美国以奴隶制为基础的种植园经济，但到杜波依斯的时代，人们仍然能够看到和体会到种植园的流毒。1903年，他出版了《黑人的灵魂》（*The Souls of Black Folk*）一书。在这部探讨美国种族问题的巨著中，这位亚特兰大大学的教授深刻反思了南方种植园经济对人与土地施加的暴力，以及废除奴隶制后持续存在的严重的种族不平等。杜波依斯奔赴佐治亚州乡间，走过荒芜废弃、满目疮痍的土地，写下了种植园在多尔蒂县（那里曾是棉花王国）投下的阴影。这个"黑土地带"① 的中心"大概是有史以来最富有的奴隶王国"。杜波伊斯关注耕种贫瘠土地的佃农和农业工人。当地位于美国的南方腹地②，农业劳动者依赖白人资本，并深陷债务的奴役。杜波伊斯评论道，在黑人地带，94%的农民曾经"为土地而斗争，但失败了，其中一半人陷入绝望的农奴状态"。[8] 美国

---

① 黑土地带最初是美国的人口概念，指非裔居民占多数的区域，后来成为地理概念，指亚拉巴马与密西西比州的肥沃区域。在美国南方的语境中，这一概念也可指南方使用奴隶劳动发展棉花产业的地区。

② 南方腹地是历史地理概念，主要指美国东部最南端的几个州，一般包括路易斯安那州、密西西比州、亚拉巴马州、佐治亚州和南卡罗来纳州。佛罗里达州与得克萨斯州由于历史原因并不总是包含在内。

重建时期^①之后，南方白人对权力的控制愈发牢固，许多非裔种植园劳工和佃农为虚假债务所困，被剥夺了土地，而白人种植园主则将债务变为控制他们生计的手段。

在大西洋彼岸，种植园可能是利比里亚所有 19 世纪早期移民都不愿记起的过往。他们或是出于自愿，或是为了换取自由，而从美国和西印度群岛来到了西非的沿海地带。在 1847 年的宪法中，这些移民宣布利比里亚是"为被驱逐、受压迫的非洲子女建立的家园"。利比里亚禁止一切形式的奴隶制与奴隶贸易。"仅有色人种"能够取得公民身份，只有公民才有资格拥有土地。这些声明是黑人独立与自决的宣言。它们坚决反对种植园奴隶制固有的劳动剥削与种族暴力，以及建立和维系种植园的白人资本与种族压迫体制。这些都是旨在打破种植园镣铐的权力宣言。利比里亚的历史与"种植园"一词的各种含义涉及的历史紧密地交织在一起。⁹

这段历史的核心是土地——土地带来的希望、土地的价值、土地的归属、土地的用途，以及围绕土地展开的争夺。利比里亚（或者说，至少它原本的政治构想）始于建立一个安置美国黑人移民的殖民地。在这一点上，利比里亚的历史类似于早期种植园定居点的历史。就像普利茅斯殖民地和马萨诸塞湾殖民地一样，前来定居的移民尝试在新的土地上开辟宗教与政治自由的空间。不过，与英国在北美建立殖民地相比，西非沿海这一区域的殖民化至少有一个重大区别。对这些移民而言，西非殖民地的建立标志着回归祖先

① 重建时期指 1865 年美国内战结束后，南北双方就国家未来走向展开商议的时期。在 1876 年的总统选举中，共和党为取得南方支持而让步，同意联邦将从南方各州撤军、搁置黑人平权问题等，重建时期至此结束。

的土地。

　　美国殖民协会由查尔斯·芬顿·默瑟（Charles Fenton Mercer）
与罗伯特·芬利（Robert Finley）于 1816 年创立，二人分别是代表
弗吉尼亚州的国会议员和新泽西州的长老会[1] 牧师。该协会致力于
推动在非洲为美国的非裔人口建立一个殖民地的需求与愿望，成员
多为著名白人政治家、宗教领袖和商人。他们对奴隶制的态度不尽
相同，但一致认定，自由黑人对年轻的美国构成了威胁，而最佳对
策是在非洲建立殖民地，以安置被解放的奴隶和在美国出生的非裔
公民。不过，当时美国的经济增长仍然建立在受奴役的非裔群体的
汗水、辛劳与苦难之上。托马斯·杰斐逊（Thomas Jefferson）、詹
姆斯·麦迪逊（James Madison）、亨利·克莱（Henry Clay）等美
国最著名的政治家都支持通过建立殖民地来解决奴隶制问题。该协
会的成员将美国视为白人移民的国家，而殖民化的解决方案可以消
除他们认为的危害美国未来的麻烦因素和问题。他们用爱国主义话
语来包装自身的动机与诉求，使其看起来似乎延续了美国建国时的
自由与殖民的神话。

　　丹尼尔·韦伯斯特（Daniel Webster）曾任美国殖民协会副主
席，他是该协会成员中最著名的政治家和演说家之一。1820 年 12 月，
大批民众聚集在普利茅斯岩，以纪念"五月花"号抵达美洲 200 周
年[2]。韦伯斯特到场并发表了讲话。他称赞"殖民、进步与文明的
进程"随这些清教徒一同来到普利茅斯岩，并在美国持续发展。韦

---

[1]　长老会是加尔文宗的一支，源自 16 世纪的宗教改革。

[2]　"五月花"号 1620 年自英国出海，将 102 名乘客送至今属马萨诸塞州的
普利茅斯岩，一般视此为美国历史的起点。

伯斯特在颂扬殖民时，没有提及殖民者掠夺土地，屠杀北美原住民，抓捕和贩运数百万受奴役的非洲人的暴行，而这些恰恰构成了"文明"国家的基础。[10]

当年早些时候，美国殖民协会开始构建一个与早期殖民地建立时相同的殖民、文明与进步的神话。在 2 月寒冷的一天，"伊丽莎白"号驶出纽约港的冰冷水域，驶向西非海岸。船上有 86 名从美国向新家园进发的自由黑人。陪伴利比里亚的"五月花"号同行的是美国海军的"蓝歌"号，这是一艘在西非近海巡逻的单桅帆船。早期的殖民活动得到了美国殖民协会成员的私人赞助和国会的 10 万美元拨款，后者得益于 1819 年通过的一部法案，这笔拨款被用来安置美国海军拦截的运奴船上的非洲人——1808 年，联邦法律禁止向美国输入奴隶。

"伊丽莎白"号的乘客等了将近两年。他们在英属塞拉利昂殖民地待命，最初在歇尔布罗岛，随后转移至弗里敦的弗拉湾街区。①他们希望在西非海岸更南方的地区获得土地，供美国自由黑人移民和被截获的非洲奴隶建立新殖民地。黑人移民与代表美国政府和美国殖民协会利益的白人雇员间的关系日益紧张，移民寻求自由与自决，与美国殖民协会的愿望并不一致。十几位移民死于疾病。1821 年，第二艘船驶入弗里敦。"鹦鹉螺"号带来了必要的补给和新移民。1822 年 4 月，在获得土地之后，"伊丽莎白"号和"鹦鹉螺"号上的乘客在梅苏拉多角建立了一个永久定居点，这是一个位于西

---

① 歇尔布罗岛位于塞拉利昂西南近海，较首都弗里敦离利比里亚更近。弗拉湾街区位于弗里敦市东部。

非谷物海岸（也被称为"胡椒海岸"①），被红树林沼泽环绕的岬角。美国总统詹姆斯·门罗（James Monroe）曾命令联邦政府为殖民地的建立提供帮助，因此移民将这座沿海城镇命名为"蒙罗维亚"（Monrovia）。[11]

美国殖民协会的白人成员设想的是，两个世纪前曾在新英格兰上演的殖民故事将在非洲的海岸重演。但这将是一个怎样的殖民地呢？在遥远海岸建立殖民地，是否代表着美国作为一个移民帝国推行海外扩张的早期尝试？[12] 又或者这个行为反而是杰斐逊描述的"自由帝国"②的再现，非裔美国人将在非洲海岸上建立一个独立于美国的共和国？美国殖民协会支持者与国会议员在殖民地建立之初就在争论这个问题。最终在 1843 年，时任国务卿的韦伯斯特平息了争议。英国方面询问，一个由美国公民以私人名义建立、管理并大力资助，同时得到美国军方保护的定居点，是不是美国的正式殖民地，韦伯斯特对此予以否认。[13] 利比里亚既不是美国正式的殖民地，也无权享有美国政府的保护，美国仅为打击当地的近海奴隶贸易而提供了军事援助。4 年后，这个脆弱的移民社会宣布从美国独立，成为自由的利比里亚共和国。

不过，美国殖民协会宣称拥有的土地生活着相当多的族群，包括巴萨人、德伊人、戈拉人、丹人、克佩尔人、克鲁人、马诺人、瓦伊人等。他们沿着穿越热带草原和雨林的贸易路线，从非

---

① 谷物海岸和胡椒海岸是欧洲商人起的名字，指梅苏拉多角至帕尔马斯角之间的区域，包括今天的利比里亚。

② 杰斐逊认为美国有传播自由的责任，因此美国东部殖民地有必要向西扩张，扩大版图。

洲内陆地区迁移到沿海地区，同时促进了盐、可乐果等商品的流通。[14] 最晚至 15 世纪，今天的利比里亚的沿海和内陆地区都已经被主要说梅尔、曼德和库阿语族语言的居民占据。1822 年，移民从美国前来寻找新家园时，一并带来了西方的财产私有制观念，这与当地原住民的习俗与文化信仰截然不同。在西非，"买"或"卖"土地并不是被广泛接受的概念。酋长是土地的监管人而非主人。在利比里亚的原住民群体中，围绕土地，尤其是领土边界产生的冲突并不鲜见。但与此同时，这些群体都相信土地是共同所有的，属于生者、早已去世的祖先和尚未降生的人。

　　为殖民和定居而获取土地的行动招致了混乱、误解与冲突。梅苏拉多角最初的土地协议是与彼得国王（King Peter）签订的。他是一位酋长，也是德伊各部落领袖的代表，他们共同控制着海岸地区，美国白人政府与殖民协会雇员希望通过贸易和武力手段在这里建立殖民地。罗伯特·菲尔德·斯托克顿（Robert Field Stockton）上尉将他的军舰"鳄鱼"号停在近海。但他与协会雇员和医生伊莱·艾尔斯（Eli Ayers）越来越沮丧，因为他们觉得彼得国王在谈判中含糊其词、拖延时间。斯托克顿认为自己遭到了对方的欺骗，而他此前曾是在大西洋打击海盗与奴隶贩子的英雄。据说他用手枪抵在彼得国王的头上，要求对方遵守诺言，"立下字据"，交出土地。这个说法或许并不真实，只是为了凸显斯托克顿在海军冒险生涯中的气魄与成就。无论如何，彼得国王和其他五位酋长签署了一份文件，将梅苏拉多角附近的多索阿岛，以及大陆的一部分交给斯托克顿与艾尔斯，以换取价值约 300 美元的火枪、火药、铁棒、烟草、白棉布与朗姆酒等商品。移民将新家园改名为普罗维登斯岛①。但这份协议并没有持续太久。随着德伊人的敌意越来越强烈，劫掠和武装冲突随即爆发。康多联盟（一个由本土族群组成的强大的组织）中的曼丁戈族的一位领袖曾居中调停。桑·博索［Sao Boso，或称"博茨韦恩国王"（King Boatswain）②］之所以这样做，或许是因为他看中了殖民地的战略价值，认为殖民地可以帮助巩固对通向海岸的重要贸易路线的控制，这条贸易路线的内陆终点是位于殖民地北方约 60 英里处的康多联盟的据点博波卢。但国王无法长期保护移民。[15] 1822 年 11 月，移民占据梅苏拉多角尚不满七个月，德伊人就对殖民地的要塞发动了攻击。35 名移民凭火枪与一门大炮，在海湾阻击了敌军三个星期，随后英国双桅帆船"摄政王"号听见炮声赶来支援。双方达成了和平协议。移民与原住民之间的第一次陆上争端结束了，但这不会是最后一次。移民持续涌来，他们起初来自美国，后来也包括加勒比地区。他们尝试开拓一片自由的土地，并且为非洲大陆上的新家园带来基督教、文明和商业。[16]

许多自由的非裔美国人坚决反对勒令他们离开美国的黑人移民计划，因为这有辱他们生来拥有的美国公民合法身份。[17] 少数人则选择背井离乡，迁居至一个向来就不是自己家园的遥远海岸。从 1822 年到内战开始的 1860 年，大约 1.1 万名移民来到了利比里亚。其中约有 4000 名自由人，其余 7000 人则是解放奴隶，他们以离开美国为条件，向种植园主换取了自由。移民的代价是高昂的。超过

---

① 普罗维登斯岛也有"天命之地"的含义。

② 桑·博索在移民到来前掌管着利比里亚西部与北部地区，还控制着圣保罗河的出海通道。他所在的共同体称作"康多联盟"。

25% 的移民在抵达后两年内身亡，他们大多死于一种"热病"，很可能是疟疾。[18] 如果一个移民能够挺过前两年，生存的概率就会显著提高。移民主要来自蓄奴州。南北战争以前，仅弗吉尼亚州与马里兰州的移民就占到了约四成，而北方各州的移民则不足 8%。然而，1850 年通过的《逃奴法案》要求对不肯协助找回逃亡奴隶的各州执法官员与公民施以罚款，而且美国最高法院在 1857 年做出一项裁决，剥夺了非裔群体获得公民身份的法律权利。这些都使离美赴非的前景变得更易于接受了，甚至连北方的自由黑人也普遍这样认为。[19]

在南北战争前的美国，自由的非裔群体面临着艰难的选择：是留在美国，让肤色限制教育和经济机会，甚至最起码的公民权利，还是为了自由与机会离开家园与亲人，像祖先一样在非洲生活？奥古斯塔斯·华盛顿（Augustus Washington）就是其中之一。他是整个家族第一个生来即自由的人。19 世纪 40 年代，华盛顿在康涅狄格州的哈特福德经营照相馆，生意颇有起色。他活跃于纽约和新泽西的废奴主义者圈子。1841 年，21 岁的他在《美国有色人种杂志》（Colored American Magazine）上发表了一封抨击美国殖民协会的公开信。然而，他的观点随时间发生了变化。在达特茅斯学院，他是唯一的非裔美国学生。他支持"建立一个美国有色人种的国家"。这不是"一项选择，而是……必要的"。"与其做我们压迫者的政治奴隶，"这位年轻人写道，"不如成为自由人，这更有利于我们的人格和智慧。"美西战争阻碍了华盛顿及其"天赋过人"的伙伴在墨西哥取得土地的努力。1851 年，也就是《逃奴法案》通过一年后，华盛顿愈发惧怕"压迫的浪潮席卷我们"。考虑到刚出世儿子的前途，他热情接受了利比里亚带来的希望。[20]

华盛顿认为，非裔美国人由于"我们当前的社会与政治劣势"，将永远无法"向世界证明非洲人及其后裔在道德和智力上和其他人平等"。非裔美国人无法得到"行业中最受尊敬与最有价值的工作"。他们也无法得到政府、高等教育机构或资本的帮助。完整的公民权利要求一位公民能够走上"通往财富与名望的每一条道路"。华盛顿并未遭到奴役，但他从未感受到自由。[21]

在美国早期历史上，一个被压迫、受迫害的群体在一片新天地找到了自由。华盛顿回忆着"普利茅斯岩与詹姆斯敦被遗忘的历史"，请他心存疑虑的读者思考，"这个强大的共和国，鉴于它对一个……群体的压迫与不公，将在非洲建立一种比我们的人民迄今为止拥有过的更为纯洁的宗教与道德，以及更为普遍的自由"。利比里亚正在召唤他们。1853 年，华盛顿打包了在哈特福德做照相生意的家当，凑了 500 美元，带上他的妻子科迪莉亚（Cordelia）和他们的两个年幼的孩子，去往蒙罗维亚开启新生活。[22]

华盛顿很快便在利比里亚找到了"轻松、舒适、独立的生活方式"，这正是他之前想要在美国寻觅的。在旱季，他的照相馆每天能赚 20 美元到 40 美元，专门为蒙罗维亚的商人、立法者等移民精英服务。对于携带资本来到蒙罗维亚的移民，商业贸易能提供一条通往财富与权力的道路。19 世纪 50 年代，利比里亚拥有一支傲人的商船队，包括 20 艘商船。这些商船往返于利比里亚沿海与河口的浅滩，在贸易点与城镇运送进口商品，并采购棕榈油、红木等各类珍贵的出口货物。在蒙罗维亚，利比里亚的自然资源被装上英国与德国停在近海的大船，运往海外市场。华盛顿反对移民完全依赖贸易的做法。虽然一部分人能够凭此发家，但蒙罗维亚的大多数人是"勉强糊口"（按照华盛顿的说法）的小商人。[23]

利比里亚的种植园主与商人阶级当中，许多人都在蒙罗维亚西北方 20 英里的圣保罗河沿岸建立了农场。华盛顿跟他们一样，将农业视作利比里亚未来财富的来源。他担心这个国家若是没有生产者，将会"继续……在贫困中挣扎，直到遭遇某种挫折，沦为某个欧洲强国的殖民地"。[24] 来到利比里亚十年后，他骄傲地宣称自己"比在美国最富有的时候至少多了 6000 美元"。[25] 1873 年，他的友人爱德华·布莱登（Edward Blyden）参观了这位移民拥有的上千英亩的鹿港农场后，评价华盛顿是一个"身兼数职"的人。[26] 华盛顿是《新纪元》（New Era）报纸的主编与出版商，又是众议院议长，还是一名法官和参议员，而且积累了大量财富与极高的名望。他将照相馆的利润投入种植园农业，并趁国际市场对利比里亚的蔗糖与咖啡需求激增的机会赚了不少钱。19 世纪 60 年代末，南北战争导致美国南方的甘蔗种植园化为废墟，华盛顿向欧美出口了超过"10万磅的糖，以及相应比例的糖浆"。[27] 华盛顿的农场拥有 50 名农业劳工，其中大部分是"刚果人"，这个词专指被美国海军从拦截下来的运奴船上解救的非洲人，他们往往会在移民家中受到监管。其余的劳动者主要是穷苦的移民，还是少数本地人，可能是戈拉人或者克佩尔人，他们熟知利比里亚的气候与土壤条件。在这些不断变换的农业景观中，本土与移民的文化相互交融。华盛顿欣喜地得知，对于从他手中购买糖浆的英国官员和士兵而言，这也许是"他们第一次享用自由劳工生产的糖"。[28]

上进的利比里亚农民（包括移民和本地人）还成功地将利比里

亚的大果咖啡树从一种森林植物转变为一种农产品。美国和欧洲对这种饮料的需求不断增长，而美国殖民协会雇员也在国际展销会与博览会上大力推广利比里亚的产品。这帮助利比里亚咖啡在 19 世纪 70 年代和 80 年代占据了一个小众市场。在 1878 年的巅峰期，一些利比里亚农场每年能出口 8000 磅咖啡，每磅能赚取 24 美分。利比里亚的种植园主同时也向世界出口咖啡种子和树苗，使其成为荷属东印度流行的种植园作物。[29] 在利比里亚独立仅仅 10 多年后，华盛顿可以自豪地宣称："利比里亚到现在为止没有任何外债。"1875年华盛顿去世时，这个国家的经济前景看上去一片光明。[30]

但利比里亚商品的市场随后不久便崩溃了。随着工业时代石油取代棕榈油成为常用的润滑剂，全球的棕榈油价格在 19 世纪 70 年代迎来暴跌。红木（作为珍贵的红色染料来源）的价格也因合成苯胺染料的使用而下跌。19 世纪 90 年代，利比里亚的小生产商已无法与美国的大型财团和垄断组织竞争，后者控制着古巴的甘蔗种植园。一度繁荣的利比里亚甘蔗农场再度变为森林。而利比里亚的咖啡生产者同样跟不上全球市场对阿拉比卡咖啡的新需求，巴西种植园大量种植这种作物。[31]

利比里亚经济陷入了由经济、生态和政治力量共同形成的大漩涡中，已经脱离了自身控制。经济崩溃以及欧洲列强对非洲的瓜分，都破坏了利比里亚的主权与黑人的自治。20 世纪初，利比里亚政府陷入债务泥潭，财政上受制于英国，被迫用土地和劳动力换取急需的资本。后来杜波伊斯造访的巴克利山种植园的特许经营权就出自 1906 年的一笔贷款。利比里亚政府以 6% 的利率借贷 50 万美元，出资的是利比里亚发展集团，这是另一个由约翰斯顿爵士领导的英国财团。由于急于筹钱偿还对英国的债务，利比里亚付出了沉重的代价，包括允许英国人监督海关收入，国家军队（利比里亚边防部队）由英国军官指挥，以及出让自然资源的开采权。利比里亚已经处在沦为大英帝国财政保护领的边缘，离真正意义上的保护领相差无几。[32] 这正是华盛顿曾警告过和最为担心的梦魇——在极端贫困中被外国势力吞并。如果不能在经济上摆脱白人的控制，独立黑人国家的政治主权几乎没有意义。

|||||||||||||||||||||||

在整个 19 世纪，美国政府对利比里亚事务袖手旁观，将其交给美国殖民协会处理。利比里亚宣布独立 15 年后，美国总统亚伯拉罕·林肯承认了其作为主权国家的外交地位。然而，随着英国逐渐控制了该国的财政，以及布克·T. 华盛顿（Booker T. Washington）[①] 发出的倡议，在西奥多·罗斯福及其 1909 年的继任者塔夫脱执政时期，利比里亚在美国外交政策中的地位逐步上升。

罗斯福在西半球的帝国野心的主要目标一直是中美洲和南美洲，而不是西非。他的"大棒"政策（又被称为"门罗主义的罗斯福推论"）主张美国有权行使国际警察的权力，干预经济与政治不稳定、受到威胁的国家的事务。这被当作美国随后占领古巴、尼加拉瓜、海地和多米尼加共和国的理由。位于西经 10° 的利比里亚同样落入了美国自称的警察保护领的范围当中。但要说服罗斯福与战争部长塔夫脱在被欧洲帝国主义势力瓜分的大陆上施展美国的力

---

　　① 布克·T. 华盛顿，美国非裔教育家、作家、演讲家及政府顾问。

量，一番游说在所难免。

华盛顿对共和党的黑人选票拥有可观的影响力。他于 1907 年 9 月致信罗斯福，提醒后者"根据可靠消息，英法两国均有意夺取利比里亚的大片国土"。他请求："我确信若是可能，你定会阻止此事。"[33] 1908 年 6 月，利比里亚副总统詹姆斯·詹金斯·多森（James Jenkins Dossen）率领的一支代表团抵达美国，寻求"道义援助与国际影响"来阻止英法侵占其国土。华盛顿从位于亚拉巴马州的塔斯克基学院① 来到首都，亲自安排多森同罗斯福以及塔夫脱等总统内阁成员会面。这位著名的作家、《自奴隶制中奋起》（*Up from Slavery*）一书的作者在林肯联合教堂主持了利比里亚使团与全国黑人商业联盟分会的公开招待会。② 华盛顿谈到了利比里亚的商业、农业与工业前景，肯定了扩大美国投资以开发利比里亚农业产品对双方的好处。他呼吁"美国与利比里亚更紧密地联合"。[34]

美国国务院对英国在利比里亚的意图愈发忌惮，新上任的塔夫脱总统随即向华盛顿寻求建议。他们共同制订了一项计划。1909 年 4 月，塔夫脱向利比里亚派出一个美国调查组以评估危机状况。华盛顿的私人秘书埃米特·斯考特（Emmett Scott）是这个由三人组成的调查团队的成员之一。这是一项调查求证的任务，但也兼有适当展示美国军事力量的性质。两艘侦察巡洋舰——"切斯特"号

---

① 塔斯克基学院成立于 1881 年，最初是一所针对非裔学生开设的技术院校，布克·T. 华盛顿是学院的第一任校长。

② *Up from Slavery* 直译为《自奴隶制中奋起》，也被翻译为《力争上游》《假如给我学习的机会》等。全国黑人商业联盟由华盛顿于 1900 年成立，旨在促进美国与非洲之间的贸易。

与"伯明翰"号陪同代表团开赴蒙罗维亚。军舰抵达后鸣礼炮21
响，停在近海待命。调查组回国后表达了对利比里亚现状的担忧。
他们评论道："如果没有某个与英法实力相当的强国的支持，作为
独立国家的利比里亚将很快从地图上消失。"他们还兴奋地提到了
该国蕴藏的"大量财富"，这些财富等待着被开发。[35] 美国驻利比
里亚全权公使欧内斯特·莱昂（Ernest Lyon）提出，"资金、人员
和确定的边界"是拯救利比里亚的关键。这番话出自同年晚些时候
的一次宴会，《华盛顿蜜蜂周刊》（Washington Bee）称这次聚会"可
誉为有色人种历史上最重大的事件之一"。在这次宴会上，华盛顿、
莱昂、斯考特和来自几乎"所有职业"与"各个行业"的具有"全
国威望"的其他非裔美国人，相聚一堂声援利比里亚的斗争，并且
提供他们的"道德影响力以确保它的领土完整与独立"。[36]

莱昂指出，利比里亚最需要的是资本，大量的资本。而在
1909年，资本主要集中在白人机构的手中。塔夫脱政府最终于
1912年与利比里亚达成了一笔1700万美元的贷款协议，利率为5%，
分40年偿清。这笔钱将用于偿还利比里亚的国际债务。这笔钱由
美国与国际上的银行和金融公司共同支付，出资者包括美国的 J. P.
摩根公司、库恩－洛布公司与花旗银行，以及英国的罗伯特·弗
莱明公司和德国的瓦尔堡公司等。作为交换，利比里亚向外国势力
出让了关税收入的财政控制权。由美国总统任命的一名接管人将取
得监督该国财政的大权，并由法国、德国与英国指派三名接管人从
旁协助。塔夫脱提出了"以美元代替子弹"的新口号，这代表了他
的"金元外交"的对外政策。美国由此在利比里亚国家事务中占据
了一席之地。美国的影响力还扩展到利比里亚的军事领域。利比里

亚边防部队的训练权与领导权落入美国手中，具体由查尔斯·杨（Charles Young）上尉负责。他毕业于西点军校，是美国陆军第9骑兵师的优秀军官。这是一支黑人部队，曾在美国西部对抗原住民，还曾在美西战争期间被派往古巴和菲律宾。杨亦是杜波伊斯的终身挚友。[37]

凭借华盛顿等非裔美国领袖的影响力，挣扎中的利比里亚取得了美国政府在经济、军事与政治上的援助。但华盛顿的"塔斯克基机器"（杜波伊斯这样称呼那一系列倾向于宣传华盛顿本人观点的报纸杂志）亦曾警告称，1912年的贷款只是权宜之计。华盛顿曾在19世纪80年代将一座曾经的种植园改造为一所农业与工业学校，用于推进黑人在经济上的进步。他后来还曾致信蒙罗维亚的《利比里亚记录报》（*Liberian Register*）的主编，为利比里亚提供自己行之有效的建议。利比里亚领导人需要掌握"科学、技术与工业"方面的专业知识，从而使国家能够"理解并控制"其自然资源。华盛顿曾经是奴隶，后来成为教育家和商人。他目睹了美国南方种植园经济的繁荣与萧条，也熟悉白人资本通过借款、债务与抵押在奴隶制终结后长期延续种族压迫制度的手法。他认为，只有在经济上强大、在土地上生产出黑人资本，才能够维系利比里亚的独立与主权。[38]

||||||||||||||||||||||||||||

这就是杜波伊斯在1923年12月抵达利比里亚时面对的情况。杜波依斯是柯立芝总统的私人代表，受命出席利比里亚第17任总统查尔斯·邓巴·伯吉斯·金（Charles Dunbar Burgess King）的第二次就职仪式。杜波伊斯是赴利比里亚的特命全权公使，他将这次

旅途看作自己人生中最好的机会之一。[39] 美国此前从未向非洲派遣过头衔如此之高的外交人员。这是一种象征性的姿态，但并非毫无来由。1922 年，美国国会没能通过向利比里亚贷款 500 万美元的计划。在 1914—1918 年的第一次世界大战中，利比里亚宣誓支持协约国。战争的经济后果对这个非洲共和国而言堪称灾难。德国此前一直是该国最重要的贸易伙伴之一，德资的德意志利比里亚银行把持着利比里亚的金融业。而在同德国断交后，利比里亚的贸易收入大幅下降。德意志利比里亚银行随即解散，英属西非银行则乘虚而入。利比里亚政府再度受困于巨额债务，边界受到英国和法国威胁，只得再次向美国寻求急需的资本与保护。[40]

第一次世界大战阻碍了美国在利比里亚推进商业利益，进而增加影响力的努力。1922 年，美国国会没能通过贷款的提案，国务院官员担心美国在非洲谋取土地的计划付诸东流。十年前，美国赴利比里亚考察团的秘书乔治·芬奇（George Finch）警告称，在"非洲大陆即将迅速在世界贸易和政治上崛起的时代，蒙罗维亚及其周边地区的小小势力范围将成为美国企业进入非洲的唯一门户"。[41]

美国非裔群体的领袖同样担心贷款提案未获通过一事对利比里亚未来的影响。1923 年 1 月，杜波伊斯联系国务卿查尔斯·休斯（Charles Hughes），对美国未能向利比里亚提供足够的财政援助表示担忧。英国银行界都在观望，威胁要把这个国家变成英国的保护领。[42] 杜波伊斯给休斯的信是以泛非大会（Pan-African Congress）执行委员会成员的身份发出的。泛非大会集合了欧洲、北美洲和非洲的知识领袖与政治活动家，成员一致反对殖民主义以及对全球非裔群体的剥削与压迫，他们于 1900—1945 年间定期集会。利比里

1909 年，杜波伊斯在亚特兰大大学（《W. E. B. 杜波伊斯文集》，编号 MS312，马萨诸塞州大学阿默斯特图书馆特别藏品与大学文库收藏）

亚的独立在 20 世纪 20 年代曾是泛非运动支持者坚持斗争的一项目标。声援这个黑人共和国也是威廉·刘易斯（William Lewis）[①] 向他在阿默斯特学院曾经的同学、美国总统柯立芝写信时想表达的首要关切。刘易斯在信中推荐，由杜波伊斯担任总统特使，出席金的就职仪式。刘易斯本人毕业于哈佛大学法学院，曾在罗斯福与塔夫脱的政府中任职，并且是第一位出任美国副总检察长的非裔美国人。刘易斯提议称，总统派遣杜波伊斯前往利比里亚的这个选择将向对方领导人说明，虽然"国会的 500 万美元贷款没有通过"，但美国政府将继续"对该共和国保持善意和友好的关注"。[43]

1923 年 12 月的一个下午，赴利比里亚特命全权公使首次见到了非洲大地。杜波伊斯从德国货船"亨纳"号的甲板上眺望，穿过海面看见了远方的利比里亚角山州 [②]。角山曾经是英国、荷兰、法国、美国、葡萄牙商人的补给站，并且是大西洋奴隶贸易晚期非洲大陆迎风海岸 [③] 上最大的奴隶港口之一。[44] 当天晚间，仅仅载有杜波伊斯和其余五名乘客的货船抛下了锚。这里地处北纬 4°，星座在这个新英格兰人眼里似乎都与家乡不同。蒙罗维亚闪烁的灯火照亮了黑夜。五艘木船从黑暗中驶近货船，克鲁船夫一边唱歌，一边划桨。一艘船上坐着穆迪·斯塔滕（Moody Staten）上尉，他接替杨成为利比里亚边防部队的美国指挥官。他身穿正式的卡其色利比里亚军装，登上"亨拿"号迎接他的美国同胞。斯塔滕在第一次世

---

① 威廉·刘易斯，圣卢西亚经济学家，曾于 1979 年获诺贝尔经济学奖。他是诺贝尔科研类奖项中唯一的非裔获奖者，曾提出著名的"刘易斯拐点"。

② 角山州是利比里亚行政区的旧称，今称大角山州。

③ 迎风海岸指西非的塞拉利昂、利比里亚与科特迪瓦的沿海地区。

界大战期间效力于一支黑人军团，在西线作战。他此时则受命在利比里亚组织和整顿该国军队。应金总统的要求，斯塔藤将担任杜波伊斯在利比里亚的随行专员。[45]

杜波伊斯的所见所闻何其熟悉，又何其陌生！利比里亚国旗飘扬在送他上岸的长船船尾。国旗上有 11 条红白相间的横条纹，左上角是一块蓝色的矩形，其中有一颗白色的星星，让人联想到美国国旗。对利比里亚的许多早期移民而言，美国曾经是他们的家园，哪怕那里的生活并不惬意，充满压迫。蒙罗维亚的建筑展现了美国南方的特征。平安夜蒙罗维亚街头播放的音乐像极了杜波伊斯近 40 年前在纳什维尔上学时听过的教会赞美诗。歌词、节奏与和声都让杜波伊斯听出了根植于非洲与美国的文化传统的声音。[46] 西非、美国、加勒比地区的非洲裔的文化脉络在利比里亚交织，在摆脱种族敌意、实现自由的承诺下汇聚在一起，杜波伊斯将这里视为实现其正在形成的泛非主义愿景的地方。

利比里亚的政治精英为他举行的正式欢迎仪式、礼仪和知识分子之间的谈话令杜波伊斯非常欣喜。金总统也毫不吝啬。一整队边防军士兵头戴红色非斯帽（土耳其毡帽），手持克拉格步枪和皮博迪步枪，沿着蒙罗维亚市中心的艾什蒙街，护送特使前往总统府。在那里，杜波伊斯首次见到了利比里亚总统。在金的就职典礼上，杜波伊斯作为贵宾出席。总统检阅了部队，当时的排场与景象令杜波伊斯深感震撼。那是由礼帽、大衣、军装组成的壮观场面，还有身着白衣的花童举着用五颜六色的花编成的拱门，从他们面前走过。

利比里亚内陆的旅程同样给杜波伊斯留下了深刻的印象。他带

杜波伊斯抵达时见到的蒙罗维亚景象。洛林·惠特曼摄于 1926 年（印第

蒙罗维亚的一幢房子，采用了美国南方的建筑风格。许多利比里亚的早期
移民都来自那里。洛林·韦特曼摄于 1926 年（印第安纳大学图书馆收藏）

艾什蒙街的总统府，洛林·惠特曼摄于 1926 年（印第安纳大学图书馆收藏）

着殖民者在非洲游猎的全套装备，包括木髓帽、扛着吊床的脚夫和荷枪实弹的护卫——他们主要提防夜间在丛林出没的猎豹。在内陆地区，杜波伊斯为非洲村庄生活的简朴和优雅着迷。[47]

在为期四周的访问期间，杜波伊斯见识了很多，这些足以让他向查尔斯·金总统和美国政府提供关于未来道路的建议。他告诉美国国务卿休斯："利比里亚能成为一个伟大、富饶、成功的黑人自治民主国家。"但它需要外国的资本与专家，特别是人类学、商业、经济学、教育和公共卫生领域的专家，以帮助利比里亚实现它的目标。他指出，最重要的是，这些专家应当尽可能是"美国的有色人种"。杜波依斯坚称："要让非洲、亚洲和整个美洲的有色人种安心……最好的做法是让他们看到美国面对一个正处于困境，但前景光明的黑人共和国的态度，美国应该避开征服、统治和牟利的诱惑，寻求成为向导、好友和保护者。"[48]

杜波伊斯号召受过教育的美国黑人中"有才能的十分之一"① 前往利比里亚，助其崛起。这对应着泛非主义创始人之一的布莱登的主张。[49] 布莱登生来是自由人，但他的出生地圣托马斯岛是蓄奴的种植园社会，那里曾经是丹麦的蔗糖中心。父母向他讲述了自己身负的非洲遗产。他们是伊博人，这一族群分布于今尼日利亚东南部。布莱登曾申请进入美国一家神学院学习，但他的请求遭到拒绝，当时他为黑人在美国蒙受的待遇和苦难而感到震惊。1851 年，

---

① "有才能的十分之一"最初由白人慈善家提出，亦是杜波伊斯发表于 1903 年的文章的标题，后成为他号召非裔美国人发扬领导才能的口号。在杜波伊斯看来，美国非裔居民中最有才华的前 10% 需要履行社会责任，通过接受大学教育、撰写著作或参政，改变非裔群体的生活状况。

19 岁的他受到纽约殖民协会资助，只身前往利比里亚。他入学蒙罗维亚的亚历山大高中，当时这所学校由长老会管理。他学得很快，语言学习尤为出色。在他的一生当中，他掌握了阿拉伯语、希伯来语、西班牙语和数十种非洲语言。1858 年，他受任成为这所高中的校长。三年后，他成为蒙罗维亚利比里亚学院（如今的利比里亚大学）的希腊语和拉丁语教授。布莱登相信，一种"非洲的国民身份"（African nationality）能够在羽翼渐丰的利比里亚共和国中锤炼而生。他坚信，若是缺少"本种族的一些伟大的中心，在那里集合我们体力、财力与智力上的优势"，那么散布于大西洋世界的非洲人及其后裔便不可能取得他们应有的威信与尊严。他在 1862 年夏天游历了美国东海岸，当时南北战争正撕裂着这个国家。布莱登向非裔美国人信众布道，表示他们的未来不在美国，而在非洲。布莱登宣称，天命① 召唤着美国的非洲裔回到他们祖先的土地上，协助建设一个黑人国家。它将同那些压迫他们的白人相抗衡。这就是利比里亚的献礼。50

布莱登的泛非愿景源自一种教化的使命，离散的非洲人将通过基督教、商业与文明"擎起非洲"。虔信、上进且受过教育的非裔美国人有着回到祖辈之地的精神义务与道德职责。而单凭他们便能"驱散无知与迷信的可怖阴云"，这是布莱登眼中阻碍着非洲发展的两大原因。51 布莱登认为，非洲无法靠自己崛起。他相信，非洲未来的富强和救赎都有赖于其后代的回归，"那些学到文明的艺术的人会把它带入非洲"。52 布莱登还认为，利比里亚"未来的物

---

① "天命"一词对应着利比里亚殖民地最初的名称普罗维登斯岛（Providence Island）。

质福利和道德进步"同样建立在盎格鲁－撒克逊国家的"外部帮助"。布莱登于 1908 年指出,英国才是对"该国经济发展"更加友好的伙伴,而不是美国——布莱登大概受到了自己的故乡西印度群岛的影响,还听说了来自英国殖民地巴巴多斯的移民亚瑟·巴克利(Arthur Barclay)出任利比里亚总统的故事。[53]

利比里亚本地人在这番构想中占据着何种地位?布莱登预言道:"我们国内的社会、宗教和政治生活中若是缺少了原住民,那么等待这个国家的只会是死亡。"他在一生中逐渐领悟到,利比里亚本土居民的生存状况对国家的成功至关重要。要让利比里亚成长为"一个伟大、强盛、人口众多、兴旺繁荣的非洲国家",就需要令其移民群体"与原住民融合,仿佛同源之水"。布莱登相信,通过西方与非洲的价值观的融合,一种交融的非洲身份将随之出现。他认为利比里亚不应是一个位于非洲的迷你版美国,而是一个具有雄心壮志的非洲国家。利比里亚的移民群体如果想要治理国家,指引其未来的走向,就要学习和接受非洲的宗教、社会与经济体系,比如"土地的集体所有权",利比里亚的未来正有赖于此。[54]

在布莱登号召非洲裔回归、拯救、改造他们祖辈土地的数十年后,他的泛非主义愿景隐约浮现在杜波伊斯为利比里亚提出的建议之中。杜波伊斯认为,那些离散于世界各地的非洲裔,特别是美国的非裔专家,需要驰援利比里亚,助它在这个遭受欧洲帝国主义势力控制与管辖的大陆上,实现它作为黑人国家的壮志雄心。利比里亚同样需要资本以打造坚实的经济基础。这个国家应当向谁求援?泛非主义愿景逐渐掺杂了国家利益。杜波伊斯建议利比里亚在它需要帮助之际看向美国,而不是布莱登一度建议的欧洲。[55]

爱德华·布莱登（出自 Dalton and Lucy, *Booksellers to the Queen*, 28, Cockspur Street, S. W. London, between 1866 and 1900，国会图书馆收藏，编号 LC-USZ62-135638）

利比里亚总统查尔斯·D. B. 金，大约摄于 1919 年（国会图书馆收藏，编号 LC-USZ62-114796）

胡德同意杜波伊斯的观点。这位美国驻利比里亚公使主张："经由黑人的能动性，利比里亚将得到救赎并且恢复元气。"[56] 在1922年接受驻利比里亚的职位前，胡德曾是派驻海地的传教士。在1924年的就职仪式上，金总统面对聚集在政府广场的群众宣称，利比里亚是"一个由黑人建立，由黑人维持，并且承载着黑人最高希望与理想的共和国"。[57] 胡德与杜波伊斯就坐在他的身边，二人都十分赞同。利比里亚资源丰富，有无可计数的丰富矿产，有棕榈油、咖啡、红木和橡胶等商品，还有充足的劳动力。需要的只是"一些能够开发它们的强大力量"。[58]

利比里亚需要一股力量与一个投资方来驾驭工业与科学的力量，改造大自然的馈赠，使其成为增长与发展的引擎。这股力量应当在实现这一点的同时，避免走上征服与剥削的道路。杜波伊斯设想的是一家公司，最初规模不大，由非裔美国人出资和运营。它将向利比里亚提供技术专家以开发该国的自然资源，促进商业和贸易。胡德则认为自己的朋友没有看到利比里亚当前面临的问题的严重性与紧迫性。他认为需要500万美元的资金，最好由美国的黑人金融家提供。此外，胡德还坚持认为，投资人必须是"这样一类人"，他们"完全不能涉及"这两位好友都持怀疑态度的一个人和一场运动——马库斯·加维（Marcus Garvey）和他的世界黑人促进协会①。[59]

---

① 世界黑人促进协会由马库斯·加维与妻子艾米·加维（Amy Garvey）于1914年创立，是一个非洲民族主义者兄弟会性质的组织，旨在维护全球黑人的利益。

||||||||||||||||||||||||

加维是一个生于牙买加的记者、出版商。他成立的世界黑人促进协会总部位于哈勒姆[①]，他从那里发起了一场黑人分离主义泛非运动。这场运动与杜波伊斯及美国有色人种协进会倡导的精英融合主义理想背道而驰。20世纪20年代，世界黑人促进协会官方报刊《黑人世界》（*Negro World*）的读者数量达到了20万，与《危机》不相上下。加维夸口称，他的协会在全球有超过300万名成员，不过杜波伊斯对这个数据持怀疑态度。加维在1919年引起国际轰动，他宣布成立黑星轮船公司，这家航运公司旨在实现他在非洲创建黑人理想家园的梦想。不到三个月，公司就筹集了足够的资金，买下了一艘船龄30年的破旧的客货两用船"雅茅斯"号。它随后被重新命名为"弗雷德里克·道格拉斯"号[②]，所有船员均是黑人。它的任务是在非洲的大西洋沿岸地区运送货物和人员。

加维曾经在哥斯达黎加为联合果品公司工作，在一家大型香蕉种植园中担任计时员。因此他十分熟悉白人资本主义结构中的种族不平等、对黑人劳工的剥削和对地方精英的欺骗。在美国驻外公司的种植园飞地工作的经历是促进他政治觉醒的重要契机。[60]他相信，离散在世界各地的非洲裔，只有脱离白人组织和资本控制，建立独立自主的经济，才能真正改善自身生活。黑星轮船公司是加维"回到非洲"运动的象征，吸引了协会的许多成员，其中许多人是佣人、农民、商贩和种植园劳工。很多人都愿意从自己的血汗钱中捐出5

---

① 哈勒姆是纽约曼哈顿的著名非裔社区。
② 弗雷德里克·道格拉斯（Frederick Douglass），美国废奴运动领袖。

美元，助力建起一个泛非帝国，让世界上受到压迫的黑人劳工在那里安家，寻求"道德上和物质上的支持"。1920 年 8 月 1 日，第一届世界黑人大会在哈勒姆开幕。2.5 万名协会成员以及来自百慕大、牙买加、尼日利亚、巴拿马、圣卢西亚等地的代表团齐聚一堂。在麦迪逊广场花园一间拥挤的屋子里，膏立①的领袖当选"非洲临时总统"。加维头戴鸭舌帽，身穿紫绿金三色相间的长袍，面对着参加集会的人群，号召协会成员"组织起世界上的 4 亿黑人，建立一个庞大的组织，将自由的旗帜插在伟大的非洲大陆上"。[61]

加维将利比里亚视作应许之地，要以它为基础建立一个"伟大的工业与商业联合体"，还要从这里开始，要求西方帝国主义势力将自由还给非洲。[62] 美国政府的观点恰恰相反，它将利比里亚看作美国在非洲扩大经济、政治影响力的桥头堡。大会开幕当天，哈勒姆举行了盛大的游行，当时在轿车里坐在加维身旁的是蒙罗维亚市市长加布里埃尔·约翰逊（Gabriel Johnson）。当晚，加维对花园广场的听众宣布，约翰逊当选为"无上之王"，这是协会中仅次于加维本人的职位。这位利比里亚贵宾与迁回非洲的移民有着不解之缘——他的祖父伊利亚·约翰逊（Elijah Johnson）是"伊丽莎白"号的乘客之一，还曾抗击过进攻梅苏拉多角定居点的德伊人。因此让约翰逊参与加维"回到非洲"的新方案最为合适。[63]

同年夏天，为了争取利比里亚政府支持世界黑人促进协会的事业，加维派委员海地移民伊利·加西亚（Elie Garcia）前去会见金总统及其内阁成员。加西亚告诉总统，世界黑人促进协会希望将总

---

① 一种希伯来信仰传统，通过涂抹油膏象征神圣授权。

部迁至蒙罗维亚，还请求取得一块特许地，以追求商业、农业与工业利益。作为交换，该协会的金融援助将帮助"清偿"利比里亚"对外国政府的负债"。加西亚承诺，世界黑人促进协会还将鼓励黑人移民到利比里亚，"帮助其开发"，并且会援建医院、高等教育机构等造福利比里亚人民的基础设施。可资本从何而来？加西亚夸口称，该协会的黑星轮船公司筹集了1000万美元。他还表示，世界黑人促进协会将在全世界筹集足够的资金以代替500万美元的美国贷款，这笔钱当时还处在美国国会的审议流程中，尚未得出结论。用黑人资本偿还外国白人债务，将确保利比里亚的经济自主、政治主权和繁荣的未来。[64]

利比里亚国务卿埃德温·巴克利（Edwin Barclay）积极听取并回应了加西亚的计划。但在礼貌的外交辞令背后，隐藏着双方日益增长的轻视与怀疑。金总统对岳父约翰逊当选为一个自封"全体黑人领袖"之人的二把手非常不满。[65]这位利比里亚领导人不顾亲戚关系，怒斥"无上之王"竟敢接受这一头衔和承诺的1.2万美元报酬。金随即把约翰逊逐出蒙罗维亚的真辉格党[①]权力中心，派他到偏远的西班牙岛屿费尔南多波岛[②]的政府任职。

与此同时，加西亚则在给加维的秘密报告中表露了他对利比里亚执政寡头的不满。他将领导人描述为"全利比里亚最可鄙的家伙"，他们贪污腐败，并且将该国本地人视作"奴隶"。加西亚建议加维不要公开声张其在利比里亚的政治目标。"谦逊与谨慎"是

---

① 真辉格党成立于1869年，是住在利比里亚乡村的美国移民为反抗利比里亚共和党而建立的政党。

② 费尔南多波岛现称比奥科岛，位于几内亚湾近海，今属赤道几内亚管辖。

跟金政府打交道最稳妥的方式，能够"消除可能存在的任何反对观点"。他还提到，这一策略不会妨碍世界黑人促进协会"在该国取得一个牢固的落脚点后，以我们认为对利比里亚人及全体黑人的进步最为有利的方式开展行动"。加西亚未曾料到，这份言辞激烈的报告落入了金内阁的手中。利比里亚领导人决定静观其变，等待合适的时机发起反攻。[66]

1920 年秋天，协会已经售出了价值 13.75 万美元的债券，用于启动在利比里亚的计划。利比里亚政府表面上很配合，但是金在 1921 年 3 月访问华盛顿时曾秘密向哈丁政府表态，他反感加维设想的非洲帝国。至于世界黑人促进协会强大的集资能力，金政府明白，需要真正有权有势的中间人才能维护利比里亚的主权。在欧洲瓜分非洲的过程中，这个国家逐渐积累了协调白人资本与权力利益的经验，从而维持了其作为黑人主权共和国的独立地位。而加维的反殖民演讲既不能改善利比里亚和欧洲邻国[①]的关系，也无助于推进金的计划，即赢得美国的援助与支持，从而避免英法对利比里亚的侵略。利比里亚总统美国之行的目的，就是要寻求哈丁总统政府的帮助，以获得 500 万美元贷款。他想要通过这笔钱让利比里亚摆脱背后的欧洲债权人。与此同时，巴克利向世界黑人促进协会委员西里尔·克里奇洛（Cyril Crichlow）保证，后者即将取得特许地。他还建议加维减少在公开场合的夸夸其谈。

加维大肆鼓吹的阶级对立和他提出的商业主张，令杜波伊斯愈发不满并感到怀疑。杜波依斯于 1921 年春天邀请金总统在《危机》

---

①　这里指利比里亚周边的非洲国家都已沦为欧洲殖民地。

中公开表达他对加维主义的看法。金同意了，并且在同年 6 月发表了一封公开信。他欢迎"有钱投资并拥有工匠、工程师或商人技能的健壮青年"来到利比里亚，但同时反对任何"令它的国土成为侵略或算计其他主权国家的大本营"的阴谋。[67] 巴克利重申了金的公开立场，谴责加维的"提议……把利比里亚共和国当作大本营，想要从这里发动舆论攻势，将白人赶出非洲"。这一信息旨在安抚法国、英国与美国日益增长的担忧。[68]

加维与他的代表没有理会巴克利让他们隐藏意图的指示。"我们不告诉别人我们是怎么想的，"巴克利这样告诫加维的下属，"我们只告诉别人我们想让他们知道的事，其实也就是他们爱听的事。"[69] 这是睿智的建言，来自一个惯于应对西方帝国主义国家恐吓、侵略策略的弱小黑人政权。世界黑人促进协会本可以明智地采纳它。1922 年初，加维与三名同事因涉嫌邮件诈骗和串谋面临联邦政府的起诉。美国政府声称，该协会未能向股东展示它在黑星轮船公司、利比里亚贷款项目及其他投资项目上取得的进展。西方势力不能承担将非洲丰富的自然资源拱手让与加维日益壮大的黑人分离主义势力的风险。加维于 1923 年 6 月被定罪，被判处 5 年监禁，但于该年 9 月获准保释，等待上诉。

与此同时，杜波伊斯和加维的舆论战愈发激烈。1923 年 2 月，杜波伊斯在《世纪杂志》（*Century Magazine*）上发布了一篇尖锐的文章，讽刺加维是一个"矮胖的黑人，面相丑陋，但有一双智慧的眼睛和一颗大脑袋……他……欺骗人民，拿走他们的血汗钱"。[70] 他还私下致信美国国务卿休斯，谴责加维是一个"罪犯，有着野心勃勃的征服计划"。杜波伊斯问道，美国政府能否取得黑星轮船公司的股票，交与一家"由最正直的人管理的私人企业，既有白人，也包括有色人种"，从而推进美国与利比里亚的商业合作？[71]

世界黑人促进协会做出了反击。1924年8月，在该协会于哈勒姆举行的会议上，哈维将杜波伊斯和美国有色人种协进会称作"黑人在全世界最大的敌人"，而仅仅在两年前，该协会还将杜波伊斯列入"当世最伟大的12位黑人"。[72]在世界黑人促进协会内部，针对杜波伊斯真正意图的怀疑不断增加，尤其是在他于1924年自利比里亚回国之后。该协会的三名代表——亨利埃塔·文顿·戴维斯（Henrietta Vinton Davis）、罗伯特·L.波斯顿（Robert L. Poston）和詹姆斯·米尔顿·范洛（James Milton Van Lowe）曾于那年2月初到访蒙罗维亚，当时杜波伊斯刚刚离开不久。利比里亚名流在首都的卫理公会教堂热情接待了他们。前总统亚瑟·巴克利与丹尼尔·霍华德（Daniel Howard），大法官詹姆斯·多森（James Dossen）连同利比里亚议员接见了加维的团队。几天后，来访者得到了金总统的热情接见。代表团欢欣鼓舞地离开了总统府。他们报告称，总统已经承诺提供马里兰、锡诺、大巴萨与大角山各州的土地。这些地方欢迎世界黑人促进协会成员前来建立定居点，发展农业、工业与教育事业。[73]搭建一间锯木厂、一座水质净化厂所需的建筑材料和四辆拖拉机已经安排装船，将运往利比里亚东南角的卡瓦拉河地区。世界黑人促进协会还从美国和西印度群岛召集了一队土木与机械工程师，他们于1924年6月前往利比里亚，为预计9月带来的第一批移民做准备。但技术专家登陆后立即遭到利比里亚政府逮捕、关押与驱逐，这该是何等意外。[74]

金总统在随后的争议中解释了自己的行为。他声称，世界黑人促进协会"明显意图将利比里亚作为其传播种族仇恨与恶意宣传的大本营",因此政府不得不驱逐该协会的使节,并不再向任何想要移居利比里亚且与该协会有关联的个人发放签证。[75] 在英国的利物浦,利比里亚总领事 C. E. 库珀(C. E. Cooper)告诉《非洲世界》(*African World*)的读者,加维的"目的是让利比里亚成为他的政治宣传大军在非洲的垃圾场"。库珀坚称:"我的人民不会接受加维,利比里亚满足于拥有白人的同情与支持。"[76]

在加维看来,利比里亚领导人之所以排斥世界黑人促进协会在该国的投资与移民,完全是因为一个人——杜波伊斯。"你们是否好奇杜波伊斯今年为什么会去利比里亚?"他这样询问在哈勒姆自由大厅参加 1924 年的第四届世界黑人大会的同胞。"去资本家阶级找答案吧,他们雇用黑人打压黑人。"他号召道。[77] 加维声称,杜波伊斯与胡德是为了费尔斯通才将世界黑人促进协会出卖给了利比里亚。该协会的代表集结在他们的领袖身后,而加维如今则面临着一项新的联邦指控。这次是涉嫌所得税欺诈。在大会的闭幕式上,他们签署了一份给柯立芝总统的请愿书,强烈批评利比里亚的局势,并且警告总统提防他在利比里亚的两位代表胡德与杜波伊斯的"不友善的态度"。代表们宣称,他们密谋破坏世界黑人促进协会在利比里亚的利益,并且"利用他们的官方职务,激起利比里亚人对该协会目标的偏见"。[78]

||||||||||||||||||||||||||

加维的声明确实道出了部分事实。在杜波伊斯离开利比里亚的前一天,曾陪杜波伊斯视察巴克利山种植园的费尔斯通公司员工罗

斯，搭上一班轮船前往西班牙卡迪斯，并于2月底回到英国的家中。在那里，他起草了一份给老哈维的报告，包括对巴克利山种植园的评估，以及他同胡德和西德尼·德拉鲁（Sidney De La Rue）的秘密谈话，德拉鲁是美国派驻的财政顾问及海关署长。罗斯还收录了对利比里亚的土壤、劳动力和政治状况所做的笔记。他在给老板的报告中写道，"我认为，若是配以成熟的管理模式"，巴克利山种植园"足以媲美马来亚最好的种植园"。[79] 3月，罗斯成了费尔斯通在迈阿密海滩的冬季住宅的座上宾，二人在那里讨论了后续的行动。与此同时，胡德在利比里亚启动了谈判，准备将巴克利山的种植园转让给费尔斯通轮胎橡胶公司，当时这家种植园欠利比里亚政府7000英镑债务。[80]

在世界黑人促进协会计划将设备和人员送往利比里亚之际，费尔斯通的谈判团队已于1924年5月底赶到了蒙罗维亚。他们还带去了价值2万美元的汽车与拖拉机，随时准备着手建设他们自己版本的非洲帝国。比尔·海因斯（Bill Hines）也是谈判团队的成员，他是费尔斯通的私人秘书，深得其信任。胡德的船与海因斯的船擦肩而过。这位特使当时身体欠佳，不得不返回美国休假。而就在即将抵达汉堡的途中，他收到了国务院发来的紧急电报，当时海因斯正在伦敦，准备前往利比里亚，国务院询问胡德能否安排与海因斯见一次面。胡德用了两天时间在布鲁塞尔与海因斯会面，并告诉了费尔斯通的代表有关利比里亚生活与政治的方方面面。他还为海因斯写了一封给金总统的介绍信。[81] 在利比里亚，海因斯由罗斯和费尔斯通公司的新加坡专员奇克陪同，他们代表老哈维前来，想要同利比里亚政府达成一项土地协议。

费尔斯通团队与美国政府官员一致认为，国务卿巴克利是金总统内阁中最多疑，也是最麻烦的人。巴克利有绝对的理由保持疑心。美国入侵海地仅仅是十年前的事，而且美国仍然占领着那里。巴克利担心，利比里亚可能将遭遇相似的命运。[82] 金看上去则没有那么警觉，毕竟外国政府的贷款总是带着"太多的政治纠葛"。他相信，国家的未来在于外国私人资本，只要能签署安全合理的条款。金很清楚加维提出的投资计划所面对的财政现实。他还深知，在一个由白人资本控制着全球金融命脉的世界，一个弱小的黑人主权国家面临着巨大挑战。在加维与费尔斯通之间，利比里亚总统选择了一家有美国政府撑腰的公司，他相信美国能够对抗包围他祖国的殖民势力。[83]

1924 年 6 月的大部分时间里，巴克利、金和费尔斯通的代表都在就临时协议的具体内容展开磋商。第一份正式协议同意将巴克利山种植园租给费尔斯通公司，租期一年，可以续租，这样费尔斯通公司就有时间判断在利比里亚大规模种植橡胶树的可行性。作为交换，费尔斯通公司将按每英亩 1 美元的价格向利比里亚政府支付年租金，以黄金支付。该公司还同意，不会引进非熟练劳动力，同时为所有售出的橡胶支付 2.5% 的所得税。如果费尔斯通公司建设了道路或其他有益于利比里亚的公共设施，所得税的税率可以降至1.5%。此外，双方还草拟了一份临时协议，用于租赁该国家多达100 万英亩的土地 90 年，以及另一份费尔斯通公司承诺维护和建设蒙罗维亚港口的协议。海因斯于 6 月 20 日赶回美国，罗斯前往巴克利山种植园做准备，奇克则奔赴北部调查土壤状况与劳动力供应情况。虽然还有许多问题需要解决，但费尔斯通公司已经在胡德和杜波伊斯的帮助下成功进驻利比里亚。[84]

在帮助费尔斯通公司进入利比里亚的过程中，胡德真心相信自己是为了利比里亚的最大利益。他告诉杜波伊斯："作为一个黑人，我必须对这些黑人保持绝对忠诚。"他想象着费尔斯通的投资将带来一切，包括道路、码头、港口、收入、工作机会和教育资金。他确信，"让利比里亚此后免受领土侵略的唯一办法，就是引入某个在利比里亚有利害关系并且积极参与的强大力量，从而让这股力量为维护自身利益而捍卫利比里亚"。[85]

杜波伊斯同样相信，费尔斯通有能力实现"以美国为代表的白人工业国家，同以利比里亚为代表的部分发达的黑人国家的双边关系的最伟大、影响最深远的改革之一"。在利比里亚的国土上，费尔斯通有机会以种植园的形式，在资本、土地与劳动力之间形成一种全新的关系。这种关系不会建立在剥削和掠夺之上，而是以相互依存、共同发展和繁荣为基础。杜波伊斯在给老哈维的信中写道，一切都有赖于这位橡胶大王是否给"受过教育的黑人一个在你的工业体系中奋发的机会"。[86] 在《新共和国》（ The New Republic ）的一篇文章中，杜波伊斯与大众分享了他的观点。他写道，"美国的白人资本"在利比里亚有可能"在帝国主义问题上做出一番出色且非比寻常的工作"。费尔斯通"能够建立一套地方的管理体系，不过分强调肤色差异。在利比里亚，他们能带来体面且不断增加的工资，并且可以向利比里亚政府提供令人满意的收入。这是可能的。这就是利比里亚和美国黑人群体希望看到的"。[87]

对于美国国务院来说，它乐于看到杜波伊斯和胡德站在自己这边。国会没能通过向利比里亚贷款一事，始终被柯立芝政府部分官员视为一场外交和道义灾难。费尔斯通提供了挽救柯立芝政府同利比里亚及美国黑人选民关系的机会。时任国务院西欧事务司长的威廉·卡斯尔（William Castle）向同事分享了他的观点："要是顺利的话，胡德会积极争取黑人支持国务院和费尔斯通公司的各个项目。"此外，杜波伊斯还表示，"如果费尔斯通的项目能为一些技术学校的有色人种毕业生提供就业机会，那么他将大力支持这些项目"。如果费尔斯通能够履行承诺，卡斯尔兴高采烈地写道："杜波伊斯控制的所有激进媒体都将站到我们这一边来。"[88]

加维对利比里亚承诺了很多。但杜波伊斯认为，从数据上看，世界黑人促进协会的提议不合逻辑。在他看来，该组织的所有投资项目无一成功。他认为加维只是在利用离散在世界各地的非洲人的梦想来骗取他们的积蓄。在白人私人资本和江湖骗子之间，杜波伊斯选择了美国工业巨头。

1924年，世界黑人促进协会敦促利比里亚国会慎重考虑向费尔斯通出让特许地一事。该组织警告道，"随着时间的推移"，那家公司将"寻求进一步控制整个共和国"。[89]加维则认为，世界黑人促进协会内部对利比里亚阶级结构的批评被泄露给了金总统的政府，这才导致该协会的计划功败垂成。因此他愈发公开发表对利比里亚精英的批评，指责他们涉嫌剥削本土劳动者。他抨击道："他们让原住民挣不着钱，吃不饱饭，住不起屋，衣不蔽体，他们却在热带的阳光下大摇大摆地穿着英式礼服。"[90]

在利比里亚，蒙罗维亚的公众舆论一致支持金的举措。《利比里亚新闻报》（Liberian News）写道，投资了黑星轮船公司的利比里亚人"很快意识到自己输了"。[91]"我们是非洲人，"另一名利比里亚记者评论道，"加维那样的外国黑人缺乏这样的意识。他不清楚自己是谁。"[92] 刻薄的文字在大西洋两侧飞来飞去。金告诉他的同胞，利比里亚的目标是建立一个强大的非洲国家，而不是成为泛非黑人帝国的中心。

费尔斯通保持沉默，但他应该为赢得胡德和杜波伊斯的支持而感到高兴。就在加维的专家团队被赶出利比里亚的几天前，杜波伊斯给他新结交的朋友、利比里亚总统金写了一封信。费尔斯通的问题正压在总统的心头。杜波伊斯告诫道："利比里亚必须有供其发展的资本。"面对在英国、法国、美国之间的选择，杜波伊斯建议，利比里亚选择美国白人投资是最为明智的。杜波伊斯相信这对该国的主权与自主权威胁最小。杜波伊斯断言，金可以放心，"美利坚黑人"将站在他的身后，他们"拥有足够的政治力量，能够令政府谨慎采取行动"。这是一桩魔鬼的交易，是用土地和劳动力换取发展与自由的希望。但代价是什么？这个问题几年后将困扰着杜波伊斯。[93]

第三章

资本的传教士

杜波伊斯在其晚年出版的《世界与非洲》（*The World and Africa*）一书中写道："美国建立在非洲的基础之上。"被掠夺、被奴役的非洲劳动力使美国成为"糖业帝国和棉花王国的中心"。奴隶制度是工业革命得以出现的基础，也是"资本主义统治"繁荣的根本。杜波伊斯评论道，通过掠夺土地，开采稀有资源，剥削廉价劳动力的方式，"对非洲的强暴"仍在继续。奴隶制或许已经终结，但种植园经济造成的种族与地理差异的遗产依旧存在于资本与劳动力的全球流动中，这种流动建立了现代工业化国家，也塑造了世界的地缘政治结构。利比里亚自建国之初就陷入了建立在种族资本主义基础上的全球政治经济体系的束缚中。在这样的体系下，掠夺与剥削的模式仍然通过制造种族差异而继续发展。[1] 在白人资本与西方帝国主义势力统治的世界中，利比里亚如何才能维持主权？杜波伊斯与胡德希望，美国的黑人选民和对非裔美国人专业知识的倚重能够确保费尔斯通公司的种植园可以造福利比里亚及其人民。

　　然而，费尔斯通成长的小镇、行业和国家的发展，全都依赖根植于种族主义的资本主义不平等。[2] 为在西非丛林中建起一家"庞大的企业",费尔斯通没有像杜波伊斯和胡德主张的那样,向非裔美国专家寻求帮助,而是求助于代表白人特权和权力的人与地方——常春藤联盟的学校及其思想观念、劳动力与管理结构,以及帮助过又受益于种植园奴隶制和美国的科学学科。[3]

哈佛大学热带医学系主任理查德·皮尔森·斯特朗(Richard Pearson Strong)是费尔斯通倚仗的重要白人专家之一,他帮助后者建立了其设想的现代版工业种植园。斯特朗曾为了美国的经济、军事与政治利益,在海外经历了一次次惊心动魄的冒险。在美西战争期间,他以军医身份参加了菲律宾战役。他曾为美国红十字会和美国政府工作,在中国东北解剖肺炎患者,当时鼠疫造成了至少 6 万人死亡,美国于 1911 年派遣斯特朗前去支援,与国际各方一同平息这场令人忧心的疫情。第一次世界大战期间,他还自愿投身于美国卫生委员会的救援工作,前往饱受战火摧残的塞尔维亚,帮助缓解受斑疹伤寒疫情折磨的塞尔维亚平民和军人的痛苦。他还曾应联合果品公司、费尔斯通公司等美国企业之邀,发起了从亚马孙河上游到利比里亚内陆的多次探险,以帮助这些企业进军热带。然而,在以科学、医学和美国的名义进行全球旅行时,他在 1926 年 11 月的一个清晨目睹了一起前所未有的事件。[4]

斯特朗刚刚回到蒙罗维亚。他是费尔斯通种植园公司的贵宾,刚刚完成利比里亚史上第一次生物与医学调查,这次旅程让他筋疲力尽。斯特朗和他的七人团队(包括哈佛大学在医学昆虫学、植物学、哺乳动物学、寄生虫学和热带医学领域的一些最顶尖的人才)历时四个月,忍受着当地最糟糕的雨季,徒步跋涉近 700 英里,沿

哈佛大学考察队。坐着的从左到右依次是约瑟夫·贝卡尔（医学昆虫学家）、乔治·沙特克（医生）、斯特朗（热带医学专家、队长）、格洛弗·艾伦（动物学家）。站着的从左到右依次是戴维·林德（植物学家），马克斯·泰勒（细菌学家，后因研发一种黄热病疫苗获诺贝尔奖），哈罗德·库利奇（助理动物学家），洛林·惠特曼（摄影师）。费尔斯通利用对医学人道主义的支持，建立了一个种植园世界。洛林·惠特曼摄于 1926 年（印第安纳大学图书馆收藏）

着小路和未完工的道路穿越了利比里亚密布的热带丛林，足迹遍布利比里亚各地。[5]

几个月里，他们每天都在热带的酷暑中艰难行进 20 英里，睡在帐篷里，忍受着疟疾的折磨。而在旅途的尽头，一行人欣然接受了蒙罗维亚的奢侈生活。小哈维·费尔斯通与妻子贝蒂当时都在城中。这是这位家族长子首次代表费尔斯通王朝前往利比里亚，他后来还将多次访问这个国家。自阿克伦赶来的夫妻二人在费尔斯通种植园公司总经理罗斯的家中为哈佛大学的科学家们安排了豪华晚宴，有香槟、美食与音乐。在蒙罗维亚的 1 万名居民当中，大约有100 名从其他地方来到这里的白人，他们聚集在一起。多萝西·米尔斯（Dorothy Mills）夫人称他们是蒙罗维亚的一个"白人殖民团"。米尔斯是奥福德伯爵的女儿，也是美国矿业和铁路大亨丹尼尔·蔡斯·科尔宾（Daniel Chase Corbin）的财产继承人。她曾横穿利比里亚内陆，在哈佛团队之前去过几乎相同的土地，不过她一直躺在脚夫扛着的吊床上。广阔的土地、丰富的资源和冒险的前景吸引了形形色色的白人，包括海关官员、外交官、银行家、商人、科学家与探险家。他们都认为，白人的知识和资本更优越，能引导利比里亚走上发展道路，这一共有的道德观念团结着他们。他们混迹于同样的社交圈子，一同享用午饭、野餐和晚宴，并且时常在晚间彼此串门，分享威士忌、种族主义笑话和从欧美进口的最新留声机唱片。他们形成了一个白人小团体，成员大多是美国人、英国人与德国人。由于不是公民，他们在利比里亚几乎没有合法权利，因而选择抱团取暖。[6]

费尔斯通 1 号小屋是城中白人的聚会场所之一。那是费尔斯通种植园公司的医生威利斯（Willis）和他妻子的家，它更像是一座庄园，而非小屋。这幢三层的白色建筑位于蒙罗维亚一座俯瞰大西洋的山丘上，它也是费尔斯通公司的药房和诊所，一楼有六张仅供白人员工使用的病床。阳台环绕着住宅的二层和三层。二层的四角有四个大卧室，中间有一个华丽的客厅，两侧是开放的，能够享受海风吹拂。这栋房屋的舒适让留在蒙罗维亚的人长舒一口气，这些人包括斯特朗、与他关系密切的同事乔治·沙特克（George Shattuck，医生）、22岁的助理动物学家小哈罗德·杰斐逊·库利奇（Harold Jefferson Coolidge Jr.，也被称为"哈尔"）和年轻的考察队摄影师洛林·惠特曼（Loring Whitman）。[7]

11月6日周六破晓，沙特克和库利奇在同是威利斯家客人的费尔斯通代表奇克的陪同下，在屋外准备出发打鹌鹑。费尔斯通公司的司机迟到了。他们等了一个小时，奇克变得暴躁起来。他声称自己房中的东西昨晚被偷了。在利比里亚司机抵达后，奇克已经暴跳如雷。沙特克按住司机，奇克则不停地拳打脚踢。附近的人在家中就能听到年轻司机的哀号，他们透过窗户目睹了这一幕。费尔斯通员工被施暴后惊魂未定，三名美国人则催促他送他们前去打猎。库利奇在他的日记中讲述了这件事，字里行间满是辱骂司机与利比里亚人的种族主义污言秽语。但他写得更多的还是对自己的枪法与猎物的自豪——他打了几只鹧鸪、一只杜鹃、一只夜鹰，还有好几只像鸽子的鸟。打猎大获成功。一行人在三个小时后回到家中，每个人都心情畅快。[8]

打猎小组坐下来吃早餐之时，斯特朗按惯例在晨间出门快步走。让他惊讶的是，一队警察走上门前的台阶，要求进入威利斯家。

斯特朗虽然名义上是考察队队长，但在这种情况下几乎没有权威。哈佛大学的名声、军衔和白人的特权对这些警官都不起作用。利比里亚终归是他们的国家。斯特朗和他的团队，以及资助他们的费尔斯通公司，都是得到了利比里亚政府的准许才得以来到这里的。

　　警察告知斯特朗，他们前来拘捕屋里的两个人，他们涉嫌在当天早晨违反了利比里亚法律。斯特朗要求对方出示逮捕令，一名警察将他推到一旁。三名警察和斯特朗一起待在屋外，另有两人进入房中将沙特克带了出来。海因斯当时正在城里处理公司事务，此时赶了过来。他请求执法团队允许由他开车将沙特克带去警察局。围观者越来越多，海因斯担心沙特克的安全。警察拒绝了他的请求。他们将沙特克押到警局。据斯特朗说，沿街的人群对"美国人、白人与费尔斯通种植园公司"骂了许多难听的字眼。斯特朗险些失控。斯特朗在美国公使馆代办里德·佩奇·克拉克（Reed Paige Clark）面前写下了一份宣誓证词，讲述了他在一同前往城市监狱的途中，是如何压住自己的怒火，没有为伙伴出头的。但斯特朗只字未提那个被沙特克伤害和侮辱的利比里亚年轻人。[9]

　　将沙特克收押在城市监狱之后，警察又回到费尔斯通1号小屋逮捕奇克。这名费尔斯通的代表在东南亚长大，父亲曾经是暹罗（今泰国）的一名医生传教士和柚木商人。奇克"本质上是一名传教士"，他充分利用了自己对东南亚、商品市场和种植园林业的了解，为费尔斯通寻找适合大规模种植的树种、土壤与对此感兴趣的政府。斯特朗一向能通过一个人的气候特征迅速判断一个人。他认为在酷热地区生活了相当长时间的奇克"在热带太容易激动了"。奇克爱好音乐和体育，他的儿子多尔夫·奇克（Dolph Cheek）在

1925 年作为队长，率领哈佛大学橄榄球队夺得了冠军。奇克还热衷打猎。他对猎杀动物的热情和容易紧张的性格，使哈佛大学的考察队陷入了眼下的困境。[10]

|||||||||||||||||||||||||||||

奇克与沙特克事件是一个导火索。一年多来，所有利比里亚人，从国会议员到当日围观的人群，都愈发怀疑费尔斯通在利比里亚的真实意图。老哈维在那年年初悲叹道："如果个人或政府感到恐惧，那就没办法和他们做生意，尤其是他们认为我会毁掉他们的国家。"[11] 但利比里亚人的担心不无道理。争议的焦点是费尔斯通又在 1924 年夏天起草的原始协议中追加了一项要求。当时的三份协议曾授予费尔斯通以下权利：租下巴克利山种植园用于实验；在多达 100 万英亩的土地上种植橡胶树，租期 99 年；负责蒙罗维亚港口的维修和建设。金总统与国务卿巴克利不知道的是，费尔斯通公司高管更改了协议内容，在由费尔斯通签署后，于 1925 年 2 月将其送到金与巴克利的办公桌上。这项新条款授权费尔斯通代表利比里亚向美国政府或私人资本贷款 250 万到 500 万美元。条件与 1920 年美国向利比里亚贷款的条件相似，只是那份贷款提案在 1922 年被美国参议院否决。新条款还要求，若费尔斯通确实取得了这笔贷款，利比里亚必须在五年内接受它。[12]

甚至连经验老到的巴克利也难掩他对费尔斯通私自变更协议的不满。美国公使胡德向来支持利比里亚政府的事业，巴克利在给他的信中表达了自己的惊诧。巴克利强调，费尔斯通"在未知会利比里亚政府的情况下，在一份私人的经济开发协议中附加一项公共贷款的建议，并将其作为种植园运营的必要条件"。[13] 利比里亚政府断然拒绝了这一提议，因为它与利比里亚的公众情绪和金政府的政策背道而驰。他们希望以引入外国资本开发本国资源的方式，而不是举债的方式来弥补国家财政赤字。利比里亚对贷款没有兴趣。巴克利坚称，该国对费尔斯通的兴趣在于，想要鼓励美国投资来"抗衡这个国家已经存在的其他别有用心的侵略势力"，即法国与英国。[14]

猜忌不光涉及财务。费尔斯通种植园公司的名称本身就招致了怀疑。克利夫顿·沃顿（Clifton Wharton）注意到，"种植园"这个词在利比里亚人当中引发了担忧，沃顿是非裔的美国驻利比里亚副领事，曾在胡德与其继任者威廉·弗朗西斯（William Francis）手下效力。沃顿写道："要知道，蒙罗维亚以外的大部分地区都是小镇，居民是从种植园取得自由的美国解放奴隶，报纸少之又少，甚至压根没有，难以获取外界的信息，教育也不发达。所以必须理解，种植园是被仇视的东西。特别要考虑到，这个国家正是为了摆脱种植园才得以建立的，自由与独立的历史是它的骄傲。在这样的背景下，白人种植园尤其不受欢迎。"[15]

种植园唤起的恐惧值得担忧，但此时真正威胁利比里亚主权的是政治因素。要求加入贷款条款的是美国派驻利比里亚的海关署长与财政顾问德拉鲁。他的职业生涯起步于美国的热带地区，于1921年经多米尼加共和国抵达利比里亚。他在加勒比地区的伊斯帕尼奥拉岛待过多年，那座岛上有两个国家——海地与多米尼加共和国，美军占领了它们的政府、人民与土地。这些经历为德拉鲁对利比里亚的图谋做了铺垫。联合果品公司等美国企业通过在加勒比与中美洲地区种植香蕉与甘蔗积累了大量财富，这得益于美国政府保护美国私人资本的强烈意愿——必要时，甚至不惜动用武力。[16] 不过，枪炮不是美国在海外保持影响力和控制权的唯一手段。债务同样是其重要的武器。政局不稳与债台高筑为美国于 1916 年对多米尼加共和国实施军事占领提供了便利的借口，而这两点同时对美国的投资构成了威胁。德拉鲁于两年后抵达该国，身份是美国财政部的审计员、会计与采买专员。前往对美负债的国家进行破产管理的财政专家，往往喜欢把自己比作医生和传教士。他们治疗"染疾的"经济体，帮助国家摆脱通胀，重建金融秩序，以促进经济健康良好的发展。[17] 他们将自己视为美国的教化之手。德拉鲁也不例外。

德拉鲁生活在一个白人掌握权力的世界，他们蔑视有色人种。他在给卡斯尔的信中将利比里亚人称为"蠢货"，指责他们在财政上的无能。他把绝大多数种族主义评价倾泻在自己的美国同胞胡德身上。为了破坏国务院官员对这位美国公使的信任，他写道："你永远不知道如何与'黑鬼'打交道。"[18] 德拉鲁试图让费尔斯通将其视为一个利比里亚问题专家、一个关键盟友和一位重要的中间人，可以让金总统的内阁向美国私人资本让步。1924 年夏天，德拉鲁在阿克伦与老哈维、海因斯和费尔斯通的顾问维尔曼会面。在那里，德拉鲁率先提议，应当向利比里亚贷款 1000 万美元以保护费尔斯通的投资。德拉鲁强调，如果没有这笔贷款，当政局不稳、计划受到威胁时，费尔斯通就无法指望得到美国政府的支持，无论是道义上的，还是军事上的。老哈维则向这位海关署长分享了其大家长式的愿望——要在利比里亚"全国开展福利工作"。根据德拉鲁的会议纪要，老哈维受到吉卜林的"白人责任论"思想[①]的影响，他对橡胶帝国的期望远不止为美国人供应橡胶这么简单。它将推动利比里亚的发展，为其"建立学校、医院、农业培训学校等，以改善"利比里亚人的生活。[19] 德拉鲁告诉老哈维，这笔贷款将是实现其愿望的最佳途径。它应该独立于费尔斯通，"以整个国家的资产为抵押品"，并且由一个美国政府任命的顾问管理。这项贷款计划将使这名顾问（德拉鲁认为自己是当之无愧的人选）完全控制利比里亚财政，使他成为"利比里亚事实上的总督"。[20]

老哈维在交谈中越来越怀疑德拉鲁的利益和野心，认为后者是"骗子或者傻瓜"。[21] 但这位老练的马匹商人相信，德拉鲁的确说中了一件事。费尔斯通不顾胡德与威尔曼的建议，更加坚定地要求为种植园协议追加一笔贷款。橡胶树需要七年才能成熟，然后才能采集橡胶，提供源源不断的利润。而"如果无法保证利比里亚政府在未来几年内不垮台"，海因斯评论道，那么在等待期间，这家轮胎制造商将"冒着巨额投资血本无归的风险"。[22] 老哈维告诉国会议员，美国的外交压力、必要时的武力和私人贷款，将是保护他在"遥远国度"的"巨额投资"的最佳手段。[23]

1925 年 10 月，在巴克利为期六周的美国之行后，老哈维认为交易已经达成了。他给兄长埃尔默写信，说自己已经"与巴克利达成了一项协议，可以以每英亩 6 美分的价格租下利比里亚 100 万英亩的土地，我还安排了一笔由纽约银行家发放给利比里亚政府的

---

① 《白人的责任》是英国诗人鲁德亚德·吉卜林（Rudyard Kipling）于 1899 年创作的一首诗歌。吉卜林在诗中强调白人有责任将文明传播到世界各地。

500 万美元的贷款"。他夸耀道，这笔贷款"通过我们的国务院进行……将让我们完全控制利比里亚"。[24]

几周后，全美各地的报纸都宣布协议已经签订，1 亿美元的商业帝国将在西非的利比里亚共和国建立起来。在纽约广场酒店的一场记者会上，这位来自阿克伦的企业家宣称自己是开发非洲的"先驱"。"医生、卫生工作者、土木与机械工程师、建筑设计师、建筑工人、护林员和土壤专家"都将即刻启程清扫清理丛林，将"文明"带往"最黑暗的非洲"。疟疾将被"根治"。30 万名"本地人"与"一批优秀的白人"会将 100 万英亩的土地改造成"世界上最大的橡胶种植园"。老哈维还声称，这将是"美国在热带地区最大的投资，将重塑一个国家的面貌，帮助其建设港口、道路、城镇、医院等公共设施"。[25] 小哈维已经乘船开赴伦敦，为即将由他管理的费尔斯通种植园公司开设一间办公室。1925 年 11 月 21 日，在巴克利山东南十几英里的地方，人们开始用斧头与短刀砍伐森林。

时年 57 岁的老哈维充满信心与勇气，他是声名显赫的轮胎大亨，熟识美国政界、商界最有权势的中间人。他自信能够同利比里亚政府达成协议，但这并非美国国务院的态度，后者认为，在利比里亚议会批准前，任何协议都不是最终协议。老哈维认为巴克利的签名足以构成一份具有约束力的最终合同，但是他错了。[26]

伦敦的《晨报》（Morning Post）披露，1925 年 12 月出版的费尔斯通公司内部刊物《费尔斯通防滑轮胎》（Firestone Non-Skid）宣布，该公司计划在利比里亚部署一个由 3 万名白人组成的管理团队。[27] 这加剧了金总统的内阁和利比里亚议会对费尔斯通协议的担忧。利比里亚议会于次年开始审议这份协议，并对巴克利与老哈维签署的种植与贷款协议做出了两项重大改动。首先，由于担心美国会把利比里亚变成下一个海地，该国议会规定费尔斯通种植园公司最多只能将 1500 名白人员工带入本国。其次，该公司与利比里亚政府之间的分歧将由利比里亚法院指派的仲裁人仲裁。金总统深知利比里亚司法系统在制衡费尔斯通在利比里亚权力的重要性。如果这家庞大的企业失控，利比里亚的法官会让其难以，甚至无法在该国开展业务。由利比里亚法院裁决该国境内争端的决定，是防止这个美国的企业帝国将利比里亚变为傀儡政权的重要措施。利比里亚绝不会放弃自己的司法主权。

费尔斯通怒不可遏。清理森林的工程已经在杜河沿岸 2 万英亩的土地上顺利进行，费尔斯通雇用了数千名利比里亚劳工，包括种植园主、土壤科学家、护林员、工程师等在内的众多白人专家已经抵达蒙罗维亚或正在途中。老哈维告诉国务院的卡斯尔："我没心情谈判。"他坚称，利比里亚政府"必须毫无保留地接受协议"，否则他将撤资。[28] 他向利比里亚发出急电，要求暂停准备工作，命令还没运到的设备和还没抵达目的地的员工原路返回。他还催促工作人员在菲律宾寻找适合种植橡胶树的地方。[29]

老哈维态度傲慢的威胁令德拉鲁深感绝望。他控制利比里亚经济的计划眼看要破产。他立刻给花旗银行副总裁威廉·霍夫曼（William Hoffman）发电报："机密：尝试阻止费尔斯通和政府采取过于强硬的行动。局势可经由劝说来处理。人们都害怕费尔斯通的独断专行。"[30]

不管老哈维的威胁是不是真的，金总统不会屈服。仲裁条款和白人员工人数依然是最大的分歧。1927 年的总统选举在即，金不敢冒丢脸的风险。他的政敌都异常反感贷款协议，认为最初的条款意味着以区区 500 万美元的价格贱卖了整个国家。与此同时，老哈维也有自己的烦恼。虽然他在华盛顿拥有政治影响力，但他无法让菲律宾议会通过法案，允许这家美国公司在棉兰老岛租下 50 万英亩土地种植橡胶树。

1926 年 5 月，就在斯特朗的哈佛大学考察队启程开赴利比里亚之际，与金总统内阁的磋商出现了一线希望。巴克利通过秘密渠道提议，可以在仲裁条款上做出妥协。由于菲律宾前景黯淡，费尔斯通公司的副董事长和未来的继承人小哈维和妻子贝蒂于 1926 年 9 月离开阿克伦，首次造访利比里亚。他希望亲自达成协议。

小哈维是在篝火旁，在美国最具标志性的商人、企业家和发明家——他的父亲、爱迪生和福特身边长大的。他从未体验过这几位导师在美国镀金时代经历的艰难、残酷的生活，他们正是在这样的岁月中学到了在美国商界生存和成功之道。小哈维接受的训练与教育，包括寄宿学校、普林斯顿大学和马球锦标赛，始终是为了让他适应富裕生活，它们定义了他的成人之道。初入父亲的公司，他就担任了费尔斯通钢铁产品部门的主管。这位年轻的高管表现得练达、圆滑且温和，这是他父亲做不到的。1929 年 11 月，斯特朗在蒙罗维亚见到了小哈维，并迅速对他建立了好感。在同金和巴克利的会谈中，这位费尔斯通种植园公司的副总裁表现得真诚、恭敬、随和。在通信中，他同样擅长安抚对方。他让巴克利确信，费尔斯通真心实意地"关心利比里亚的发展与进步"，并将落款写为"您忠诚的仆人"。在迷人的举止背后，隐藏着一个精明的商人。小哈维决心在利比里亚达成一项对自己的公司有利的协议。这家跨国集团是他父亲白手起家建立的，有朝一日将由他和他的兄弟们控制。[31]

距杜波伊斯、胡德和罗斯在巴克利山顶眺望、畅想利比里亚与费尔斯通公司的未来已过去近三年。到 10 月底，小哈维已经接近达成协议。费尔斯通公司默认了 1500 名白人员工的限制。在仲裁问题上的让步使利比里亚维护了司法主权，但是如果利比里亚最高法院促成的仲裁未能在合理的时间内解决问题，则美国国务院仍然有可能介入。小哈维现场听取了金总统 10 月 20 日在利比里亚议会发表的年度讲话后，愈发相信僵局已经打破。总统指着自己身旁的小哈维，称他是"一位友好而富有魅力的绅士"，呼吁每一位"爱国的利比里亚人"认识到，"允许这样一家公司进入本国，并采取适当的保障措施，这将成为我们利用美国资本发展利比里亚的前所未有的绝佳机会"。[32] 但其实金总统的内阁并不确定保障措施是否足以消弭 500 万美元贷款带来的风险，毕竟利比里亚需要在 40 多年的时间里，以每年 7% 的利率，将这笔贷款偿还给不知名的美国金融集团。附加条款比利息更令人担忧，它们不仅限制了利比里亚的司法主权，也对货币政策加以干预。贷款协议要求，赋予一名由美国政府指派的审计员足以影响利比里亚财政预算的大权。它还要求，利比里亚政府只能接受由美国金融集团提供的贷款，不得再承担其他任何债务。另外它还要求，利比里亚边防部队以及海关的关税收入均需接受美方推荐的官员监督。小哈维决心让美国政府与他的公司垄断利比里亚政府的某些重要职能，而不允许他人染指。[33]

小哈维给父亲去信称，他确定只要美国国务院能向金保证，贷款协议"对各方都公平"，利比里亚政府就会批准该协议。[34] 但这份协议搁浅了，甚至威胁到了金政府的生存。美国国务院一直悄悄

1926 年，小哈维和费尔斯通种植园公司经理罗斯在巴克利山种植园（来自加利福尼亚历史协会，南加州大学收藏）

参与协商，此时突然陷入两难境地。费尔斯通与金政府都恳求美国国务院官员插手，协助敲定最终的细节。卡斯尔在国务院工作日志中表示，他希望这份贷款协议能使美国在西非发挥更大作用。但是，国务院官员倾向于对一份由美国私人企业和主权国家政府签订的协议保持中立态度。[35] 而斯特朗对国务院的袖手旁观深感失望，认为这种不作为"与美国国内政治和黑人选票问题混在一起"。[36]

奇克与沙特克的事件意外地为这场漫长的谈判带来了转机。一位著名的哈佛大学的医生被押进监狱，沿途还遭到愤怒民众的辱骂。这场骚乱令当时正小心翼翼地争取美国资本的金政府陷入尴尬的境地。这类外交事件反而对费尔斯通有利。斯特朗和他的哈佛大学团队的其他成员以及费尔斯通的代表，都将此事认定为一位受人尊敬的美国白人医生受到了羞辱。沙特克并不是普通的白人医生。他的父亲弗雷德里克·奇弗·沙特克（Frederick Cheever Shattuck）曾在 1913 年参与创立并资助哈佛大学热带医学系，正是他聘请斯特朗担任该系的系主任。包括乔治在内的沙特克家族的四代人都是哈佛大学的医学教授。卡斯尔同样毕业于哈佛大学，还曾担任院长助理。在他和斯特朗看来，波士顿著名的医生世家绝不应该蒙受这样的耻辱。

一位哈佛大学的医生涉嫌违反利比里亚法律，这对美国而言反倒是一件幸事。卡斯尔告诉斯特朗，如果"当事人只有奇克，或者奇克和其他费尔斯通公司的员工"，那么"国务院将面对一个非常棘手的问题。但是由于利比里亚人也攻击了一个纯粹为了人道主义和科学而身处利比里亚的人，这使我们能够采取一种非常不同的立场"。[37]

　　巴克利和金都担心此事会演变为国际争端。一通通外交电报在大西洋两岸来回传递。美国国务院向利比里亚政府施压，要求其做出补偿。几天后，沙特克和奇克获释。金邀请斯特朗前往总统府，并当场做出正式道歉。金告诉斯特朗，这起事件"显示出一小部分人反对费尔斯通种植园公司及其贷款提议，他们不希望这笔贷款通过"。[38]巴克利召集利比里亚议会开会，商讨如何惩罚他所说的"警察和本市部分暴民的无礼行为"。政府启动了一项调查。沙特克因违反利比里亚法律而缴纳的 50 美元罚款也被退回。[39]几周后，利比里亚议会批准了费尔斯通的种植与贷款协议，从而开启了一个经济、环境与社会的变革时代。

　　利比里亚司机受的伤变成了为宏大目标做出的牺牲。杰出的利比里亚政治家克拉伦斯·辛普森（Clarence Simpson）事后回忆称，利比里亚被困于"魔鬼与蓝色深海之间"。这个国家必须做出选择，要么冒被法国或英国占领的风险，终结这个黑人共和国，要么"接受较小的恶，让来自传统友好国家的一家公司间接控制经济"。[40]最终，保障黑人国家的政治主权的重要性被认为超过了同费尔斯通达成协议可能失去的经济自由。费尔斯通的投资为利比里亚提供了发展的希望和美国维护利比里亚免受欧洲帝国主义威胁的保证。即便如此，金与巴克利还是尽可能限制这个想要在他们的主权国家获取土地与劳动力的美利坚商业帝国的权力。

　　根据米尔斯夫人的说法，在她游历利比里亚的旅途中，许多同她交谈的人，上至"聪明的利比里亚官员"，下到为她扛行李的当地脚夫，都反对费尔斯通的计划。[41]但意见存在分歧。国内受过教育的精英当中，无论是移民还是本地人，都称颂费尔斯通的成就。

佩莱扬诺·贝·沃洛（Plenyono Gbe Wolo）就是其中之一。沃洛是克鲁大酋长的儿子。在利比里亚，大酋长（paramount chief）在酋长辖地的部落管理者当中地位最高，并且能够代表其辖地内的镇酋长（town chief）、宗族酋长（clan chief）、长者及人民，在利比里亚政府拥有一席之地。沃洛也是哈佛大学本科生院的毕业生，1926年秋天与小哈维在蒙罗维亚的会面令他印象深刻。他写道："我认为他对利比里亚项目的抱负值得赞赏。"沃洛的说法后来还历数了利比里亚"接受贷款的自私理由"。[42] 他辩称，这件事关乎国家地位。《利比里亚特快与农业世界》（*Liberia Express and Agricultural World*）代表利比里亚种植园主阶级的利益，同样是费尔斯通的坚定支持者。这份报纸向读者保证，费尔斯通公司进入利比里亚的目的"不是损害它的独立，而是拯救它"。500 万美元贷款当中，首笔的 250 万美元被用来帮助该国偿清外国债务。该报欢呼道，费尔斯通公司的到来，带来了"美国工业活动的蜂巢……这正是我们需要且必须拥有的东西"。[43]

协议墨迹未干，费尔斯通的舆论机器已经发动。一整版的文章出现在《纽约时报》上，作者是詹姆斯·杨（James Young），他后来会成为费尔斯通的公共关系顾问。这篇文章赞颂了美利坚橡胶帝国在非洲的崛起。杨的文章充斥着边疆叙事的陈词滥调，描绘了西方的白人探险家如何征服丛林，把文明带往"最黑暗的非洲"。[44]

老哈维用人道主义和发展包装自己的项目，再将其推销给全世界。广受赞誉的哈佛大学考察队不仅凭借其良好的声誉使美国国务院得以向利比里亚施压，还证明了美国科学与医学对维护费尔斯通利益的价值。美国资本将在道德规范与科学善意的引导下，帮助将利比里亚改造成一个现代化的工业国。美国科学与医学带来的道路、港口、电力、机器、电话、广播等许多奇迹都被当作宣传素材。《芝加哥卫报》（*Chicago Defender*）将老哈维称为"利比里亚有史以来迎来的最伟大的美国传教士"。这家黑人报纸自信地断言："颂词与唱诗做不到的事，他打算用镐头和铲子来实现。再没有其他人可以拯救矿藏丰富的利比里亚。教会每年派出数千人前往'外国土地'去'传播福音'，但当费尔斯通先生完成为期五年的实验，写出报告之时，他们将意识到自己的错误。"[45] 并非所有非裔美国人都确信利比里亚将从中获益。两所传统的黑人大学——弗吉尼亚联合大学与摩根学院展开了激烈的辩论，辩题是"费尔斯通在利比里亚的利益是否对当地居民有害"，最终弗吉尼亚联合大学获得了压倒性的胜利。弗吉尼亚联合大学的辩手主张"有害"，他们成功地预见了老哈维的实验将给利比里亚的本土居民带来失去土地、工资过低与强迫劳动等问题。[46]

||||||||||||||||||||||||||||

1926 年 7 月 7 日，"瓦达伊"号停靠在蒙罗维亚海岸后，一阵繁忙的活动开始了。20 艘 30 英尺长的小艇，未装载任何货物，从港口划到这艘 6000 吨的德国蒸汽船旁。"瓦达伊"号的船员将绳索抛给下面驾驶敞篷小艇的克鲁船夫。"瓦达伊"号属于韦尔曼航运公司，这家公司是德国汉堡的商人卡尔·韦尔曼（Carl Woermann）于 1849 年专为同利比里亚开展贸易而成立的。船上载着数吨探险和科考装备，包括枪支、够吃三个月的罐头、摄影用化学品、医疗用品、实验药品、帐篷、吊床、帆布浴缸、200 只小白

鼠和 50 只实验用豚鼠。考察队成员同样在场。一等装备上岸，斯特朗就需要找到 250 多名脚夫来搬运这些货物。这次探险是以哈佛大学和美国的名义开展的，美国报刊称之为"一次史诗性的旅程"，一旦完成，或许可以"拯救数以百万计的生命"。[47] 不过，斯特朗在探险日记的前几页里表露了人道主义关切之外的意图。费尔斯通公司进入利比里亚后，斯特朗希望美国能够"对该国内陆及其人民的发展施加更大的影响"，就像他认为的美国政府在获得"菲律宾群岛、关岛、巴拿马和波多黎各的领土"后所做的那样。[48]

斯特朗跟随着美国扩张的迂回路线来到了利比里亚。1898 年，作为约翰斯·霍普金斯大学首批以科学、实验的现代医学研究方法培养的医生，他加入美国陆军，担任军医，前往菲律宾参加美西战争，为军事与政治征服目标服务。美西战争结束后，斯特朗参与建立并负责菲律宾科学局的生物实验室。他着迷于当时新兴的细菌学这一学科带来的医学进步和疫苗，将实验室的研究重点放在威胁岛民生命的霍乱与瘟疫等疾病上。1906 年，他未经当事人同意，就为马尼拉岛比利彼得监狱的 24 名囚犯接种了实验性的霍乱疫苗，这件事成为一起公共丑闻，他也遭到调查。这些疫苗被一种淋巴腺鼠疫毒株污染，导致 13 名囚犯死亡。斯特朗被判无刑事过失的责任。[49] 对他在殖民地人民身上进行医学实验的质疑，被所谓仁慈的美利坚帝国的传教热情与言辞掩盖。

在马尼拉的热带环境中，斯特朗在马球场上和官员俱乐部里结交了一些朋友，这使他的事业蒸蒸日上，并因此接触到了共和党中富有和拥有影响力的人物。斯特朗的好友威廉·卡梅伦·福布斯（William Cameron Forbes）被任命为菲律宾总督，关于美国在热带

世界的角色，他和斯特朗有着相同的愿景。作为总督，福布斯实施
了许多旨在实现美国海外领地"物质发展"的项目。美国专家将向
所谓的"落后"国家的居民传授最现代、最先进的物理、医学、经
济和政治知识。凭借科技和专业知识，工程师将修建道路、桥梁和
水坝以促进交通与工业发展，生物学家将引入改良的农业技术，医
生将建立现代卫生体系以根除"异域"疾病，金融顾问将为经济增
长和进步打下基础，实施货币与财政改革并最终引导国家走上金本
位道路，这将大幅促进其与世界其他地区的自由贸易和金融交易。[50]
随着费尔斯通的利益从菲律宾转移到利比里亚，并尝试将后者作为
建立美利坚橡胶帝国的希望之地，这些仁慈大家长式的举措都将被
费尔斯通公司采用，以谋取美国外交官、政治家与科学家的支持。

但热带地区会消磨美国殖民官员的意志，甚至连斯特朗这种严
格遵守养生之道，保持身心健康的人也不例外。斯特朗和其他医生
相信，紧绷的神经和疲惫的身体是白人不适应热带地区的症状。
20 世纪初，许多流行作品用"科学"的方式支持气候是决定文明
的主要原因这个观点，比如耶鲁大学地理学家埃尔斯沃思·亨廷顿
（Ellsworth Huntington）于 1915 年出版的《文明与气候》（*Civilization
and Climate*）。[51] 生物学上的种族差异的观点，再加上气候决定论
与达尔文进化论的支持，方便地将盎格鲁 – 撒克逊人置于种族金字
塔的进化顶点。北方自然环境中的生存竞争被认为是最激烈的，生
活在那里的盎格鲁 – 撒克逊人进化出了更高等的智慧与毅力。依
照这个逻辑，白人虽然拥有更适合统治的智慧，但在生理上无法适
应热带地区的繁重工作。科学种族主义方便地为种族资本主义提供
了借口。白人管理者定期轮换进出热带地区，管理和控制在赤道酷

热潮湿环境下工作的黑色与棕色皮肤的工人。这种劳动力管理体系得到了源自种植园奴隶制时期的科学与医学理论的支持。费尔斯通公司将用同样的方法来管理其在利比里亚的"现代"工业种植园。

福布斯和斯特朗均于 1913 年离开马尼拉,前往波士顿。斯特朗回国后在哈佛大学创建并负责美国首批热带医学系之一,研究在湿热的热带环境折磨人类的"异域"疾病。福布斯则进入哈佛大学董事会,还当上联合果品公司的主管,这家农产品销售公司在中美洲拥有大量香蕉种植园。

哈佛大学热带医学系的创立和发展离不开美国商人的资助,其中包括福布斯与新英格兰的糖业巨头爱德华·阿特金斯(Edward Atkins)。他们都和哈佛大学联系密切,并且通过在中美洲与加勒比地区的香蕉与甘蔗产业发家致富。[52] 创建该系时,斯特朗召集了一支由哈佛热带生物学与医学专家组成的跨学科团队,他们将"热带美洲"视作"世界上为数不多尚待开发的广袤地区之一"。[53] 对许多哈佛大学的教师和资助他们研究的商人而言,热带地区是能让他们的事业更上一层楼的富矿。斯特朗当时既是哈佛大学系主任,也是联合果品公司的医疗实验室与研究部门的主管。在 20 世纪 10 年代和 20 年代,几乎每次前往拉丁美洲的考察项目都是他安排的,目的是探访美国海外商业扩张的目的地或潜在目的地。

炮舰外交让位于金元外交。斯特朗意识到,哈佛大学热带医学系等机构研究的热带知识,可以成为实现美国商业扩张和经济发展双重目标的重要财富。联合果品公司等公司站在这次经济扩张的前沿,负责与拉丁美洲各国达成协议,以取得建立种植园的土地、优惠的税收待遇和更低的出口产品关税。[54] 20 世纪 20 年代,斯特朗为热带医学系建立了一套商业模式，该模式依赖联合果品公司、美国糖胶公司和国际石油公司等商业公司每年的捐款，这些公司在热带地区拥有大量土地与投资。热带医学系负责提供关于诊断、治疗和预防那些危害劳动力和商品的热带疾病的专业知识，还负责培训公司的医疗人员，并就公司的医疗服务安排给出建议。疟疾、黄热病与盘尾丝虫病（河盲症）等热带疾病逐渐被视作资本的寄生虫，会吸走美国公司在热带世界的财富。作为回报，哈佛大学热带医学系不仅能得到捐款，还能得到接触新疾病、新物种和各种环境的独一无二的机会。这得益于第一次世界大战后，美国商业公司在扩张自身全球经济影响力时建立的运输与通讯网络。斯特朗将热带医学系的工作称为"工业卫生"的一种，这并非巧合。实际上，热带医学系的所有考察项目都发生在工业景观正在形成的地方。

费尔斯通在利比里亚的实验引起了斯特朗极大兴趣。这位哈佛大学教授是两座英国橡胶种植园的股东。他意识到英国的橡胶垄断对美国经济利益的威胁。1925年2月，斯特朗接受了费尔斯通轮胎橡胶公司的咨询。该公司承认，利比里亚种植园的效率和成功将"在很大程度上取决于工人的健康状况"，公司还请斯特朗推荐可以"为我们的管理人员和当地劳工提供医学服务"的合适人选。[55] 12月，沙特克利用他在哈佛大学的关系，安排他的学生斯特朗与老哈维会面。1925年1月，他们在纽约的花园酒店见了面。斯特朗大力推销热带医学系的专业知识对费尔斯通的利比里亚项目的价值。老哈维显得很有兴趣，并为考察项目提供了后勤支持，但他没有给哈佛大学一分钱。斯特朗启程前往利比里亚时，沙特克还写信向他保证，不久之后，"费尔斯通就会慷慨解囊"。[56] 8月下旬，哈佛大学考察队离开费尔斯通公司的种植园，前往利比里亚内陆后不久，沙特克再度来信。斯特朗的这位金主自信地写道："费尔斯通已经'把手放在犁上'①，我们会让他牢牢握住。"沙特克以白人的优越感居高临下地写道："不能一直指望 8000 个非裔美国人管事。"[57] 这一贬低黑人的种族歧视观点消解了黑人自治的可能。不久，费尔斯通真的慷慨解囊了。他拿出 2 万美元用于出版考察队的两卷报告。与哈佛大学的合作对费尔斯通的公共活动相当有益，在此后建立工业种植园的过程中更是发挥了关键作用。

||||||||||||||||||||||||||

建立一个新世界需要进行许多破坏。为了播下橡胶帝国的种子，先要砍伐森林、翻耕土壤，而这又要从占有土地开始。费尔斯通吹嘘说，他们已经"实实在在地入侵了荒野"。[58] 斯特朗则自夸他和他的队伍正要进入西非最神秘的区域探险。这是无主的土地——至少在费尔斯通和那些推进他在利比里亚的事业的人眼里是这样的。1916 年的一幅利比里亚地图加深了这一印象，它由美国国务院提供给哈佛大学的考察队。正如英国小说家格拉汉姆·格林（Graham Greene）在他的利比里亚游记里所说的那样，那幅地图相当"不准确，大量的空白区域上写着'食人族'三个字，这不仅令它缺少实用价值，或许还会给出危险的指引"。[59]

对利比里亚内陆地区的这些描述是野蛮的抹杀行为，它们否认了人与土地的关系塑造了这一地区的生态环境，而这些人将为斯特

---

① "把手放在犁上"指着手做事或开启一项进程。

朗和费尔斯通种植园公司提供知识和劳动力。费尔斯通及其追随者根据一幅被有意留白的地图规划未来，它贬低或忽视了上几内亚雨林地区多样的生活方式，以及在此居住了数百年的人、动物、植物和神灵之间的关系。哈佛大学考察队是一支"由先驱者组成的考察队"，其成员包括白人工程师、医生、植物学家、土壤科学家和人类学家等，他们被阿克伦的赞助人派去征服丛林，将"本土居民"纳入工业资本主义和西方基督教文明体系。[60] 这套叙事此前曾被用于维护美国在 19 世纪的西进运动和 20 世纪的海外扩张过程中夺取土地、消灭或同化原住民的行为。这套叙事也使费尔斯通种植园公司同利比里亚最初的移民成为盟友，他们带着"为落后、愚昧的非洲带来文明和基督教的祝福"［用利比里亚开国总统约瑟夫·詹金斯·罗伯茨（Joseph Jenkins Roberts）的话来说］的使命离开美国。[61]

"文明"对抗"野蛮"的框架构建了利比里亚共和国的法理基础。利比里亚的《独立宣言》承认"我们利比里亚人民……最初来自美国"。相反，这份建国文件鲜少提及国内的原住民，即使仅有的提及他们的部分，也没能给予他们充分的尊重。而随着利比里亚移民同原住民的交流增加，对"就如同是美国人在美国为自己立法"（借用布莱登的说法），而忽视国内本土居民的习俗、法律和权利的做法的批评声音愈发强烈。[62]

在 19 世纪的大部分时间里，利比里亚的原住民领地由许多政治体和族群管理，这些领地对移民的商贸活动十分重要。但它们几乎不受蒙罗维亚的政治控制，首都真正的影响范围只有从海岸向内陆延伸不到 45 英里的地区。法国和英国在 19 世纪末对西非领土的合并与控制已经令利比里亚陷入困境。1885 年为瓜分非洲而召开的柏林会议通过了"有效占领"原则，以国际法的形式将非洲本土人民的主权诉求置于欧洲殖民势力的利益之下，而欧洲殖民者则拥有以文明的名义占领非洲大陆领土的权利。[63] 蒙罗维亚的移民政府无法对本国内陆地区实施经济、政治和军事控制，而法国和英国则愈发频繁地利用这一点来挑战利比里亚的领土主权。1905 年，利比里亚的亚瑟·巴克利总统签署了一系列改革法案，旨在将国内的原住民人口及其领地纳入国家的行政、经济和司法框架内，这既是为了回应英国和法国的施压，也是因为国家经济濒临崩溃，急需增加国内收入。[64] 这些法案仿照英国政策，在内陆建立了间接统治制度，地方酋长被任命为中央政府的代表。被认定足够"文明"的本土居民被赋予选举权，有资格获得土地。利比里亚政府还征收所谓的"棚屋税"（hut tax），要求每个小镇或村庄根据当地户数，每年向政府的地区长官缴纳现金或实物。若有村庄不服从，政府就会派成立于 1908 年的边防部队会用武力强行征收税金。[65]

在费尔斯通到来前的 20 年里，反对政府的起义频频发生。例如，由于越来越敌视移民政府的税收，克鲁人在 1915 年和 1916 年发动起义，这是利比里亚史上最重要的原住民抵抗活动之一。克鲁人的劳动力、航海知识，以及棕榈油、棕榈纤维等产品的贸易，一直是利比里亚沿海经济的重要支柱。然而，他们告诉美国的调查人员，他们没有从利比里亚政府方面得到过"任何保护、正义或好处"。这些调查人员乘坐美国政府派来的"切斯特"号驱逐舰来到利比里亚，船上还有众多前来接管利比里亚边防部队的美国军官，他们受命协助镇压沿海地区的叛乱。数以千计的克鲁人的房屋被烧毁，许多克鲁人被杀，47名克鲁酋长和头人被政府以谋杀和叛乱的罪名绞死。在原住民要求经济与政治自决的过程中，美国军队站在利比里亚政府一边。[66]

"无主的土地"真的无主吗？这些冲突以及本土居民对政府政策的零星反抗说明，情况并非如此。哈佛大学考察队的报告同样说明了这一点。费尔斯通选定一片区域开展大型实验，尝试大规模重构当地的生态秩序，而考察队的报告就从调查和收集这一地区的生物入手。考察队的考察对象包括鸟类、哺乳类、爬行类、昆虫、植物、真菌和寄生虫等一切威胁工人和珍贵的外来巴西橡胶木的健康与产量的物种。考察队的首席植物学家戴维·林德（David Linder）为他搭乘平底红木船穿越的翠绿的密林感到惊叹。考察队乘船沿江克河与杜河向上游行驶了30英里，抵达费尔斯通3号种植园后就将那里当作考察队的大本营。河边烛台露兜树卷曲的气生根（植物生长在地面以上的根）和由细长的剑形叶子形成的拱状树冠，都给林德留下了深刻的印象，让他感觉自己仿佛已经进入"石炭纪的森林"。[67]继续向内陆进发，地势逐渐升高，混交林取代了沼泽。在这里，吉贝树耸立在森林中，它的巨大的翼状根支撑着高达160英尺的灰色圆柱形树干。吉贝树的巴萨语名称是"Ghuo chu"，利比里亚原住民视它为祖先领地的神圣标志。这些树由更早的居民种下，他们的魂灵还居于其中。这种树标志着世世代代对土地所有权的主张。

沿着杜河而上，林德仿佛穿越时空，回到了远古时代，人类还未到来，也未重塑森林中的生活。但哈佛大学考察队穿越费尔斯通的特许地时发现，这里并不像费尔斯通声称的那样是一片荒野。这里有原始森林、次生林、耕地和点缀其间的村庄。在费尔斯通最先占有的 10 万英亩土地中，有 2 万英亩的土地位于杜河沿岸，工人对这些土地进行了清理。

这片区域是巴萨人的家园。他们是说库阿语的各个族群中最早到来的移民之一，他们从上几内亚雨林的东北角来到今利比里亚境内由西非海岸向内陆延伸 50 英里的区域。[68] 在费尔斯通到来前，这里栖息着许多种生物。每隔数年，男人们会在村庄周围有选择地砍伐和焚烧森林的一部分区域，让阳光照射进来并释放土壤的养分。油棕树和吉贝树会被留下，这反映了它们是一些利比里亚原住民生活中不可或缺的一部分。女人们则会在开垦的土地上种植和收获大米、木薯等粮食作物。几年以后，养分耗尽的空地会休耕，新的空地会被开垦出来。这种实践和节奏就是著名的刀耕火种农业，它塑造了这一地区的生活。

咖啡、可可、可乐果、橙子和油棕等木本作物都被种进了退耕的次生林。种植它们不仅仅是为了提供食物和用于贸易的商品。对这些植树者的后代而言，它们既是祖先占有这些土地的有形证据，也代表了与这些集体所有的土地相关的权力和收益。哈佛大学考察队的成员注意到，这些形式的刀耕火种在特许地范围内随处可见。但是斯特朗忽视了巴萨人同他们身边的土地与生命建立的经济、社会和精神纽带，并且认定他们是一个"并不特别聪明的种族"。[69] 夺取和破坏巴萨人的保留地是费尔斯通发展新型自然经济的第一步。斯特朗估计，它将"为这个国家带来巨大收益，并促进其人民的福祉"。[70]

严格地说，费尔斯通的几项协议并不包括"为利比里亚共和国

照片与影像资料记录了在费尔斯通 4 号种植园进行的一次巴萨人文化表演，由哈佛大学考察队的摄影师洛林·惠特曼摄于 1926 年。2018 年，奎桑村的长者曾用这些资料说明，费尔斯通的到来令他们的祖先流离失所。惠特曼摄于 1926 年（印第安纳大学图书馆收藏）

境内任何部落共同使用而设置的部落保留地"。然而，利比里亚政府还是对传统土地权利主张置若罔闻。[71] 费尔斯通和利比里亚政府令人民失去土地的故事不胜枚举。哈佛大学考察队的官方摄影师惠特曼于 1926 年拍摄的影像记录了巴萨人和格雷博人的一次文化表演，他们所在的地方就属于首批被开发为种植园的土地。奎桑村是地处费尔斯通特许地东南角的一个小村子，我们的研究团队将这段影像给那里的长者看，他们做出了强烈的回应。他们的祖先跳舞的画面唤起了人民流离失所、庄稼被废弃、文化传统被抛弃、诺言被背弃的记忆。"奎桑"的意思是"白人（或者'文明人'）夺走了我们的那片土地"。奎桑村的长者说，这个名字指的是费尔斯通和移民政府夺走了巴萨人的土地。据他们所说，他们的祖先被赶出了如今费尔斯通员工俱乐部的所在地。几年前，奎桑村的村民曾在一个下雨的午后偷偷集会。一位长者表示，他们还等着费尔斯通公司重建他们的村子，而当时距离该公司夺走他们的土地已过了 90 多年。大家都笑了。过往的行为破坏了人与土地的亲密关系，这个笑话道出了其中的锥心之痛。[72]

另一个地名同样让人们想起夺取土地的暴行。费尔斯通在清理土地，建立后来的第 22 分区时，需要焚烧数千英亩被砍伐的木材。它们在利比里亚旱季酷热的天气下变得干燥易燃。费尔斯通公司专门通知附近村子的村镇酋长，失控的火势造成的损失他们概不负责。[73] 老人说，"沃洛沃恩涅"这个名字正是源于大火，这个名字指第 22 分区的一个区域，意思是"着火的狒狒"。一名第二代费尔斯通公司员工说，他的父亲于 1926 年来到种植园工作，据他的父亲回忆，"人们拒绝搬走，所以整个地区都被放火焚烧。他们把被烧伤的人称为'沃洛'（狒狒）"。[74]

无论在个人信件、日记，还是官方出版物里，哈佛大学考察队的成员都没有提及这种生态暴行造成的毁灭性影响及其对生命和生活方式的破坏。[75] 他们从位于 3 号种植园的大本营出发，反倒为这种创造性的毁灭感到惊叹。他们四周回响着各种声音，劳动者踩着鼓点和号子伐木，大树接连倒地，其中有的树高 150 英尺，直径 4 英尺。对于利比里亚本土居民来说，吉茹（西非格木）、法亚（红铁木）、库瓦（费尔斯通洋葱木）等许多树木都具有医学价值或被用于仪式。但它们对费尔斯通公司毫无用处，除非被锯成木材或被火转化成养分。在 1 号种植园，惠特曼惊叹道："这一大片空地在 11 月还是一片原始森林。"[76] 他的好友、考察队的助理动物学家库利奇同样对这种转变怀有敬意。他评论道："大森林光秃秃的，就像美国本土伐木工的杰作，而树桩之间是一列列的树枝，都是已经扦插好的橡胶树的枝条。"[77]

大规模砍伐雨林、重构生态、引进劳动力，都为部分病原体的传播创造了有利条件。其中一种疾病是天花，它对费尔斯通公司员工的健康与效率构成了威胁。在建立大本营后，哈佛大学团队听说 2 号种植园出现了一例天花病例。数以千计的工人拥挤地生活在一起，传染性强的病毒可能感染整个种植园，引发无数伤亡。斯特朗确认并隔离了感染天花的工人，哈佛大学团队迅速行动起来。斯特朗和沙特克负责指挥，考察队的首席细菌学家马克斯·泰勒（Max Theiler）与费尔斯通公司的威利斯医生做出了巨大的贡献。考察队每小时为 100 多人接种疫苗，直至工作全部完成。一场灾难得以避免。哈佛大学团队出色的医疗工作产生了极佳的舆论反响，宣传的

在砍伐雨林以建立橡胶种植园的过程中，费尔斯通依靠的是利比里亚本土居民的劳动力、知识和经验。洛林·惠特曼摄于 1926 年（印第安纳大学图书馆收藏）

重点在于费尔斯通公司进入利比里亚后，美国科学和医学的"文明之手"对该国的帮助。费尔斯通公司一次次利用其带来的现代医学知识，描绘出一幅慷慨的美国公司大力促进一个被西方白人世界视为"落后"的国家的利益与福祉的图景。[78]

|||||||||||||||||||||||

哈佛大学考察队穿越利比里亚内陆的路线并未被绘制在任何官方地图上，但熟悉这些路线的人很多，包括曼丁戈商人，19 世纪的利比亚探险家，传教士，以及巴萨人、克佩尔人、马诺人和瓦伊人等。[79]斯特朗和他的队员跋涉的小路曾长期用于从利比里亚内陆向沿海市场运输奴隶、可乐果等商品。不久之前，它们是征服之路，被利比里亚边防部队和地区长官用来控制利比里亚的原住民群体，将其纳入新兴的现代国家。[80]国家形成的混乱过程中，冲突仍在继续，比如 1921 年克佩尔人的约克韦莱部族袭击了利比里亚中北部城镇纳马的军事据点（5 年后考察队将路过这里）。美国人指挥的利比里亚边防部队派出 700 人平息事态，这标志着原住民起义开始走向终结。[81]费尔斯通公司进入利比里亚时，反抗利比里亚政府的内战和族群冲突已大幅减少。1927 年，金总统曾私下表示："得益于上帝全知的引领，政府和内陆本土居民之间的敌对情绪和冲突时期……如今都被看作历史，我们希望这段历史不会重演。"[82]利比里亚内陆向基督教和费尔斯通的"教化使命"开放，不过零星的原住民抵抗活动一直持续到金的执政期（1920—1930）结束后。

斯特朗向美国媒体透露，考察队的使命是征服丛林，教化原住民，为"最黑暗的非洲"带去光明。但这些西方科学家依靠的完全

一名受考察队雇用的利比里亚年轻工人与一条被猎杀的鳄鱼。在为哈佛大学比较动物学博物馆收集野生动物的过程中，斯特朗及其团队依赖当地原住民猎人的技艺。洛林·惠特曼摄于 1926 年（印第安纳大学图书馆收藏）

是当地猎人的知识和技能、各级酋长的好意，以及为他们寻路和搬运重物的数百名脚夫的指引和劳动。不满的斯特朗很早就发现，考察队的首席动物学家格洛弗·艾伦（Glover Allen）和他的助手库利奇都极不擅长追踪或射杀考察队想要收藏的动物。斯特朗只能花钱雇用原住民猎人。第一个人在受雇的第一天杀死了三只斯特朗见过的最大的疣猴。原住民猎人的专业技能令考察队成员的知识相形见绌，并且促进了考察的成功。但最终报告并没有提及这些人。

就像不承认原住民的土地所有权一样，对原住民知识的忽视和抹除，同样为考察队干预美国科学、医学和工业市场之外的自然景观和人民生活提供了合法借口。在考察过程中，斯特朗和他的团队时常对遇到的人表示不满，因为他们不愿意拍照或抽血。例如，惠特曼写道，一个镇酋长拒绝交出他"迷人的小肿瘤，我们连哄带骗，我们出言威胁，我们发誓他会为此而死，但他仍然害羞地拒绝同那个……最珍贵的宝物分开"。[83] 酋长当然有理由怀疑，夺取人体物质和注射实验药物与他害怕的地方巫术看上去没什么不同。几名哈佛大学的医生将这些抵抗行为视为迷信和阻碍进步的非理性行为。斯特朗认为，只有接受费尔斯通的愿景和美国的科学与医学承诺，利比里亚才能"在国家发展和人民福祉方面迎来一个新的繁荣时代"。[84]

哈佛大学考察队抱持的人口观认为，人群是潜在的疾病载体和劳动力来源，这契合费尔斯通种植园公司为经济发展而采用的工具、语言和构想。斯特朗将利比里亚的原住民群体看作美国科学和工业的资源。但惠特曼的相机捕捉到了许多个人生活场景，他们绝不仅仅是劳动力、生物标本库或科学求知的对象。在考察队发表的

克鲁大酋长的儿子、哈佛毕业生佩莱扬诺·贝·沃洛和他的妻子朱娅。这张由哈佛大学考察队发布的照片被配上了错误的说明文字——"瓦伊酋长的儿子佩莱扬诺·贝·沃洛和他的妻子"。洛林·惠特曼摄于 1926 年（印第安纳大学图书馆收藏）

476张关于人物、习俗、工艺、疾病和自然风光的照片中，只有一张在配文中出现了真实的人物姓名。配文写道："瓦伊酋长的儿子佩莱扬诺·贝·沃洛和他的妻子。"哈佛大学档案库收藏了沃洛的另一张照片，在这张照片上，沃洛穿的并不是部落服饰，而是哈佛大学毕业袍。考察队的照片没有说明沃洛的哈佛大学教育背景，而且编造、误用了他的族群身份，这表明了哈佛大学考察队在利比里亚考察期间的忽视与随之而来的抹除。[85]

沃洛并非瓦伊酋长之子，而是一位德高望重的克鲁大酋长的儿子。他得到了卫理公会传教士的培养，在西非学院完成学业。他搭上一艘开往美国的船，在船上做帮工，并于1913年从马萨诸塞州的赫蒙山男子学校毕业。积极维护克鲁人权益的迪霍·特维（Didhwo Twe）同样毕业于哈佛大学，他帮沃洛填写了报名表。[86]沃洛于1917年以优异成绩获得哈佛大学文学学士学位，又于1919年获得哥伦比亚大学教育学院的文学硕士学位，并且在1922年得到纽约协和神学院的神学学士文凭。1919年，经哈佛校长阿博特·劳伦斯·洛厄尔（Abbot Lawrence Lowell）介绍，他为美国商业利益在利比里亚协助开展了一次经济调查。哈佛大学和哥伦比亚大学的教师与同学称沃洛为"非洲王子"，不过有时候可能只是开玩笑。为了付清各项学费，沃洛在哈佛大学的晚餐俱乐部兼职做服务员。他发现服务员里没有白人学生，认为这有损克鲁人和非裔人群的尊严，因此辞职了。他深知自己作为哈佛大学的黑人学生，在很多人眼里，他并不平等。他在北卡罗来纳州当了一个夏天的普通工人，亲身体验了美国黑人在实行《吉姆·克劳法》的南方经历的不平等和种族隔离的现实。[87]

凭借菲尔普斯·斯托克斯基金会提供的 750 美元的支票和 2000 美元的私人捐款，沃洛于 20 世纪 20 年代初回到了他的家乡大塞斯村生活。他说这是为了"安静地和我的族人生活，作为他们的一分子，不需要对任何机构承担义务"。[88] 沃洛批评了"城市教育"，认为这种教育"要求绅士在热带非洲戴上手套以保持风度"，这让一部分"黑人"变得"在观念上异常西化，除了肤色，其他人很难相信他们是黑人"。他还批判了禁止在学校里教授本土语言的殖民教育体系。他说："剥夺一个民族的语言几乎等于消除他们的种族观念。"在他看来，非洲在很大程度上是一个"村庄大陆"，急需的不是伟大的演说家、律师或政治家，而是医生、护士、农民、训练有素的机械师和熟练工人，只有他们"能够征服自然，令环境服从他们的创造力和受过训练的才能"。[89] 为实现这个目标，他在大塞斯建立了一所走读学校，很快招收了 200 多名学生。这所学校的培训项目注重实用技能，如种植粮食作物和制作本土手工艺品。沃洛曾在弗吉尼亚州的汉普顿师范和农业学院待过一个夏天。这所学校和亚拉巴马州的塔斯克基学院显然是沃洛心中的农业与实业培训学校的典范，他希望能够以此促进利比里亚乡村教育的发展。但是由于没有资金支持，再加上当地天主教会的压力（他们开办了一所与他竞争的学校），他的雄心壮志遭遇了挫折。[90]

同他的哈佛校友斯特朗一样，沃洛也对费尔斯通在利比里亚的愿景寄予厚望。同样是在哈佛校长洛厄尔的介绍下，沃洛曾在奇克代表费尔斯通首次造访利比里亚时施以援手。沃洛带着奇克参加了克鲁人小镇的主日礼拜活动，向克鲁人和其他费尔斯通公司以后可能雇用的族群引荐了他。沃洛感慨道，奇克"已经被这些人的身体特征迷住了"。[91] 数月间，沃洛为费尔斯通公司提供了关于雇员和合适的建筑风格的建议。他希望能得到一个管理岗位，参与"福利工作"，并开设和监管一个服务雇员的"给养部"。沃洛希望自己能在利比里亚工业化的起步阶段"参与其中"，他认为工业化将为利比里亚的"道德、智识和宗教"发展奠定基础。1926 年，他得到了费尔斯通种植园的副经理之职，负责监督杜河种植园的劳工，同时负责协调不同族群的劳工关系。[92] 那年 12 月，小哈维结束了他的首次利比里亚之行。沃洛对这位年轻的高管充满信心，认为小哈维对"工人的福利"和获得"公正薪资"的权利非常"热心并富有同情心"。[93] 然而，沃洛在种植园的工作时间并不长。费尔斯通公司不久便出台了只有白人能进入管理层的政策，该政策后来执行了近 40 年。

虽然沃洛帮助哈佛大学考察队在利比里亚做了许多安排，同斯特朗在蒙罗维亚街头漫步，还跟他的哈佛"兄弟们"一同参加了金总统的晚宴，但斯特朗拒不承认惠特曼通过照片记录下的内容——沃洛的生活印记。沃洛的人生轨迹也不符合斯特朗对利比里亚原住民族群的看法，斯特朗轻视克鲁人，他们也只是作为医学研究对象出现在照片中。[94] 斯特朗或许认为，克鲁人的血统配不上一个哈佛大学的校友，因此他或有心或无意地为沃洛杜撰了另一种人生。

||||||||||||||||||||||||||

斯特朗标记错了沃洛的身份，这或许暴露了他在各原住民族群是否适合为费尔斯通公司提供劳动力问题上存在偏见。这位哈佛医生并不是人类学家，但他对劳动力问题有自己的看法，并利用自己

的科学背景向费尔斯通建言。斯特朗用血缘关系、服饰、识字率、宗教信仰和手工艺技能等一系列指标来评估不同族群，并建立了一套明确的等级制的族群分类体系。这套公式假借科学之名，强化了种族优越性和种族差异的观念。斯特朗认为，曼丁戈族中的瓦伊人"在智力上更胜一筹"，而且"是原住民中最进步的群体之一"。他们说阿拉伯语，有自己的文字，擅长耕种和纺织，这些使他们成为"利比里亚重要的开化与教化力量"。[95] 斯特朗认为，沃洛能成为哈佛大学毕业生和费尔斯通种植园副经理，与他的族群身份息息相关。瓦伊人的宗教信仰、知识和技能在斯特朗种族主义的发展阶梯上最接近处于最高级的白人。而这种最高级的位置无疑为白人的至上地位和美国的全球传教活动提供了理由。与瓦伊人相反，斯特朗对移民定居者并没有积极的评价。在由哈佛大学出版的献给老哈维的两卷本考察报告里，他评价这些移民并非"出色的农民或园丁"，而且"生性懒散"。斯特朗断言："利比里亚的成功开发离不开内陆部落的帮助。"[96]

随着哈佛大学考察队穿越利比里亚内陆，成员们的观察和记录充满了关于不同原住民族群对费尔斯通公司价值大小的评价。他们的观点吸引了费尔斯通，他渴望找到高效的种植园工人，并了解"当地生活中哪些值得保留，哪些可以被消灭或改进"。费尔斯通再次联系哈佛大学，想要"非正式地"聘用一位合适的人类学家，继续斯特朗等未完成的工作。[97] 哈佛大学皮博迪博物馆馆长欧内斯特·胡顿（Earnest Hooton）是一位体质人类学家，致力于通过解剖学研究来辨别各个种族之间所谓的"生物学差异"。他向费尔斯通推荐了自己的学生乔治·施瓦布（George Schwab）。在职业生涯的大部分时间里，施瓦布在喀麦隆担任长老会牧师和传教士。[98]
这位新手人类学家来到利比里亚，开始工作。他认真测量了382名
原住民男女，以评估他们对费尔斯通的价值。协助施瓦布的是乔
治·韦·哈莱（George Way Harley），他是耶鲁大学培养的医生，
刚刚在利比里亚的边境贸易点甘塔为马诺人建立了一个卫理公会传
教站。施瓦布列出了一份他认为的"所有原始黑人共有特征"的清
单，包括对痛觉的敏感程度、嗅觉、味觉、对真理的认识、忠诚感、
幽默感和智力。[99]这份列表依据的是种族主义的夸张描述和刻板印
象，二者都用来显示白人的种族优越性。这种测量科学被称为"人
体测量学"，它有着一段不堪的历史。对黑人身体的测量与量化始
于种植园，白人种植园主的测量行为将被奴役的黑人暴力地转化为
商品。黑人身体的价值完全取决于他们的生产和生育能力，因为他
们通过体力劳动将生命转化为资本。[100]虽然利比里亚废除了奴隶
制，但费尔斯通种植园对人体的测量和对劳动力的种族主义排序与
过去并没有根本性区别。

　　施瓦布认为，需要花上"数年时间开展实验"，以确定"每个
部落最适合种植园的哪一种具体工作"。[101]但斯特朗有自己的想法。
居住在利比里亚中部的克佩尔人脱颖而出。斯特朗很重视他雇用的
克佩尔猎人的技能，他们比他团队中的任何一名成员都更擅长在森
林里追踪和射杀猎物。若是少了这些原住民猎手的知识，考察队寄
给哈佛大学比较动物学博物馆的鸟类、哺乳类和爬行类藏品将大为
减少。此外，克佩尔人是一个农业族群。斯特朗带着极大的兴趣，
记录了他们从3号种植园到邦加镇途中经过的"许多种植园"。它
们"大面积种植着稻米、木薯、小米、大蕉和甘蔗"，还有"香蕉、

咖啡、棉花和烟草"。[102] 而且斯特朗认为克佩尔人爱好和平。

斯特朗的这一印象在他们经过苏阿科科时得到了证实。苏阿科科是位于蒙罗维亚东北 110 英里处的一个小镇。这一地区由一位被称为"苏阿科科夫人"的强大女酋长控制。她是一位著名的佐埃，这是桑德女性秘密社会中德高望重的长者的称号。据说苏阿科科夫人拥有神奇的治疗能力和精神力量。一条重要的贸易路线穿过她的领地，如今，当地的老人还会谈起她对往来的陌生人的热情。[103] 20世纪 10 年代，当争夺利比里亚内陆地区的最后战役还在进行之际，她凭借自身的外交手腕使她的族人与利比里亚政府结盟。苏阿科科夫人友好地接待了哈佛大学考察队的成员，让他们享用了用当地稻米、鸡肉和南瓜做的晚餐，还为他们提供了急需的脚夫。

斯特朗认为克佩尔人最适合种植园生活，因为他们是利比里亚政府的盟友，"爱好和平并辛勤工作"，还曾经是"主要的奴隶供应者"。[104] 几年之后，哈佛考察队艰难跋涉的中部道路将成为利比里亚的橡胶走廊，一条大道将哈贝尔（费尔斯通种植园中心）与邦加镇（邦州和克佩尔人的中心）连接起来，这条 100 英里长的道路最初是通过强迫劳动的方式修建的。

‖‖‖‖‖‖‖‖‖‖‖‖‖‖‖‖‖‖‖‖‖‖‖

1926 年 11 月 30 日，斯特朗搭上前往比属刚果的"沃尔弗拉姆"号货船。他在船上给哈佛大学校长洛厄尔写了一封信，介绍了考察队在利比里亚取得的成果。他们走遍了该国几乎所有地区，评估了"几乎所有重要的部落"。他们收集了约 500 只鸟和哺乳动物的毛皮，1300 份开花植物标本，36 只吸血昆虫和"15 只跳蚤、虱子、臭虫、蜱虫等寄生虫"的标本。他们开设了大量诊所，完成了诊断实验室的工作，还编写了一份医学调查报告，记录了困扰利比里亚人民的各种疾病，包括疟疾、血吸虫病、盘尾丝虫病、钩虫病、麻风病、象皮病等。他们拍摄了超过 675 张照片，录制了 7700 英尺长的胶片，记录了利比里亚人民从沿海到内陆的不同的生活方式。总而言之，这次考察十分成功，哈佛大学将以此为荣。[105]

考察结束时各成员都身体无恙，这让斯特朗松了口气。他在报告的结尾提到了一个他认为有责任解决的问题。他要求洛厄尔同他详细讨论考察队遇到的"一些关于利比里亚的政治和社会问题"。[106]斯特朗离开利比里亚时，也向助理国务卿卡斯尔去函，表示自己对"在这片土地，尤其是内陆地区目睹的悲哀状况"深感痛心。[107] 这两封信中提到的"问题"与"悲哀状况"指的都是利比里亚国内的强迫劳动现象。在考察途中，斯特朗对当地的劳工状况愈发愤慨。他发现费尔斯通招募 30 万名劳工的计划严重忽视了当地的现实情况。那里男性劳工稀缺，斯特朗亲身体会了这一点，考察队在利比里亚东南部一度被迫雇用女性充当脚夫。这一行为违背了斯特朗的道德感，伤害了他的男性自尊心。然而，考察队途经的当地村落普遍缺少男性，他们都已被纳入利比里亚政府的强迫劳动计划。该方案计划将契约工人送往位于费尔南多波岛的可可种植园。那座岛屿在跨大西洋奴隶贸易历史上具有长期的战略价值，自 15 世纪起先后被葡萄牙、荷兰和西班牙占领。斯特朗不断指示惠特曼用照片与胶片记录压迫与强迫劳动的状况，包括修路的男性劳工、被当作人质的女性、在政府农场劳作的女性和抬着地区专员的吊床穿越内陆的脚夫等。斯特朗收集了大量这样的证据，他希望说服美国政府官

利比里亚政府征召的男性劳工正徒手修筑一条道路。斯特朗指示惠特曼用胶卷记录下利比里亚政府强迫劳动的证据，以此说服美国政府出面解决滥用强迫劳动的问题，而这可以让费尔斯通获利。洛林·惠特曼摄于1926年（印第安纳大学图书馆收藏）

员出面解决利比里亚国内的滥用强迫劳动问题。

回到美国后，斯特朗凭借他与共和党高层的交情打开了通往白宫的大门。美国最高法院首席大法官塔夫脱将他自菲律宾归来的朋友邀请到华盛顿特区的家中，聆听这位医生的所见所感。[108] 1928年2月，另一位好友与赞助人福布斯安排斯特朗在白宫面见柯立芝总统并留宿。斯特朗向总统强调了利比里亚政府的边防部队对该国内陆地区人民的"过分虐待"，而且没有任何"补救措施"。[109]斯特朗虽然赞成利比里亚成为美国保护国的想法，但认为这种干预"目前是不切实际的"。相反，他认为费尔斯通协议要求的对利比里亚提供贷款一事，能够使美国获得对利比里亚的巨大影响力。卡斯尔在会面后不久回复称："总统先生很感兴趣，那些谈话激起了他对那个国家的关切。"[110]斯特朗还将这些指控公之于众。他在《波士顿先驱报》（*Boston Herald*）的一篇社论中表示，强迫劳动的情况"绝不会得到文明世界的认可或尊重"。[111]

在公开发表对利比里亚政府的道德控诉时，斯特朗并未透露他与费尔斯通的关系。一位哈佛大学的医生对利比里亚当地居民的担忧似乎完全出自人道主义目的与善意。然而，斯特朗与利比里亚各族群的交流和他对他们的描述都揭露了他更为复杂的动机。斯特朗在利比里亚同样使用过强迫劳动。当考察队抵达东南海岸附近的陶亚镇时，斯特朗的团队处境艰难。村子里几乎找不到男人，而被雇用的人往往会丢下货物逃走。惠特曼有时不得不独自把物资运过河，因为身材矮小的妇女和儿童应付不了水流。当他们终于找到一群男人时，考察队用绳索与藤蔓将他们绑了起来。"那是一个欢乐的队伍，"惠特曼在日记中写道，"18个男人被锁链（我指的是绳子）

捆住，还有 3 个全副武装的白人，随时准备开枪杀人。真是一幅美妙的图景。"惠特曼不由自主地联想到，这幅画面与"多年前许多类似的场景"没有任何区别，当时"白人奴隶贩子拿着鞭子和原始的枪支"穿越丛林。[112] 然而，他和他的上司都没有用胶片记录下这幅画面。

斯特朗对利比里亚触目惊心的强迫劳动事实的公开批评，实则给费尔斯通公司带来了极大的好处。这家橡胶公司如果想招到工人，就必须向利比里亚政府施压，要求其放弃在国内使用和向海外输出强迫劳动。[113] 此外，这一举动呼应着费尔斯通宣传的企业福利与善行文化，而科学与医学在其中发挥着关键作用。虽然费尔斯通严词拒绝他在美国本土的工厂组建工会，但他仍然将自己视为劳资关系中的先驱，因为他向自己的雇员提供住房、医疗等诸多福利。在种植园使用强迫劳动，完全不符合费尔斯通精心塑造的这种仁慈的资本主义形象。

在这家美国企业进入利比里亚，并培育不断发展壮大的种植园世界的过程中，科学与医学被证明是关键的盟友。热带医学与植物学、昆虫学和人类学等科学，帮助改变了利比里亚土地与生命之间的关系，推动了巴西橡胶木的引进，并建立了一套可以源源不断产出橡胶与利润的生产体系。在这项大规模工业事业中，费尔斯通利用科学领域的专业知识的目的并不是促进种族平等，而是实践白人至上与种族歧视。科学报告与道德规范携手共进，这种方式曾使美国国内的《吉姆·克劳法》和美国在全世界的干预行为合法化。

第四章

一个美国保护领？

哈贝尔别院是费尔斯通在迈阿密海滩的度假别墅，这是一座意大利文艺复兴风格的庄园，拥有1600英尺长的海岸线，同他在利比里亚新建的工业种植园相距5000英里，隔大西洋相望。每年2月，费尔斯通都和他的旅行伙伴在佛罗里达聚会，共同庆祝爱迪生的寿辰——爱迪生和福特都住在150英里外的迈尔斯堡，他们的宅邸彼此相邻。1929年2月11日，迈尔斯堡沉浸在游行、烟花和野餐的热闹气氛中。报纸记者和摄影师从全国各地赶来。孩子们排队站在爱迪生宅院的门前，希望能参加爱迪生82岁生日的庆祝活动。在当天的一张照片里，爱迪生自信地看着照相机，他的面容带着岁月与成功的印记。在他左边，费尔斯通看起来同样非常自信。他的右边则是正在和赫伯特·胡佛交谈的汽车大王福特，胡佛是前商务部长，刚刚作为共和党总统候选人赢得了总统选举。同胡佛留影的三人都为其胜选提供了资金与支持。这位当选总统当天乘坐一艘大游艇前来，当这艘"漫步者"号正驶入爱迪生的码头时，大发明家对胡佛喊道："钓鱼的，你好哇。".[1] 爱迪生的生日庆祝活动、他的贵

1929 年，胡佛、福特、爱迪生和费尔斯通在佛罗里达的迈尔斯堡庆祝爱迪生的 82 岁生日

宾们及其项目，还有当选总统出海船钓的爱好（在3月4日就任之前，他安排了几天去钓海鲢），都成为报纸的热门话题。

这群特权阶层伙伴轻松惬意，沉浸于在金融和政治领域的成功喜悦中。他们有充分的理由期待未来。[2] 费尔斯通反对禁令的舆论战得到了美国政府，特别是商务部长胡佛的大力支持，英国最终于1928年11月撤回了《斯蒂文森限制法案》。荷属东印度的橡胶种植园产量与日俱增，这同样有助于打破英国对世界橡胶供应的垄断。[3] 费尔斯通宣称，英国的橡胶禁令让美国消费者多付出了6.25亿美元。他对记者夸口道，他在利比里亚的投资将确保美国拥有"独立的橡胶供应"。[4] 但实际上，1929年，美国拥有的橡胶种植园的橡胶产量仅相当于美国橡胶消费量的5%。[5] 事实并不重要。这场友人之间的胜利聚会谈论的是未来的好时光。费尔斯通预测，美国将在胡佛任期内"迎来前所未有的最繁荣的4年"。[6]

媒体记者成群结队地涌向爱迪生的生日庆祝活动，而费尔斯通则向他们描述了正在利比里亚展开的宏大事业。他称赞自己的儿子小哈维有先见之明，选中利比里亚来种植橡胶树，为美国生产橡胶，还称赞小哈维取得了100万英亩特许土地。这位橡胶大亨炫耀公司预计取得的成就："我们有125名美国白人大学生，他们负责管理2万名黑人员工。我们正和传教士合作，建立一套公共教育系统。""我们已经开垦了5万英亩土地"，种下了约600万棵树。热情的费尔斯通声称："我们接手时，那个国家几乎要灭亡了。"这暴露了他对这个非洲主权共和国的态度和意图。他夸口道："我们进入利比里亚，拯救了那个国家，它现在差不多算是一个美国的保护领。"[7]

费尔斯通引入了雇佣劳动制度，每年的工资支出超过 100 万美元，在道路、桥梁、供水和橡胶种子等基础设施方面的投资约为 200 万美元。这些支出对利比里亚经济产生了明显的影响。1928 年，利比里亚的进口额飙升至 400 多万美元，是 3 年前的 3 倍多。政府收入随之大幅增加。贸易商和批发商都预计费尔斯通未来会加大投资，因此"异常兴奋，忙着在他们的货架上补充预计将走俏的商品"。[8]

然而，在 1929 年，实际情况与销售者的宣传相去甚远。在公司总部大肆宣扬的数据背后，费尔斯通想要在利比里亚建立一个美利坚橡胶帝国的梦想正迅速变成一场噩梦。利比里亚官员很清楚应该如何让费尔斯通感到挫折，并提醒这家公司，它在一个主权国家经营事业。诸多的拘捕和诉讼案件、被拖延的使用无线电通信的申请、大大小小的土地争端，以及政府工程导致的劳工短缺，无不让费尔斯通公司感到恼火。1929 年，对这家外国企业的公开敌意和暗中的憎恶情绪愈演愈烈，西非沿海地区暴发黄热病疫情，而劳动力依旧紧缺。土地、劳动力和疾病方面的问题，加上收益下滑，导致费尔斯通在 1929 年收缩业务，大幅裁员，并减少了 50 万美元投资。[9] 在公司投入运营近 3 年后，老哈维写信告诉小哈维，他对利比里亚政府对待自己的方式感到既愤怒，又沮丧。他写道："（利比里亚领导人似乎）始终以不公正的方式对待我们，使费尔斯通公司难以建立橡胶种植园，也很难在利比里亚开展业务……他们觉得我们正在拿走他们的东西，但实际情况完全相反——我们在为他们做事。"[10] 如果费尔斯通想实现自己的野心，他就需要一个稳定、友好，能屈从他的意愿的政府。鉴于好友胡佛已经入主白宫，老哈维将不遗余力地利用自己在共和党内的影响力和权力，尝试并确保自己能够控制这个国家。

||||||||||||||||||||||||||

虽然协议保障费尔斯通公司取得了 100 万英亩土地，但土地纠纷始终是这家美国巨头的棘手问题。弗朗西斯接替胡德，成为美国驻利比里亚公使。1929 年初，美国国务院收到弗朗西斯发来的急电，电报列举了一系列土地争端和其他纠纷，它们导致费尔斯通公司加速收缩自身的业务。为加强公司在蒙罗维亚外围杜河沿岸的主要运营活动，费尔斯通在利比里亚东南角，靠近科特迪瓦国界的马里兰州卡瓦拉河畔建立了第二座种植园。该公司开垦了 100 英亩土地，并种上橡胶树，但一个利比里亚公民声称这片土地归他所有。这场争端导致费尔斯通的卡瓦拉河种植园的未来将由金总统决定。费尔斯通公司还与利比里亚政府爆发了另一场冲突，因为前者想要获得一条新修的政府道路两侧的土地。这条路连接着蒙罗维亚与卡卡塔，长约 50 英里，政府征召的劳工在费尔斯通公司一名工程师的监督下修筑了这条路。[11] 这里一直是克佩尔人的土地，由大酋长管辖。但利比里亚政府以发展的名义，夺取了传统保留地，这侵犯了利比里亚原住民的统治权和自决权。土地被用于道路等公共工程项目和独立橡胶农场等私人产业。费尔斯通数次在部落保留地开垦土地，这使利比里亚政府有了制衡的手段，可以提醒这家美国企业究竟是在谁的国家，根据谁的法律来从事商业活动。

疾病同样威胁着费尔斯通在利比里亚并不稳固的立足之地。1929 年 2 月下旬，费尔斯通种植园公司的埃弗里特·文顿（Everett

Vinton）出现了一种症状，这让公司医疗主管贾斯特斯·赖斯（Justus Rice）深感恐惧。这位来自艾奥瓦州的病人出现了黑色呕吐物、柏油样便、黄疸等症状，伴随着脉搏减弱和发烧。赖斯是热带医学专家，此前在巴拿马工作时见过这种疾病。他知道这些是黄热病的典型症状。

黄热病在利比里亚首都、港口城市蒙罗维亚出现的消息，迅速引发了骚乱。这种疾病曾被称为"黄旗病"①，在很长时间里一直是全球贸易的一大威胁。19世纪的主流医学观点认为，黄热病源于肮脏的环境和污浊的空气（当时被称作"瘴气"），尤其是露天污水沟、腐烂的垃圾和不卫生的行为，这些被认为是热带港口城市的特征。到1929年，人们对黄热病的病因有了更多的了解，但防止该疾病传播的措施没有明显变化。隔离是一种办法，但成本高昂。例如，1878年，古巴的哈瓦那暴发疫情，黄热病沿密西西比河从新奥尔良一路传播到圣路易斯，美国南方因此损失了约1亿美元。这场疫情夺走了2万人的生命，并且在事前和事后都引发了恐慌。[12]

费尔斯通公司对隔离的严重后果深感焦虑。从该公司进入利比里亚起，黄热病疫情始终侵扰着西非海岸。1926年和1927年，黄金海岸②和塞内加尔的港口城市阿克拉和达喀尔接连暴发疫情，英法殖民地的卫生官员只得全力救治海外的白人居民——他们的死亡率似乎远高于当地居民。[13]如果法国、德国、英国和美国都因为一

---

① 黄旗病，旧时美国载有黄热病患者的船只不得入港，需悬挂黄色旗帜隔离，居民便以旗帜代指疾病。

② 黄金海岸，即今日的加纳，其时仍属英国统治。

场明确的，或者只是可能的黄热病疫情而禁止它们的船只在蒙罗维亚装卸货物，那么费尔斯通公司的运营就将陷入停滞。赖斯无法以临床方法确认文顿的症状是由黄热病病毒引起的，因为当时这种病毒刚刚在达喀尔的巴斯德研究院和洛克菲勒基金会在尼日利亚拉各斯的国际医疗分部的实验室里被分离和识别出来。蒙罗维亚没有公共医疗实验室，利比里亚也没有能够协助诊断的合格的细菌学家、病理学家或昆虫学家。当时的利比里亚政府医院是 1928 年由德国人的俱乐部、电报站和宿舍区改建而成的，只有 30 个床位和 1 间手术室，没有 X 光机、电子设备和自来水。而赖斯在杜河种植园的医疗设施并没有好多少。

考虑到黄热病疫情的消息将对公司运营产生负面影响，费尔斯通公司全力封锁疫情暴发的消息。1929 年 3 月，邻国塞拉利昂的弗里敦已经要求对来自蒙罗维亚的旅客隔离，以应对黄热病疫情的传言。安德鲁·塞拉兹（Andrew Sellards）将分离的活体毒株从达喀尔带回美国（他得到了费尔斯通的资助），他告诉自己的导师斯特朗："我敢肯定，费尔斯通先生不想在关于黄热病的论文致谢部分看到自己的名字，即使是发表在《科学》杂志上的论文。"[14] 美国驻利比里亚公使弗朗西斯对蒙罗维亚 1929 年黄热病疫情的早期迹象严格保密，因为他担心此事将损害费尔斯通公司的利益。到 2 月文顿患病时，蒙罗维亚的外国居民变得更加焦虑。至 4 月初，赖斯估计已有 25 人身亡，其中 4 人是美国公民。[15]

随着疫情的扩散，费尔斯通种植园公司成为外国居民躲避黄热病的藏身之所。弗朗西斯和他的妻子内莉、美国财政顾问约翰·卢米斯（John Loomis）、美国海关主管康拉德·巴塞尔（Conrad

Bussell）和他的妻子等美国官员都在杜河种植园隔离。而留在市区的外国人则得到建议，在下午 3 时 30 分之前要回到室内，以避开埃及伊蚊的活跃时段，这种蚊子是病毒人际传播的罪魁祸首。[16]

赖斯担心，将城里的外国白人转移到费尔斯通种植园并不足以保障他们的安全。因此，他给伦敦热带医学院的爱德华·欣德尔（Edward Hindle）博士发了一封电报，请求迅速往蒙罗维亚调送 110 剂黄热病疫苗，这种疫苗是由塞拉兹分离的活体病毒研发出来的，是将感染黄热病的猴子的肝脏磨碎、浸泡在苯酚甘油溶剂中制成的，还没有经过人体测试。斯特朗曾致信小哈维，强烈建议不要使用这些疫苗。这位哈佛大学的医生警告道："我们不能昧着良心建议你为员工接种欣德尔博士的疫苗。"斯特朗认为，把费尔斯通员工转移出蒙罗维亚，再用一切办法消灭蚊子才是最重要的。[17]赖斯心急如焚。种植园已经出现了两起工人死亡的病例。

不管是出于无私的英雄主义还是纯粹的无知，这位大胆的医生并没有接纳斯特朗的建议。4 月 1 日，他给自己注射了 3 毫升这种疫苗。一个在利比里亚政府医院工作的德国医生韦尔勒（Wehrle）也同意参加首次人体实验，两位医生都没有出现不良反应。赖斯随即利用他作为公司医生的权力，在三名受雇于种植园的利比里亚原住民劳工身上测试了疫苗。

费尔斯通将公司在利比里亚的橡胶种植园吹嘘为"原始"海洋中的一块现代飞地。他承诺，公司的投资将使这个国家及其人民受益，但它在利比里亚的种植园已经成了一个根据种族与阶级划分的世界。将种植园工人当作疫苗的实验对象已经暴露了分歧。而在赖斯认定它安全之后，疫苗的分配更是进一步暴露了分歧。疫苗供应不足，优先级最高的是"欧洲裔白人"，即费尔斯通种植园公司的 49 名员工。他们全都接种了疫苗。虽然弗朗西斯夫妇是非洲裔，但他们凭借外交官和美国人的身份同样得到了疫苗。这位美国公使描述了接种后的症状——眼睛略微充血，恶心，有些酸痛，但除此以外感觉不错。到 4 月下旬，对欣德尔疫苗的信任鼓舞了外国人，他们不再惧怕黄热病威胁的恐惧。但这种信心后来被证明是误导的。[18]

随着 6 月雨季的到来，黄热病开始在蒙罗维亚肆虐。美国驻利比里亚教育顾问詹姆斯·西布利（James Sibley）感染了这种疾病。对于积极在利比里亚活动的美国宗教和慈善团体而言，西布利是一个值得尊敬的人物。他在利比里亚待了很久，很清楚这种疾病可能会夺走自己的生命。他写下遗嘱，八天后就离世了。在 6 月的第三周，弗朗西斯（他接种了欣德尔疫苗）在蒙罗维亚的家中病倒了，并出现了黄热病的早期症状。就在同一周，病魔夺走了代法国领事和一个英国商人的性命。消息传到小哈维那里，他随即向国务院去电。他敦促美国官员向利比里亚政府施加外交压力，要求该国雇用一名"卫生工程师"，最好是美国人，来清理蒙罗维亚的卫生状况。在杜河种植园，小哈维声称："在卫生状况得到妥善处理的地方，这种疾病几乎被消灭了，但蒙罗维的情况似乎越来越糟糕，利比里亚人付出的努力是断断续续的和非科学的。"[19] 几天后，英国使馆的埃斯米·霍华德（Esme Howard）爵士致信美国国务卿亨利·斯廷森（Henry Stimson），提出了相似的请求。他呼吁英美法三国政府一同向利比里亚政府施加国际压力，敦促其"改善蒙罗维亚的卫生状况"。[20]

利比里亚政府并没有被轻易吓倒。美国、英国和法国政府深感沮丧，因为金政府拒绝了它们提出的外国卫生干预和管控的提议。利比里亚是一个主权国家，不愿屈服于披着医疗考虑和人道主义外衣的帝国主义行为。控制疫情曾被美国当作干涉外国的借口。例如，当 1898 年美国对西班牙宣战时，防治黄热病和将古巴人民从西班牙殖民统治中解放出来同样是冠冕堂皇的理由。19 世纪 90 年代，古巴 90% 的蔗糖出口到了美国，防治黄热病实则与维护美国在古巴制糖业的利益密不可分。没有人敢保证，美国不会为了保护在利比里亚刚刚起步的橡胶业而故技重施。[21]

除此之外，微生物也站在这个黑人共和国一边。利比里亚官员清楚，相较于当地居民，黄热病更容易引发西方人的恐慌。美国财政顾问卢米斯（他曾在杜河种植园隔离）在西布利去世后与金的一次私人会晤中承认了这一点。大部分外国人从未接触过黄热病，他们比利比里亚人更容易死于这种疾病，而许多本地居民小时候得过黄热病并活了下来，已经获得了对这种疾病的自然免疫力。国际社会寻求的卫生干预旨在保护外国居民和资本，代价则是利比里亚的政治自决和独立自主。美国副领事克利夫顿·沃顿（Clifton Wharton）回国后告诉他的上司，一位利比里亚政府的高级官员曾说，"德国有潜艇，英国有海军，美国有用来制造战争物资的资金，而利比里亚有蚊子"。[22]

金最终同意进行一场清理运动，但除此之外，他拒绝做其他事情。费尔斯通协议已经要求，利比里亚要雇用一位美国的财政顾问以监管该国财政的健康状况。[23] 如今利比里亚政府又被要求将公共医疗和卫生领域的控制权交给一位美国专家。每一次让步都会削减利比里亚的经济主权和独立地位，而每一次向利比里亚政府引入美国专家的行为都将使费尔斯通公司获益。对于一个正在抵抗可能的殖民统治的国家来说，将自身塑造成"白人的坟墓"的形象确实带来了一些好处。[24]

||||||||||||||||||||||||

费尔斯通公司引入了八小时工作制和雇佣劳动，并将其宣传为该公司在利比里亚的"文明化使命"的标志。然而，这些宣传不过是烟幕弹，掩盖了该公司持续面临的劳动力挑战。即使在费尔斯通公司将利比里亚种植园的劳动力数量从1928年的1.8万人削减至1930年的2700人（大萧条之后），劳动力短缺的问题仍然无法解决。一些劳工是自愿前来的，而另一些则是酋长为了满足配额强行送来的。他们之间的态度差异给费尔斯通公司的一部分员工留下了深刻的印象。一个白人主管致信总经理罗斯称："强迫那些不想来费尔斯通的人工作……是一件危险的事，因为这些人回到家乡后只会说公司的坏话。"[25] 罗斯建议费尔斯通："驯服各部落的工作必须交给惯于跟原始人打交道的主管。"[26]

然而，来种植园工作的利比里亚人并不会轻易地屈服于公司白人管理者的要求和种族主义态度。例如，劳工抵制费尔斯通想要普及的"苦力寮"式住房。这种公寓风格源自英属马来亚与荷属东印度的橡胶种植园工人的住房设计，每名工人能得到一个房间，这些房间"连成一排"。[27] 但利比里亚的种植园工人更愿意自己盖房，他们的住宅有泥墙和茅草屋顶，像他们熟悉的村庄房屋一样。他们在上班时间干这些活，这令管理层大为光火。工人开垦土地、建设农场的节奏同样令费尔斯通员工相当失望。在利比里亚内陆干农活以维持生计的日常体验和季节性体验，与阿克伦工厂车间的工作节奏和定额指标相去甚远，而费尔斯通正试图将后者引入利比里亚的种植园。

费尔斯通的外国投资在 1930 年已达到 600 万美元，但土地、疾病与劳动力各方面的障碍都削减了利润。大自然也限制了大规模种植单一作物的产量。从种下橡胶树苗到开始采集乳胶需要七年时间，七年可能发生很多变化，这使橡胶树种植变成了对未来下的赌注。在胡佛入主白宫第一年结束之际，未来看起来异常暗淡。

费尔斯通在 1929 年初做出了乐观的预测，他认为未来的经济前景将十分光明，但到当年年底，这番预测就被证明是错误的。1929 年 10 月，美国股市暴跌，工业世界陷入了绝望的经济衰退。在大萧条的最初几年里，美国橡胶轮胎行业的市值蒸发了 10 亿美元。橡胶价格从 1929 年的每磅 21 美分大跌至 1932 年的每磅 3 美分。随着汽车销量从 1929 年的 500 多万辆下降到 1932 年的不足 140 万辆，轮胎产量减少了一半。[28] 幸运的是，费尔斯通在被称为"黑色星期二"的金融浩劫发生十天前出售了 6000 万美元的优先股。[①] 手头的现金不仅帮助公司还清了债务，还使其能够在房地产价格下跌之际扩张业务。费尔斯通不信任纽约的银行家，而且不希望透支信用，因此选择通过出售股票来筹集扩张所需的资本。这位雄心勃勃的企业家希望让自己的名字出现在美国的各个角落，不仅是轮胎，

---

① "黑色星期二"指 1929 年 10 月 29 日，当天纽约证券交易所股价大幅下跌，因而成为经济危机开始的标志。第一章中费尔斯通为加强归属感，要求雇员必须购买公司的储蓄股，这种股票便是优先股的一种。

费尔斯通公司工人的住宅，大约摄于 1937 年。利比里亚工人抵制费尔斯通最初提供的简陋住房（出自 Firestone Plantations Company, *Views in Liberia*, Chicago: Lakeside Press, R. R. Donnelley & Sons, 1937）

还要有以他的名字命名的零售店和汽修站。不出几年，费尔斯通就在全美 400 多座城市开设了零售店和提供全套服务的汽修站。[29]

橡胶价格暴跌和轮胎销量下滑，以及在外国土地上建立种植园遇到的意想不到的困难，迫使费尔斯通搁置了扩张自己的热带橡胶帝国的计划。大萧条期间，费尔斯通公司的投资仅够维持种植园的基本运营。在留守的 12 名白人员工中，仅 4 人是种植者。巴克利山的橡胶采集停止了。一个精简的管理团队和几千名工人负责清除种植橡胶树苗的区域的杂草。葛根（又名"热带野葛"）帮助他们完成了这项工作，这是一种东南亚种植园常用的覆盖作物。费尔斯通从爪哇的特吉卡辛托种植园购买了 15 千克葛根种子，当地用它来抑制野草的生长，以及保持水土和土壤肥力。跟巴西橡胶木一样，这种侵略性的豆科植物适应了利比里亚的红土和热带气候，如今在该国随处可见。在费尔斯通公司削减投资之际，这种植物帮助该公司降低了劳动力成本。[30]

小哈维还做出了另一项对未来的豪赌：他下令砍掉 1.6 万英亩土地上的 300 多万棵小橡胶树，只留下 3 英尺高的树桩。这位普林斯顿大学毕业生听说了橡胶行业的最新消息，决定尝试把高产的苏门答腊橡胶树的树芽嫁接到利比里亚的砧木上。如果成功，这种人造的无性繁殖树种在成熟后能让种植园的产量翻番。

无性繁殖是橡胶生产的一项新科技。将高产橡胶树的树芽嫁接到现成的树桩上的首次实验开展于 1918 年的苏门答腊。虽然结果尚不稳定，但这项技术的前景看好。由于不能从巴克利山种植园取得足够多的种子扩大生产，小哈维便派遣伊利诺伊大学园艺专业的年轻毕业生约翰·勒凯托（John Le Cato）于 1928 年秋天前往苏门答腊。后者受命到荷属东印度寻找一个私人研究站，向其采购 1 万株新近培育的三种不同的无性繁殖树苗。每株经认证的树种成熟后的每英亩产量将超过 1000 磅，是巴克利山产量的两倍。苏门答腊的种植园主和科学家都不相信勒凯托可以成功将橡胶树种运至利比里亚。他们声称："如果这场商业冒险能够成功，它足以与（亨利·）威克姆的壮举相提并论。"威克姆是生物剽窃的大师，曾经从巴西运出巴西橡胶木，并将其交给大英帝国。[31] 经过六周的长途跋涉，勒凯托经印度洋、红海、直布罗陀海峡，抵达蒙罗维亚，只有不到 4% 的树苗在途中死亡。这些树苗随即被用卡车和冲浪艇送至第 7 分区，被分别种在三个"母树种子区域"。一场变革正在种植园里悄然展开。一支由费尔斯通公司员工和工人组成的团队种下了 300 多万株嫁接橡胶树。小哈维需要等上 7 年，直到这些无性繁殖树苗成熟，能够采集宝贵的"白色黄金"之际，才会知道自己是否下对了赌注。

简而言之，橡胶种植是一门高风险的生意。老哈维养过马。他看着父亲经营着一家成功的农场，买卖绵羊、玉米、燕麦和小麦。但橡胶生意完全不同，它需要种植树木。在此之前，费尔斯通公司从未拥有过种植橡胶树的土地，也没有管理过种植橡胶树的劳动力。在大萧条时期，保护公司的投资项目成了老哈维和小哈维的执念。老哈维经常宣称，利比里亚是美国"道德上的保护领，即使不是直接的保护领"。在争夺利比里亚的土地和权力的过程中，父子二人将利用他们的金钱、影响力和权力，试图将这种错误的信念变为现实。[32]

||||||||||||||||||||||||

20 世纪 20 年代晚期，这家拥有不光彩劳工记录的公司，决定通过批评强迫劳动来巩固在利比里亚的地位。

斯特朗为费尔斯通公司工作，为讨好费尔斯通父子，他毫无顾忌地使用哈佛大学教授的身份及自己同共和党人的关系，打着"人道主义"的旗号干预利比里亚事务，为费尔斯通公司谋取利益。斯特朗亲自控诉利比里亚存在滥用强迫劳动的问题，并凭借与白宫核心圈子的关系，以及与费尔斯通的友谊，说服助理国务卿卡斯尔于 1927 年 6 月指示弗朗西斯启动一项"绝对秘密"且"严格保密"的调查，以弄清利比里亚使用强迫劳动的情况。[33]

卡斯尔对工业种植园在劳工方面面对的难题并不陌生，他的祖父塞缪尔·诺斯罗普·卡斯尔（Samuel Northrop Castle）是夏威夷五大蔗糖企业之一的卡斯尔与库克公司的联合创始人。虽然卡斯尔相信费尔斯通公司在利比里亚认真经营，"不会受到任何关于抵债苦工或强迫劳动的指控"，但他还是要求弗朗西斯在收集情报时把费尔斯通公司和利比里亚政府的活动都涵盖在内。卡斯尔担心，有朝一日国务院和费尔斯通公司可能会因强迫劳动，尤其是种植园的劳动条件而受到指责。这位出身夏威夷的外交家警告称，"当那一天到来时"，美国政府必须"清楚说明这些情况的责任人，而且能够证明美国已经施加了影响……以避免这些情况"，"这是非常重要的"。那一天来得甚至比卡斯尔预计得更早。[34]

弗朗西斯的秘密工作还没开始，普林斯顿大学培养的年轻的左翼政治科学家雷蒙德·比尔（Raymond Buell）就在马萨诸塞州西部的威廉姆斯学院发表了一次演讲。比尔不久前出版了两卷本综合性研究著作《非洲本土问题》（*The Native Problem in Africa*），这本书探讨了非洲人民因殖民统治而面临的经济、政治和社会困境。比尔受哈佛大学与拉德克利夫学院国际研究委员会的委托，在洛克菲勒基金会的资助下，基于在非洲 15 个月的考察经历撰写了这本书。他造访了 18 个国家与地区，包括英国、法国和比利时的殖民地以及利比里亚共和国。他严厉批评了费尔斯通公司的特许经营权，以及美国政府在该公司同利比里亚政府谈判过程中扮演的角色。他为 1928 年 8 月威廉斯敦政治研究院举办的会议①准备的演讲稿，详细阐述了他在书中提及的指控。作为国际关系专家，比尔指责时任商务部长胡佛滥用他在美国政府中的权力向利比里亚官员施压，迫使其接受一项对美国制造商极为有利，但将使利比里亚付出巨大代价的协议。比尔考察了非洲各国的种植园，这些种植园普遍存在强占原住民土地和滥用强迫劳动现象。比尔说："美国可能很快就会发现，它在利比里亚创造了一个助长利用强迫劳动来谋取私人利益的环境。与此同时，它还阻碍了外部世界尝试保护利比里亚当地居民的努力。"[35] 一家公司与一国政府共谋，"利用它们的影响力来打压当地农民、维护外来资本家利益"。[36] 这是赤裸裸的经济帝国主义。比尔预测道，该计划"迟早会把利比里亚变成另一个海地或尼加拉瓜"，这两个国家都遭到了美国的军事占领，而保护美国私人投资是美国出兵的理由之一。[37]

---

① 威廉斯敦政治研究院并非常设机构，而是上文中威廉姆斯学院每年夏季举办的研讨会，二者实为同一单位。

美国政府官员似乎听说了关于比尔计划的风声，并提醒了费尔斯通公司。在比尔演讲的两周前，国务院和费尔斯通公司气急败坏地在暗中运作，以降低损害。国务院知会弗朗西斯，若是金总统愿意发布一份对比尔控诉的反驳，美联社随时准备将其发表。斯特朗也考虑过，是否要前往威廉斯敦批驳比尔的言论。但他最后告诉卡斯尔，他觉得"最好不要再为他发表的观点引来更多关注"。[38]

比尔演讲当天，国务院预先截获了一份比尔言论的复印件，并节选出其中最为尖锐的言论发送给小哈维·费尔斯通，敦促他给蒙罗维亚的海因斯发电报，转述这些内容。同一时间，卡斯尔警告弗朗西斯，要求他会见金和海因斯，安排在第二天的报纸上发表一篇新闻稿。费尔斯通公司经理和美国公使一同说服了金出面维护费尔斯通和美国国务院。海因斯曾经是报纸记者，他无疑指点了查尔斯·金，什么样的措辞最能说服美国民众。美联社发表了金的声明，后者明确否认国务院曾在"迫使利比里亚给予费尔斯通公司特许经营权"一事上施加过任何影响，利比里亚总统还宣布，比尔提出的该方案将使"美国官员控制利比里亚"的说法"并不是事实，而且充满恶意"。此外，金还巧妙地否认了对费尔斯通公司强迫劳动的指责。这位精明的政治家说："费尔斯通的种植园非但不曾遭遇过劳工短缺，反而因劳动力过多而头疼。"金尤其对一个在这个国家只待了不到15天的外来者傲慢地"预测利比里亚的未来，还质疑该国政治家的信用和品格"感到恼火。费尔斯通和国务院无疑都对查尔斯·金总统的声明及其反响大为满意。[39]

一场灾难得以避免。但比尔的插曲清楚表明，如果费尔斯通公司想获得良好的公众形象，并为美国提供其所需的橡胶，那么它就绝对不能采用任何带有种植园奴隶制色彩的劳动关系。即便强迫劳动的状况确有发生，责任也不应归咎于费尔斯通公司，而应是利比里亚政府。

弗朗西斯用了 9 个月时间取得利比里亚线人的信任，还仔细研读了手头的政府文件，浏览利比里亚报纸和机密电报，打听传闻，并且仔细审查了商业交易、货运清单和政府收入。经过这些努力，他私下搜集了大量利比里亚政府官员参与强迫劳动的证据，这些证据足以作为后续行动的依据。1929 年 3 月初，他向卡斯尔呈送了一份严格保密的报告。弗朗西斯总结称："强迫劳动并对外输出的现象已发展成近似奴隶制度的状况，利比里亚政府官员不仅知情、参与，还从中谋取了大量财富。"[40]

弗朗西斯重点关注的是利比里亚和西班牙在 1914 年缔结的一项劳务输出计划。该协议要求利比里亚政府每年将一定数量的劳动力送往位于几内亚湾的西班牙殖民地费尔南多波岛，他们将在当地的可可种植园工作。雇工合同期限是一到两年。作为交换，西班牙政府保证支付劳工的薪水，并向利比里亚政府支付每人 4 美元的人头税。利比里亚的招工人员每带去一名劳工也能得到 5 美元。

在一个迫切需要现金的国家，劳工成了一件重要的出口商品。但政府签订协议出口劳动力，则会创造一个易于引发大规模滥用强迫劳动的体系。

弗朗西斯于 1927 年 11 月从美国抵达利比里亚，赴任美国驻利比里亚公使与领事。不久，他便听到了一起滥用强迫劳动事件的传闻。金政府的前副总统塞缪尔·罗斯（Samuel Ross）取得了一份"执行许可"，这让他有权同西班牙代办签订合同，向费尔南多波岛输送 1000 名劳工。罗斯没能在利比里亚东南部招齐自愿前往的工人，于是设下一个圈套。他的手下带兵进入村庄，要求当地酋长派人将稻米送到海边卖掉，以此来支付该地区的棚屋税。等大约 300 名脚夫抵达海边，利比里亚边防部队就设路障围住他们，等待船只将他们运送到费尔南多波岛。利比里亚邮政部长雷金纳德·舍曼（Reginald Sherman）当时碰巧在沿海区域。他当即发电报联系了国务卿埃德温·巴克利（他是利比里亚前总统和费尔斯通公司法律顾问亚瑟·巴克利的侄子），舍曼请求禁止前副总统将这些人运出国。舍曼问道："我们的父辈建起这个国家是为了让子孙获得自由。我们能纵容这种败坏、可恨的举动毁掉我们的国家吗？"巴克利遵从了舍曼的请求，但邮政部长在几个月后被解职，罗斯接替了他。[41]

利比里亚强迫劳动和将劳工送往海外的故事偶尔会传到华盛顿特区。自从 1912 年美国帮助利比里亚筹集了一笔国际贷款，在利比里亚牵涉了更多利益，这类通信则更趋频繁。而在费尔斯通公司进入利比里亚之后，美国政府愈发密切关注此类指控。当时的影响因素有两个。首先，橡胶有着一段相对晚近的血腥过往。20 年前，受比利时国王利奥波德（Leopold）的命令，为了在比属刚果野蛮地采集生橡胶，据估计有 1000 万人死于非命。国际媒体头条新闻号召全世界人民共同反对奴隶劳动。[42] 由于招募劳工的人经常使用强硬手段，因此费尔斯通公司很可能会在知情或不知情的情况下陷入强迫劳动丑闻。其次，费尔斯通公司需要自愿且自由的劳动力，而利比里亚的政府官员与酋长能从佣金方案中获利，两套体系出现了竞争。终结利比里亚的强迫劳动将会解放本就有限的劳动力，费尔斯通公司正迫切需要他们。这样做还可以帮助公司摆脱通过非自由劳动力建立种植园的指责。[43]

在最初的费尔斯通协议中，利比里亚政府同意"鼓励、支持和协助"费尔斯通公司"获取和维持充足的劳动力供应"。[44] 但公司的存在挑战了政府自身对劳动力的需求。为了促进发展并向内陆地区投射政府的影响，金总统在第一次世界大战后推行了一系列修路项目。这些项目都依赖强迫劳动。根据国际联盟于 1926 年组织其成员国订立的《禁奴公约》，签字各方都应消灭奴隶制度、奴隶贸易和强迫劳动，但公共工程除外。每个酋长都收到了命令，须经由地区长官向政府提供一定数量的男性。他们要徒手修筑道路，没有报酬、食物和补给，每年最多工作 9 个月。年轻的男性，有时还包括一些男孩，搬运着巨大的树根、岩石和沉重的红色黏土，靠的仅仅是木棍、草垫和篮子。他们工作时齐声喊着押韵的号子，或者是踩着队伍中音乐家歌唱的节拍。许多年轻人分析了自己面对的选项——很多故事讲到，年轻男性逃离了政府的修路工作，转而前往费尔斯通种植园寻找能够挣到工资的工作。为了增加劳动力供应，防止所有健壮的内陆男性全部"逃往沿海地区"，利比里亚政府于 1925 年底成立了一个劳工局，向费尔斯通提供 1 万名男性。[45] 但财政顾问德拉鲁等美国派来的顾问则担心这套方案的走向。在他看来，这留下了"一些贿赂的机会"，同时还让费尔斯通公司易于受到指控，即利用当地政府招募的可能被视为强迫劳动的工人。[46]

丹尼尔·沃克（Daniel Walker）就是一个接到了命令的大酋长，内陆部和劳工局告知他需要为新方案而承担的责任。沃克身材高大、孔武有力，留着显眼的胡子，据说有 200 个妻子。他管辖着克佩尔人的领地，包括杜河种植园附近的卡卡塔地区，并且统治着当地的居民、镇酋长与宗族酋长。他需要提供 100 名男性，还有 2 名合适的工头，到种植园工作一至三个月。每人每天能收到 1 先令。沃克以及他手下的每个镇酋长也将得到费尔斯通公司的补偿。劳工不需要付出一分钱，而且他们的所有工作都将得到相应的报酬。德拉鲁的担心是有理由的。[47] 向镇酋长和大酋长支付的款项为强迫派遣提供了动机。费尔斯通公司的一名经理通报称，他看到 150 个"精疲力竭、骨瘦如柴"的人在手持武器的政府警卫押送下抵达种植园。抵达后不到一周，就有 12 个人死去。[48]

费尔斯通深陷欺骗和恐吓的传闻，这令招工变得十分困难。为了改善局面，费尔斯通说服政府允许其使用自家的招工专员。但是1927 年实行的方案仍然依靠配额制度，各行政区有责任提供数千名男性。每个酋长都能得到公司的补偿——每有工人干满三个月，酋长可以得到 1 先令；每有工人在种植园干满一年，酋长可以得到 12 先令。酋长有义务交还"逃跑的劳工"，或是向费尔斯通提供"新人以补满时限"，顶替逃跑的人。[49]

在弗朗西斯 1929 年呈送卡斯尔的报告中，他宣称费尔斯通是无辜的，公司不曾在知情的情况下使用任何强制手段招募劳工。然而，这份报告还是让这名美国外交官十分担心，他请求卡斯尔对报告的消息源严加保密，因为他不想影响他的利比里亚朋友，他们不求报偿地向他分享信息，并且"不带有任何恶意"。[50]这些朋友就包括特维，向费尔南多波岛输送劳工的计划对他的族人影响最大，而特维无论是在利比里亚还是在国际上，都坚决维护克鲁人及利比里亚原住民权益。特维 1879 年生在克鲁沿海地区，于 1900 年造访美国，先后在哥伦比亚大学和哈佛大学学习，还曾担任过一阵马克·吐温（Mark Twain）的贴身仆人。二人以通信的形式就美国的种族问题进行了长期而深入的交流。特维是一位有天赋、雄辩的演说家。他在 1928 年 11 月向利比里亚国会提交了一项法案，要求禁止劳务派遣。这一提案在众议院得到通过，却被参议院否决。特维是弗朗西斯调查中的重要信息源。例如，他曾经秘密告诉弗朗西斯，克鲁男性被强制押送到法属加蓬的港口城市利伯维尔，在那里被扣在船上当水手。这项计划不仅涉及一名丹麦籍船主，他在西非海岸运营着一条蒸汽船航线，还牵涉金总统的内阁官员，每个水手能令他们获利 5 美元。[51]

在给卡斯尔的一封感人至深的信里，弗朗西斯绝望地说这些"想钱想疯了"的人"如此无情，他们已经失去了所有对与错的概念"，他们毁掉了利比里亚的未来。他写道："我对利比里亚抱有最深切的同情，没人比我更为它的错误而感到惋惜。"弗朗西斯之所以递交这份报告，不是为了中伤该国政府，而是希望找到一种拯救它的方法，"趁还不算太晚"。[52]他真心相信，除非美国或其他同样友好的国家加以干预，否则这个共和国将不会成功。

在弗朗西斯因黄热病倒下 6 天前，这位美国公使根据卡斯尔的命令，向利比里亚国务卿巴克利发送了一份函件。这封信以礼貌的外交辞令精心写就，其中的指控却不留情面。美国国务卿斯廷森指示弗朗西斯，由他向巴克利发出警告——美国政府已经收集了"可靠的证据"，证明利比里亚存在着一个无异于"有组织的奴隶贸易"的劳务输出体系。这封公函特别提及了从利比里亚定期向费尔南多波岛的可可种植园输送数千名男性一事。弗朗西斯还指出，甚至在利比里亚境内，利比里亚政府官员也在利比里亚边防部队的协助下，使用强迫劳动为自己牟利。这位前明尼苏达州律师、美国黑人民权捍卫者写道："利比里亚①之所以存在，是为了践行人类的自由原则。如果它屈服于它的创立者想要永远摆脱的某些做法，那将是极其可悲的讽刺。""由于美国与利比里亚拥有长达一个世纪的友谊"，弗朗西斯继续写道，美国有必要警告利比里亚政府，其内部存在着邪恶势力。他在信的结尾表示，美国政府相信"利比里亚共和国将迅速采取有效行动，以维护它的良好声誉"，并致力于"消除一种如果不加以制止，将对利比里亚造成严重后果的状况"。[53]

弗朗西斯没能活着看到自己的病情，以及作为代表美国利益的外交官采取的行动引发的国际反响，将如何影响利比里亚。弗朗西斯虽然卧床不起，感染病毒，而且高烧不退，却仍然相信着费尔斯通公司的承诺和自己祖国的善意，认为美国必将对这个在他眼中有待拯救的国家施以援手。7月初，《纽约时报》报道了这位美国公使好转的乐观迹象。但在7月15日星期一清晨，在与黄热病斗争了一个月后，由于心脏并发症，弗朗西斯在内莉的陪伴下于蒙罗维亚逝世。[54]

金总统搁置了同美国政府的紧张关系，悼念公使的离世。他向胡佛总统发去一封慰问电报，表示在"这沉痛的悲伤中"，从公使"一生忠诚履职的奉献精神"中寻得了"慰藉"。胡佛则感谢了利比里亚领导人，表示自己同样为公使的离去而悲痛，弗朗西斯不单是美国"最忠心的公仆"，更是利比里亚"真诚和忠实的朋友"。

---

① 这里部分强调利比里亚国名是源于"自由"一词。

威廉·T. 弗朗西斯，美国 1927—1929 年驻利比里亚公使兼总领事（明尼苏达州历史协会收藏）

利比里亚在蒙罗维亚为他举行国葬，当天有数百人到场。在他去世之时，弗朗西斯是美国外事队伍中唯一的非洲裔公使。他的遗体被用货船从西非经大西洋送回美国，安葬在田纳西州的纳什维尔，那是内莉的出生地，她一直在那里生活到1969年离世。《芝加哥卫报》在悼念文章中强调了这位公使在利比里亚的重要性，因为那里有"费尔斯通橡胶公司的大面积橡胶种植园和土地"。海因斯夫妇、老哈维的夫人和小哈维的悼词都强调弗朗西斯一心致力于让白人外国资本造福非洲主权国家的愿景。[55]

||||||||||||||||||||||||

弗朗西斯弥留之际，斯特朗赶忙致信助理国务卿卡斯尔，主动表示愿意利用他在国际联盟卫生部门的影响力，帮助美国在利比里亚事务上获得更大的话语权，以保护费尔斯通公司的利益。斯特朗提议，由于利比里亚是国际联盟成员，他和卡斯尔或许能利用黄热病疫情，说服国际联盟和美国国务院向利比里亚政府施压，要求其允许美国专家干预。[56]

卡斯尔欣然接受了这位哈佛大学医生"关于利比里亚的主张"。二人经常就该国问题交换意见，而且都相信费尔斯通公司能在利比里亚的发展中发挥有益的作用。然而，卡斯尔建议斯特朗"不要急着向国际联盟求助"。他私下透露，国务院正"以相当强力的手段追查有关奴隶制的全部状况"。斯特朗很高兴听到这个消息。他在私人和公开场合屡次对利比里亚严重的强迫劳动问题表达道德上的愤慨，不过他从未提及镣铐劳动①等在美国本土与海外存在的强迫劳动现象。卡斯尔还秘密表示，针对美国国务院提出的相关指控，利比里亚政府将于近期成立一个调查组，以核实在金政府的领导下（无论知情与否），该国是否存在一套无异于"有组织的奴隶贸易"的强迫劳动制度。57

卡斯尔热切支持费尔斯通将利比里亚改造成橡胶共和国的计划。种植园农业的家世背景和哈佛大学的教育背景使这位助理国务卿十分认可私人资本的作用，他相信美国能借此支配全球资源丰富的地区。卡斯尔利用自己的职务，从美国公使馆自蒙罗维亚发回的公函中截获了情报，谨慎地发给了小哈维。这些情报将严重妨害公司在利比里亚的经营。58这位外交官竭尽所能地让这家阿克伦的企业掌握优势。卡斯尔在给上司国务卿斯廷森撰写的信件中写道，费尔斯通公司的成功将意味着"更少的内在危害，无论是同把利比里亚交给国际联盟相比，抑或是由我们自己直接代为统治相比，后者将不可避免地导致美国对该国的长期军事占领"。59

卡斯尔上下运作，以帮助费尔斯通公司在利比里亚站稳脚跟。在这个过程中，时机逐渐变得至关重要。1929年5月，就在他仔细阅读美国公使的报告之际，他从弗朗西斯那里得知，利比里亚公民托马斯·J. R. 福克纳（Thomas J. R. Faulkner）已经从蒙罗维亚动身前往欧洲，打算将利比里亚的强迫劳动问题提交给国际联盟讨论。60福克纳还计划前往美国，为他的事业尽力争取公众的同情。

①　镣铐劳动，南北战争后美国出现的一种强迫劳动现象。以铁链锁住一整队囚犯的手脚，再要求他们参与修路等公共工程，一般没有任何报酬。多见于美国南方各州，到20世纪50年代逐渐废止。

福克纳和特维一样，公开批评利比里亚政府对待原住民群体的方式。福克纳于19世纪80年代由北卡罗来纳州移居至利比里亚，1925年同金政府首度发生争论。当时政府阻碍了他与西屋电气①合作，为蒙罗维亚引入电力照明的计划。[61] 在利比里亚1927年的总统选举中，福克纳作为人民党候选人与金竞争总统之位。当时真辉格党已经在利比里亚执政了数十年，该党被利比里亚移民社会的少数精英把持，已经成为一台没有对手的政治机器。福克纳的竞选纲领是维护国内原住民群体的权益。真辉格党在1869年刚成立时也曾想要做同样的事。为了与当时执政的共和党较量，真辉格党的建党元老曾公开批评国内原住民群体的待遇，并抨击偏袒浅肤色利比里亚人的阶级与等级结构。福克纳在选举中败北。他随后想通过强迫劳动一事来推翻金政府。[62] 弗朗西斯在给一名在瑞士的外交官的信中写道，也许应该"安静但仔细地观察福克纳先生的动向"。[63] 卡斯尔担心，若是福克纳赶在国务院采取行动之前，在日内瓦或向美国媒体做出指控，这将令美国失去控制局势的筹码。卡斯尔收到了美国公使呈送的备忘录，后者向他警告了福克纳的欧洲之旅。仅仅几周后，弗朗西斯在1929年6月7日接到美国国务卿斯廷森的指示，要求他将一封信转交给利比里亚国务卿巴克利，这封信将震惊世界。[64]

巴克利迅速回复了美国公使的指控。简单地说，巴克利的回信"庄严且明确否认了"所有指控。[65] 利比里亚国务卿指出，依照

---

① 西屋电力（Westinghouse Electric）音译为"威斯汀豪斯电力"，由乔治·威斯汀豪斯（George Westinghouse）于1886年在美国创立。该公司率先在美国采用交流电供电，物理学家尼古拉·特斯拉（Nikola Tesla）也曾为其工作。

1926 年的《废奴公约》，使用强迫劳动修筑道路是被允许的。虽然国际联盟已经修改了公约的准则，但当时只有不足 30 个国家批准了 1929 年的新协议。[66] 而与利比里亚不同，美国甚至不是国际联盟的成员。巴克利还正确地指出，使用强迫劳动完成公共工程项目的不止利比里亚。事实上，欧洲列强均在其殖民地肆意使用强迫劳动来建设基础设施。巴克利向弗朗西斯保证，利比里亚政府不会"轻视"美国政府的警告所引发的"国际舆论的严重性"。而他也欢迎"一个称职、公正且不带偏见的委员会来调查"。[67]

美国国务院之所以断言利比里亚政府治下的劳工状况近似奴隶制，是为了使费尔斯通公司的运营看上去更好。通过将采用强迫劳动的责任转嫁给利比里亚政府，国务院想要暗中践踏该国主权，利用国际舆论攻击这个共和国，再把费尔斯通公司标榜为利比里亚的拯救者。如若成功，这还能使费尔斯通公司更容易为种植园招募到紧缺的劳动力。

3 个月后的 1929 年 9 月，利比里亚驻国际联盟的代办与常驻代表安托万·索蒂尔（Antoine Sottile），请求国际联盟委员会主席协助成立一个国际调查委员会。它应当通过"公正、严肃且细致的调查"来评判利比里亚"是否存在奴隶制或强迫劳动"。索蒂尔提议，委员会应当包含三名成员，一人由美国政府指派，一人由国际联盟委员会提名，还有一人由利比里亚政府选出。[68]

国务院就调查委员会的美国代表人选举行了讨论。国务卿斯廷森建议总统胡佛，"举荐一个有色人种担此职位会更合适"。卡斯尔也表示赞成。但谁能满足斯廷森提出的"一个足够杰出显赫、合适又合格的有色人种"的标准呢？[69] 谁又能支持费尔斯通公司和白人资本的利益？弗朗西斯离世前曾表示，若是需要组建一个国际调查委员会，他建议考虑埃米特·斯科特（Emmett Scott）。斯科特是布克·华盛顿的主要助手，曾于 1909 年跟随美国调查组前往利比里亚。虽然胡佛亲自邀请，但斯科特予以回绝，声称虽然自己愿意"为我的祖国和人民服务"，但他需要专注于霍华德大学财务主管的职责。[70] 杜波伊斯也被考虑过，但这个建议从未离开过卡斯尔的办公桌。最后，胡佛选中了查尔斯·斯珀吉翁·约翰逊（Charles Spurgeon Johnson）。[71]

约翰逊具备完成这项艰巨任务所需的资历和经验。他曾在芝加哥大学成为首位跟随著名社会学家罗伯特·帕克（Robert Park）学习的非裔美国学生，帕克曾是布克·华盛顿的代笔和顾问。约翰逊同样认同华盛顿同白人社会和解的立场。他曾在职业生涯的巅峰时期向《芝加哥卫报》的读者建议，一个人①要想提升自己的"地位，最好是通过和占多数的自由派达成战略合作"，这要好于"增进自我意识和种族沙文主义"。[72] 约翰逊曾研究过芝加哥的黑人移民和种族关系，这使他频频受邀加入重要的自由派白人理事会和调查委员会。第一次世界大战期间，他和斯科特代表卡内基国际和平基金会完成了一项有关黑人移民状况的研究。他还是美国城市联盟的调查研究主任，并为该组织创办了官方刊物《机会：黑人生活杂志》（Opportunity: A Journal of Negro Life）且担任主编。1928 年，他出任费斯克大学（Fisk University）社会科学系主任。在那里，他将完成《美国文明中的黑人》（The Negro in American Civilization）、《种

---

① 这里指的是一个黑人。

植园的阴影》(*Shadow of the Plantation*)、《长在黑土地带》(*Growing Up in the Black Belt*)等美国种族关系的经典作品。为了推进种族关系的研究，约翰逊积极与白人慈善组织合作，包括劳拉·斯佩尔曼·洛克菲勒纪念基金、朱利叶斯·罗森沃尔德基金会等。这引起了杜波伊斯的怀疑和批评。杜波伊斯曾批评他是一个"自满的黑人"，这或许并不正确，但慈善机构都大力支持他，而它们的背后都是国内最有名望的工业领袖。对费尔斯通的支持者而言，约翰逊是这项工作的绝佳人选——他拥有无可置疑的学术声誉、超越种族界限的名望，并且还不反感白人资本所谓的"善行"。[73]

约翰逊于 1929 年 12 月初接受了胡佛的邀请，同意担任国际调查委员会的美国代表。没过多久，他就在斯科特的陪同下抵达阿克伦，希望赶在小哈维前往迈阿密海滩的家族宅邸过圣诞节之前，会见费尔斯通公司的代表。[74] 两个月后，约翰逊抵达蒙罗维亚，在费尔斯通种植园公司提供的住所下榻。这位专注数据的社会学家沿途分别在华盛顿、伦敦、巴黎、伯尔尼和日内瓦停留，查找档案，访问熟悉利比里亚事务的人。一次偶然的会面在伦敦发生了。在富有的英国贵族和志向远大的人类学家乔治·皮特-里弗斯（George Pitt-Rivers）家中，约翰逊见到了布罗尼斯拉夫·马林诺夫斯基（Bronislaw Malinowski），后者的新书《西太平洋上的航海者》(*Argonauts of the Western Pacific*)正引发人类学领域的变革。马林诺夫斯基在美拉尼西亚的特洛布里恩岛与岛民生活了两年，这为民族志研究引入了"参与式观察"的方法，这种方法逐渐成为研究的必要条件。交易的关系和互动建立了社会生活的纽带、意义和结构，马林诺夫斯基的这一研究兴趣决定了他的民族志方法和田野观察的特征，同时影响了他的许多学生。马林诺夫斯基说服约翰逊改变了他计划使用的调查利比里亚劳工状况的方法。这位伦敦政治经济学院的教授告诫费斯克大学的社会学家，应当令自己的调查不限于相关的文件、"深入内陆的访问"和调查听证会。马林诺夫斯基建议约翰逊还应当思考决定该国原住民生活的价值、意义和经济。离开伦敦时，约翰逊接受了马林诺夫斯基和皮特 - 里弗斯的看法，他同意二人所说的"首先要同情当地人，取得当地人的信任，尽最大可能从他们的视角看问题"。[75] 抵达蒙罗维亚后，他便想要考察利比里亚原住民在共和国的经济和治理方面面临的困境。

相较于国际调查委员会的其他成员，36 岁的约翰逊年轻了一半。国际联盟指派的卡思伯特·克里斯蒂博士（Dr. Cuthbert Christy）是英国医学官员，时年 70 岁。他为英国服务的足迹遍布印度以及非洲中部和东部，他在这些地方研究瘟疫、昏睡病等疾病。克里斯蒂比约翰逊晚两周抵达利比里亚。他坚信自己会被下毒刺杀，而利比里亚官员则会用黄热病的名义掩饰过去。这位来自维多利亚时代的殖民主义医生十分怀疑费尔斯通。他相信白人统治的优越性，对黑人持居高临下的态度。事实还证明他是一个暴躁无能的人。果不其然，克里斯蒂和约翰逊矛盾重重。利比里亚前总统和费尔斯通公司的法律顾问亚瑟·巴克利是委员会的第三位成员。75 岁的巴克利并不愿意在雨季进入利比里亚内陆，委员会需要向那里的原住民酋长和村民搜集证据，了解地区长官、边防部队等利比里亚各方是如何对待他们的。这位年长的政治家也不想坐船前往利比里亚南部，调查关于向费尔南多波岛的种植园输出强制性劳工的指控。约翰逊形容巴克利在调查过程中的角色是"愉快的不合作"。[76]

两位老人虽然持截然不同的理由，但都对手头的任务毫无兴致。和他们共事的约翰逊则积极投身委员会的调查活动。和约翰逊到达卡卡塔镇后不久，克里斯蒂就生病了，卡卡塔位于费尔斯通特许地的边缘，距海岸大约50英里。这位国际联盟代表被送往费尔斯通公司医院，交由费尔斯通公司的医生赖斯诊治。这位英国的探险老手并没有被下毒，而是感染了血吸虫病，这是一种由寄生性扁虫引起的疾病。克里斯蒂需要治疗六周，约翰逊只好抛下他继续调查。[77]老哈维的得力助手海因斯常常陪伴约翰逊外出调查。费尔斯通公司负责接送，并且邀请这位美国调查员走访了哈贝尔和卡瓦拉两座种植园。克里斯蒂在马里兰州和约翰逊会合时，二人又住进了费尔斯通种植园公司的房子。由于蒙罗维亚暴发黄热病疫情，西非海岸实施了隔离政策，两位调查员因此被困在帕尔马斯角。他们靠费尔斯通公司的无线电报通信，才安排好船，回到蒙罗维亚附近。旅行了两个月后，约翰逊"又脏又累"地回到了利比里亚首都。费尔斯通公司经理罗斯在家中设晚宴招待他，这让他重新焕发了精神。约翰逊在日记中写道，海因斯"一如往常，三言两语就让人倍感亲切"，赖斯则给大家表演了聚会的小把戏，而"每个人都喝着威士忌和苏打汽水，抽着好彩牌香烟"。[78]

在为期4个月的调查中，委员会共取得数百份关于劳工状况的证词，来源包括政府官员、大酋长、村镇酋长、原住民劳工，以及各行各业的内陆和沿海地区居民。在卡卡塔和马里兰州，人们聚集起来听取、证明、补充酋长和长者的证词，每次的人数从800到3000不等。为处理收集到的陈述中的大量信息，约翰逊建立了一套卡片系统。克里斯蒂不同意这位社会科学家的方法，试图在撰写报告时边缘化约翰逊。但这位费斯克大学的社会学家态度强硬。这份报告于 1930 年 8 月完成，共 130 页，随即呈送国际联盟、美国国务院和利比里亚政府。它后来被称为"克里斯蒂报告"，但大部分内容是约翰逊完成的。[79]

关于利比里亚是否存在国际联盟定义的奴隶制的问题，委员会的回答是有保留的"不"。没有证据表明存在"拥有奴隶市场和奴隶贩子的经典奴隶制度"，但委员会报告称，在"共和国的社会经济"中存在所谓的"抵押"的习俗，即通过出借家庭成员来偿还债务，委员称其为"家庭奴隶制"。委员会并未指责利比里亚政府，称其未主动犯下罪行，且法庭确实"阻拦过"抵押行为。委员会关于强迫劳动问题的答复则更为严厉。他们称，因公共工程而滥用强迫劳动的现象广泛存在。各州主管及地区长官为修路而征召的劳工常常"转而为私人服务，在政府高级官员和公民个人的农场和种植园中工作"。委员会点名副总统艾伦·扬西（Allen Yancy）等政府高官，称他们出动利比里亚边防部队，用武力恐吓并强迫劳工为其服务。最尖锐的指控则指向利比里亚政府向费尔南多波岛输出工人的合约劳工创收计划。委员会认为，劳务输出安排"难以同掠夺、贩卖奴隶的行为区分开"。[80]

费尔斯通公司躲过了指控。虽然克里斯蒂对这家美国公司怀有敌意，但委员会认为"没有证据表明费尔斯通种植园公司在其租赁的种植园中有意雇用了任何非自愿的劳工"。[81] 关于种植园招工过程中出现的滥用强迫劳动问题，委员会将责任完全指向了利比里亚地区长官和劳工局。在委员会的报告中，费尔斯通公司仅作为天真无辜的旁观者出现。不过，公司明知并参与了易于引发强迫劳动的配额制度——酋长会因送劳工前往种植园而获利，不管这些人是否自愿。克里斯蒂报告对费尔斯通从这种劳动方案中获利的问题轻描淡写，这导致蒙特塞拉多州代表、众议院议长辛普森第一次对"美国国务院对利比里亚的目的感到怀疑"。[82]

在利比里亚，约翰逊逐渐同情并捍卫起该国原住民。他后来写道："本地人对教育的热情，他们的劳动传统和迅速适应新型工作形式的能力，他们的活力和惊人敏锐的头脑，似乎都使他们成为这个国家的终极救星。"[83]他曾听数百人描述地区长官和政府官员对内陆居民的劳动剥削和滥用权力的行为。在约翰逊看来，他观察到的移民和原住民之间的不平等恰似美国的种族偏见——它们均是经济和社会地位斗争的产物。《苦涩迦南》（*Bitter Canaan*）是他关于利比里亚的历史和社会研究的遗作。他在该书中写道："移民精英认为劳动有损身份而加以回避，这种偏见不亚于美国'穷苦白人'对奴隶劳动的态度。"[84]约翰逊称，"盎格鲁-撒克逊优越性"的信条在美国"并非源于普通工人"，他们只是被动接受了它。相反，这是资本家创造的一种神话，以合法化他们"奴役黑人"的需求，目的是得到"更为廉价的劳动力"。[85]在利比里亚，约翰逊看到一种相似的进程在发挥作用。经济阶级和社会等级共同创造了差异，加剧了"文明人"和"本地人"的分化，而移民精英在这个过程中受益最大。

约翰逊在种族关系的演变周期中考察利比里亚的发展，这一传统源于他接受的社会学芝加哥学派的训练。他认为，如果移民与原住民之间的由竞争和冲突主导的关系能够转变为以适应和同化为主，利比里亚就将迎来成功、和谐的未来。这位未来的费斯克大学校长看好费尔斯通公司促进这一转变的积极作用。约翰逊已经是菲尔普斯·斯托克斯基金会等对利比里亚感兴趣的美国白人慈善机构和宗教组织网络当中的一员，这些组织将费尔斯通公司视为该国的拯救者。这个国家需要资本和农业专家，市场有待发展，教育有待普及。在美国种族关系学者看来，雇佣劳动是利比里亚原住民群体提高社会地位的途径之一。海因斯曾表示，自己很难为种植园招来劳动力。约翰逊则建议放映费尔斯通公司工人得到"口粮和工资等"的"影像画面"。约翰逊提议，村民若是看到他们的同伴在用种植园的工资购买商品，"这大概会起作用，并刺激"他们用劳动换取每天1先令的报酬。[86] 虽然他本人曾这样希望，而且马林诺夫斯基曾亲自向他建议，但约翰逊从未和利比里亚原住民共同生活过。或许正因如此，他在分析中从未强调过土地对维持经济繁荣和内陆生活方式的巨大作用。然而，在构成利比里亚共和国的众多族群内部和彼此之间，获得土地和控制土地是许多重要事务和社会关系的关键。土地和劳动力一样，是费尔斯通公司种植、生产并从中获利的资源。

委员会报告的结尾提出了促进利比里亚原住民的涵化①与同化，使其融入现代国家的建议，但这超出了调查的最初目的。报告建议重新划分共和国的行政区划和管理范围，使内陆居民在利比里亚社会中处于更加平等的地位。区分沿海和内陆的政治边界只会强化"文明人"和"本地人"的区别。国际联盟的报告还建议设立从

---

① 涵化（Acculturation），也称文化适应。

沿海向北延伸到内陆的行政区来取代上述边界，以促进劳动力、商品和贸易的自由流动。报告宣称，地区长官普遍存在腐败行为。委员会建议罢免他们，改用美国或欧洲的高级专员。此外，劳务输出应当终止，抵押应当被视为非法，教育应当向所有人普及。委员会认为，这些变化将教会"单纯的本地人"什么是"市场价值"，激发他们的"愿望"，鼓励他们"赚钱，从而使贸易增加，让沿海商业繁荣"，进而"提高政府的收入"。费尔斯通父子都非常满意。委员会的建议是将利比里亚农民改造成无产阶级，他们将成为工业机器中高效的齿轮。此外，如果交由对美国资本友好的美国顾问监管该国内陆的行政管理，费尔斯通公司的劳动力供应将得到保障。[87]

||||||||||||||||||||||||

1930 年 9 月初，就在金总统接到国际调查委员会报告的 3 天后，约翰逊和克里斯蒂乘船离开了蒙罗维亚。据美国代办塞缪尔·雷伯（Samuel Reber）说，金"表示因发现的状况而感到……'窘迫'"。[88]老哈维立即扑向了处境脆弱的金。老哈维用无线电从美国向身处蒙罗维亚的海因斯口授了自己希望金政府推行的改革内容。措施和委员会的建议总体相似，包括改革内陆的行政区划和司法系统，聘请外国专家，开放内陆通商等。美国财政顾问卢米斯支持费尔斯通的要求。美国国务院亦然。国务院警告称，金若是不从，就不能指望美国政府为应对不断发酵的国际丑闻提供支持或协助。金向美国政府承诺，即将进行改革。但是费尔斯通和国务院都认为，总统内阁的成员并不可靠，尤其是国务卿巴克利。在支持费尔斯通在利比亚事业的外交官小圈子里，他常常遭到攻讦。身处蒙罗维亚的雷伯

建议他在华盛顿的上级："巴克利……永远不会同意任命白人做地区长官。"[89] 小哈维的看法与雷伯一致，他不止一次说巴克利"总体排外，尤其反美"。[90]

在蒙罗维亚，公众得知国际调查的结果后，气氛变得紧张。10月2日，由利比里亚前总统霍华德领导的一场大型市民集会要求金下台，建立新的临时政府。霍华德在上一年6月曾和福克纳发起过相似的抗议游行，他们都是反对派人民党的领袖。此后，委员会调查员听到了越来越多令人不安的证词，来自蒙罗维亚、凯里斯堡、怀特普莱恩斯、刚果镇和蒙特塞拉州其他地区的500多人表达了对政府的谴责。委员会提交报告后，公民的动乱持续升级。公民无党派联盟在10月20日组织了一场大规模示威活动，要求利比里亚议会采取行动。[91] 美国公使馆对事态越发忧虑，担心煽动弹劾金的人群已遭到一个"反白人集团"控制。英国派出一艘小型军舰前往西非海岸巡逻，以应对可能出现的暴力事件。虽然抗议活动始终没有演变为冲突，但愈发混乱的政治动荡还是加剧了蒙罗维亚白人侨民中早已普遍存在的种族焦虑和恐慌。[92]

10月底，金总统发表了强硬的讲话，驳斥了委员会的部分调查结果。他提醒民众，请求国际联盟前来调查的正是利比里亚政府。他否认政府参与强迫、虐待前往费尔南多波岛的工人。至于为公共工程招募的劳工受到了不公正待遇的指责，他严厉批评了"不爱国的公民"福克纳，称他向外国媒体散布"关于奴隶制度和强迫劳动的政治宣传"，这严重损害了利比里亚在"全世界的文明的、信仰基督教的国家当中的排名"。他指出，在坦噶尼喀、尼日利亚、黄金海岸、多哥和喀麦隆，英国人和法国人都曾使用过强迫劳动。

为什么单单指责利比里亚？他这样问道。金表示，批评和抗议都是
"我们种族的敌人使用的借口。我们为非洲、美国和东印度各地数
以百万计的黑人带来了实现他们最崇高的政治与社会理想的最光明
的希望，而我们的敌人想要抹除这样一个非洲国家的存在"。[93]

美国国务卿斯廷森对此并不满意。他起草了一份严厉批评利比
里亚政府的公函，再将它通过电报发往驻蒙罗维亚代办，让其转交
给金总统。斯廷森表示，他对委员会报告公布的内容大为震惊，并
告诫金，除非实行"真诚且卓有成效的"改革，否则报告将"激起
整个文明世界对利比里亚的厌恶之情"。斯廷森精心安排了电报的
发送时间，电报发送的同时，媒体公布了一篇概述委员会结论的新
闻稿。[94]金抱怨称，这篇新闻稿很不尊重利比里亚政府，因为正是
他们发起了国际联盟的调查。斯廷森的腔调和言辞变得更加严厉。
几周后，他通过外交渠道送去了另一封态度强硬的信，表示"国
际舆论难以容忍奴隶制度和强迫劳动这两个孪生祸根"。斯廷森警
告道，除非这二者被废除，改革得以进行，否则"美国政府及人民
从近百年前利比里亚建国之初就抱有的友好态度"将成为历史。[95]
老哈维为国务卿的强硬立场拍手叫好。[96]改革对他的公司有利，能
够保护他的海外投资。这位共和党的主要赞助人不断向胡佛政府施
压，通过它强迫利比里亚接受改革。

费尔斯通认为他能够控制国际联盟调查的后果，这一想法不是
傲慢，便是天真。12月2日，面对不断增长的公众压力，利比里
亚议会要求金辞职，还弹劾了副总统扬西。议会驱逐了两名众议院
成员，还建议辞退、起诉委员会报告提到的地区长官、各州主管和
边防部队指挥官。金于次日卸任总统之职，国务卿巴克利代替他完

成剩下的任期。金后来会成为费尔斯通种植园公司的法律顾问。在倒塌的纸牌屋中，最有可能成为下一任总统的是巴克利。这不是费尔斯通希望的。5个月后，在1931年5月的大选前夕（巴克利很可能借此机会再赢得四年任期），小哈维致电卡斯尔，坚称美国政府不能接受巴克利成为总统。费尔斯通公司担心巴克利会"利用美国的承认为自己在当地赢得政治资本"。[97] 国务院表示同意。因此在巴克利成为利比里亚第18任总统时，美国政府拒绝承认他国家元首的身份。

费尔斯通希望国际联盟调查的余波能迫使利比里亚成为美国的保护领。如果不成，一个傀儡政府也足够了。费尔斯通热衷马球和赛车，很享受竞技比赛。而巴克利曾在费尔斯通协议问题上精明地维护利比里亚政府利益，因而是一个强大的对手。在涉足政坛以前，这位利比里亚总统曾是利比里亚大学的数学教授，是一个很有逻辑的人。他比对手"提前好几步"看穿问题的能力令他受到内阁成员的钦佩。[98] 在二人这场策略性的象棋比赛中，费尔斯通若是以为自己能迅速将上巴克利一军，他便大错特错了。

1931年1月底，美国代办① 连同英德两国代表，在总统府拜会了巴克利总统。他们发出了最后通牒。鉴于总统不愿全盘接受委员会的建议，他们要求利比里亚政府向国际联盟请求"援助、协助以及可能的国际监管"。如果巴克利拒绝，他便能够预见同房中代表背后各国的"友好关系"将走向终结。[99] 两天后，精通外交和国际法的巴克利同意向国际联盟发出请求，就利比里亚的经济金融、司

---

① 因拒绝承认巴克利政府，美利外交关系出现了降级。

埃德温·J. 巴克利，第 18 任利比里亚总统（出自 Firestone Plantations Company, *Views in Liberia*, Chicago: Lakeside Press, R. R. Donnelley & Sons, 1937）

法体系、卫生和"本土行政管理"问题给予协助和建议。然而，只要巴克利仍在掌权，这个国家就不会屈服于任何形式的国际管制。巴克利宣称，这样做将"违背共和国宪法"，还"将等同于牺牲它的主权和自治权"。[100] 利比里亚总统公开表示，他反对"改革必须在外部力量的监管下才能有效的……古怪提议"。他警告道，这种要求"不仅不符合事实，还暗藏着一种帝国主义内涵，将会危害我们必须守护的事物"。[101]

一个月后，国际联盟成立了一个委员会以处理巴克利的请求。国际联盟创始人之一、英国律师和内阁大臣罗伯特·塞西尔（Robert Cecil）担任委员会主席。与他合作的是来自德国、意大利、波兰、西班牙、委内瑞拉和利比里亚的代表。严格地说，美国并非国际联盟成员，因而无权进入委员会，但国际联盟礼貌性地邀请其参与委员会讨论。斯廷森指示雷伯立即放弃他在蒙罗维亚的职位，前往日内瓦代表美国参加委员会的审议。[102]

塞西尔的委员会指派了一个由行政、财政、公共卫生等多个领域的专家组成的团队前往调查利比里亚的情况。该专家团队将就振兴利比里亚共和国、提高其世界地位的技术步骤向委员会提出建议。专家调查组的组长是经验丰富的殖民官员、象牙海岸（科特迪瓦）前任总督亨利·布吕诺（Henri Brunot）。这一任命公然违背了利比里亚的请求，即专家不应来自任何下辖殖民地同利比里亚接壤的宗主国。但整个布吕诺委员会都由白人殖民官员组成，他们都曾代表欧洲帝国主义列强，并不尊重一个黑人共和国的权利和自治权。

他们在蒙罗维亚仅用六周时间就结束了调查。临走前，他们告诉一名美国外交官，"利比里亚的重建"高度依赖"美国和费尔斯通公司的合作"。他们建议，重新协商向美国金融集团贷款 500 万美元的条款。他们认为，费尔斯通公司如何"在几年内"取得"开垦公司广阔土地所需的额外劳动力"，仍是一个有待解决的"重大问题"。[103]

布吕诺委员会的报告于 1931 年 11 月呈送给塞西尔子爵的利比里亚委员会。该报告影响深远，并对该国的独立与主权构成了威胁。它呼吁将该国的财政、内陆治理、教育和公共卫生等领域的管辖权交给一批外国专家，并支付每年 40 万美元的费用，作为发放薪水、勘探自然资源和发展基础设施的经费。1931 年，利比里亚的全部收入才刚刚超过 48 万美元。利比里亚政府坚称，奴隶制和强迫劳动的指控均已得到了解决，尤其令其感到不满的是，报告称利比里亚"没有公民有足够的能力"实施提议的改革。在请求协助时，利比里亚政府从未想过"会出现将本土机构完全替换为外国人的提议"，或是需要将它的原住民群体"完全交由一个外来的种族控制"。巴克利政府驳斥了调查组关于政府挥霍金钱的说法，转而将利比里亚的经济问题归咎于大萧条及其引起的商品价格下跌、费尔斯通种植园公司的紧缩策略，以及费尔斯通协议强加给利比里亚的惩罚性贷款。[104]

随后的几个月里，国际联盟的利比里亚委员会召开了一次又一次会议，想要找出一套能让巴克利和利比里亚议会接受的协助方案。他们深知，缺少利比里亚人的同意将难以取得进展。费尔斯通协议，特别是其中由美国金融集团提供的 500 万美元贷款，阻碍了利比里亚未来的发展。协议的条款完全偏袒费尔斯通公司，布吕诺委员会和巴克利在这一问题上达成了共识。根据委员会的财政专家计算，5 年后，当 5 万英亩已经种植橡胶树的土地可以产出橡胶时，如果橡胶的价格升至每磅 20 美分，费尔斯通公司能获得 400 万美元收益，而利比里亚只能得到 43 320 美元，这笔收入甚至不够支付管理贷款的行政人员的工资，更不用说贷款本身。这是一个债务不断积累的"恶性循环"。专家认为，只有重新协商贷款条件，利比里亚才能摆脱糟糕的经济状况。专家还认为，如果这一步能够实现，而且费尔斯通公司"的用工政策能够吸引必要的本地劳工进入种植园并留在那里"，那么问题"尚可解决"。[105]

殖民官员们想象着未来的利比里亚："种植园周边将建起模范原住民村庄，村民将得到可耕作的土地，并使用先进的种子和机械。"白人专家预测："无数原住民将离开他们可悲的森林栖息地，成为正式的种植园工人。"利比里亚将是一个"拥有大量富裕小农和繁荣的工业种植园的国家"。这个梦想源于种族资本主义、家长作风和目空一切的白人优越感，它们忽视、贬低了维持利比里亚内陆生活的实践、价值和信仰。[106]

不是所有布吕诺委员会的成员都支持费尔斯通公司在利比里亚扮演的角色。西班牙驻美大使萨尔瓦多·德·马达里亚加（Salvador de Madariaga）提请他的同事们"考虑一个强大的资本主义组织存在于一个弱小国家而引发的艰巨挑战"。[107] 在 1932 年 1 月于日内瓦会见委员会成员时，费尔斯通公司的代表坚称，费尔斯通公司和美国金融集团不愿修订 1926 年协议的条款，但如果给出适当的"行政保障"，它们可以考虑为利比里亚提供更多资金。胡佛政府很清楚老哈维的立场。只有当国际联盟计划举荐一名美国的首席顾问掌管利比里亚行政事务时，他才会修订贷款协议。斯廷森在私下里支持费尔斯通的立场。[108] 但在公开场合，他不会提出由美国单方面监管利比里亚政府的条款。上一年，他曾在电台节目中表示，针对美国帝国主义的指控"已经损害了我们的声誉、信誉和贸易，远超我们人民的理解"。[109] 美国不能再犯军事入侵海地和尼加拉瓜的错误。在斯廷森看来，将门罗主义扩展至非洲是不可接受的。[110] 如果美国受国际联盟邀请，参与利比里亚协助方案，那么它的形象将大为改善。

巴克利很清楚，极为不利的贷款协议能帮助他为利比里亚的困境争取国际同情与支持。国际联盟的利比里亚委员会于 1932 年 5 月修订了协助方案。新方案缩减了外国专家的人数，把预算减半，并且没有指定首席顾问的国籍。但其中最重要的改动是，建议中止向美国金融集团偿付贷款，直到利比里亚政府的收入达到 65 万美元。此外，新方案还提议，美国金融集团应付清 250 万美元首批贷款中剩余的 24.7 万美元。在利比里亚接受国际联盟方案后，将启动围绕贷款条件的新一轮磋商。最后，新方案要求费尔斯通公司将其在利比里亚特许地的租金由每英亩 6 美分上调至 50 美分。[111]

费尔斯通大发雷霆。在给胡佛的一封信中，他愤怒地称国际联盟没有权利"建议我们多付钱"给利比里亚，因为这是一桩纯粹的"商业活动"。在给总统的冗长申诉中，这位支持胡佛竞选连任的阿克伦百万富翁，列举了公司在利比里亚的所有成就与投资。他抱怨道，"面对利比里亚政府和欧洲各国所有可以想象的反对之举"，公司仍然取得了这些成果。此前的橡胶垄断曾经让美国的轮胎产业濒临崩溃，费尔斯通感谢胡佛"将美国从外国垄断中解放出来"。

但他请求道，"利比里亚的问题"需要摆脱国际联盟的控制。如若不能，费尔斯通警告总统，利比里亚作为美国独立橡胶来源的战略重要性"就会受到严重损害，最终会被从我们手中夺走"。费尔斯通还建议，只有对国际联盟采取强硬立场，才能令本届政府在重要的选举年面对非裔美国选民时不至于陷入尴尬。没有证据证明费尔斯通关于非裔美国人都支持他的主张的说法。不过费尔斯通的确得到了一些保守的黑人知识分子的支持，如支持白人资本、慈善组织和慈善使命的查尔斯·斯珀吉翁·约翰逊。但是该公司在美国和利比里亚的行为，无法表明费尔斯通特别关心非裔工人的困境。在阿克伦，非裔美国人在工厂车间备受轻视，拿着最低的工资，干着最辛苦的工作。在利比里亚，海因斯告诉一名国务院官员称，费尔斯通只关心"廉价劳动力"。[112] 即将到来的总统选举自然是胡佛内阁关心的头等大事。国务院西欧司司长杰伊·皮尔庞特·莫法特（Jay Pierrepont Moffat）哀叹道，迎合相互竞争的不同势力变成了一场复杂的"精神体操"，"要试着同时提起两个大桶，一个装满了黑人选票，另一个则满是费尔斯通的竞选捐款"。[113]

几个月后，虽然费尔斯通看起来充满信心，但巴克利政府在这场胜者通吃的棋局中走出了绝妙且深思熟虑的一步。费尔斯通在1932年断然回绝塞西尔子爵发出的在日内瓦会见利比里亚委员会成员的邀请。老哈维对欧洲势力深表怀疑，并且对国际联盟缺少耐心。相反，他派美国金融集团副主席L. T. 莱尔（L. T. Lyle）直接前往利比里亚会见巴克利。费尔斯通"不守信用"的行为正中利比里亚总统下怀。就在莱尔抵达蒙罗维亚的同一周，利比里亚议会通过了一项联合决议——《中止法案》，单方面减少外国财政人员的数量和薪酬，暂停两年贷款的利息计算，并且宣布中止偿还贷款。利比里亚议会还要求美国金融顾问 P. J. 菲茨西蒙斯（P. J. Fitzsimmons）辞职，因为此人不愿配合这项决议。[114]

费尔斯通一家火冒三丈。游说胡佛对利比里亚政府采取更激进的行动的时间所剩无几，因为富兰克林·D. 罗斯福（Franklin D. Roosevelt）在 11 月的选举中大获全胜，几个月后便会就职。民主党同时控制白宫、参议院和众议院，这给费尔斯通在利比里亚的事业带来了极大的不确定性。在胡佛总统任期的最后时日，费尔斯通失去了支持，甚至包括斯廷森这种友人。国务卿承认自己曾"过分信任费尔斯通父子的好名声"，以致可能犯下"为他们强烈辩护"的错误。斯廷森意识到，费尔斯通并没有公平地"比赛"，他与塞西尔子爵和利比里亚委员会的关系十分尴尬。[115] 虽然斯廷森相信利比里亚的新法规违背了与美国企业签署的合同条款，而且他本人有义务维护该公司的权利和利益，但费尔斯通的我行我素削弱了这位美国外交官的谈判能力。他要如何向塞西尔开口申诉，向利比里亚政府施加国际压力以撤销这项无视协议条款的法规？塞西尔并不同情公司的困境。利比里亚委员会已经多次邀请费尔斯通"提供信息和建议"，但费尔斯通拒绝了所有邀请。英国副领事表示，委员会部分成员认为，费尔斯通之所以"执意要求严格执行……一项十分苛刻的协议"，是想"让利比里亚政府陷入窘境，这样就将完全受公司摆布"。[116] 在斯廷森看来，这项指控不公正地忽视了"奴隶制调查显示的费尔斯通家族的人道主义记录"。他告诉塞西尔，费尔斯通"绝无压迫利比里亚政府的意图"。[117]

就在斯廷森辩驳国际联盟提出的压迫利比里亚政府的指控的同

时，费尔斯通父子正尝试策划用企业夺取外国政府。父子二人抓住了胡佛在位的最后时日，在华盛顿特区举行的一系列旋转门会议[①]中升级了他们的言辞和威胁。1933 年 2 月初，老哈维告诉胡佛，巴克利"会把他的国家卖给……欧洲人，除非美国控制（利比里亚）"。[118]老哈维声称，利比里亚各地都陷入了"近乎无政府的混乱状况"。他控诉，"得到利比里亚总统支持的手持武器的年轻暴徒"，已经对费尔斯通公司管理人员的性命构成了威胁。这位公司的大家长恳求总统和国务卿出于"对我们在利比里亚的美国雇员的个人责任感"，派出一艘美国军舰维护美国利益。[119]胡佛和斯廷森无动于衷，费尔斯通随即转向共和党全国委员会主席，请求他向政府施压。与此同时，蒙罗维亚亦出现传闻称，费尔斯通公司的海因斯计划联合巴克利的政敌发动叛乱，希望让一个对费尔斯通更友好的政府上台。[120]

白手起家、惯于为所欲为的美国百万富翁和维护祖国权利与主权的精明政治家之间的交锋到此为止。1932 年，64 岁的老哈维辞去了费尔斯通轮胎橡胶公司总裁的职位。费尔斯通橡胶帝国的未来不再完全由父亲一人控制。或许对这位阿克伦商人而言，利比里亚从来就不是真实存在的。它更像是一幅图景和一场美梦。他从未到访过那个国家，未来也不会去。作为董事会主席，他还会继续施展权力和影响力，但他更关注自己留下的遗产。他的好友爱迪生已经在上一年离世。老哈维被财富、权力和名誉冲昏了头脑，在与巴克

---

① "旋转门"一般指美国官民之间的身份变换，这里指以费尔斯通为代表的私人企业与美国政府之间的对话会。

利的权力博弈中让自己落入举步维艰的境地。共和党的鼎盛时期已经结束，费尔斯通的影响力随之大幅减弱。随着罗斯福于 1933 年 3 月 4 日就职，出色的战略家利比里亚总统巴克利占据了上风。

第五章

发展竞赛

1932 年圣诞节前一周，15 个人（只有一人不是白人）在纽约市的查理王子酒店举行了会面。小哈维也在其中。他们代表的是过去百年间进入利比里亚的白人慈善、宗教和商业势力。他们担心这个黑人共和国眼下经济、政治的不稳定将威胁他们的投资事业。他们也都感到，协助费尔斯通橡胶公司确保其在利比里亚的投资安全并继续投资，将有助于实现他们自己在该国的目标。众人聚在一起是为了听取考察报告，主讲人亨利·韦斯特（Henry West）是美国殖民协会主席、《华盛顿邮报》（*Washington Post*）资深记者，他刚刚结束在欧洲和利比里亚三个月的旅行。就在那一周，利比里亚议会通过了停止向美国金融集团偿付贷款的《中止法案》。这一举动威胁了费尔斯通在利比里亚的事业——白人资本在黑人共和国中的未来岌岌可危。众人期待韦斯特的考察报告能适时且翔实地揭示出这场利比里亚危机对国际事务的影响。

安坐在富丽堂皇的布杂风格 ① 酒店当中，韦斯特报告了他在伦

---

① 布杂风格指 19 世纪末 20 世纪初由巴黎美术学院所推广的新古典建筑风格。

敦、日内瓦与蒙罗维亚的谈话内容。他讲述了自己为听众从海外捎回志同道合之人口信的经过。在巴克利总统在蒙罗维亚为他举行的一场欢迎会上，韦斯特将利比里亚比作一艘大船，它需要专家的指引以穿越港口的危险水域。韦斯特明确表示，利比里亚需要能"驾驶它的'国家之船'，走出当前危机"的舵手，而他应当是一位美国的首席顾问。应当由白人带领利比里亚驶入光明未来的想法，正是出自这些在纽约集会的人。韦斯特还告诉参会者，他在日内瓦见到了利比里亚国务卿路易斯·格兰姆斯（Louis Grimes），但这对他的外交任务收效有限。那次见面令韦斯特证实了同巴克利谈话给他的印象——"这届利比里亚政府对费尔斯通公司并无好感……而且总体上敌视美国"。[1]

韦斯特发言过后，小哈维就公司在利比里亚的行为与目的给出了坚定的辩护。费尔斯通之所以前来参会，是为了获取支持者的帮助。他坚决否认了家族企业想要在利比里亚建立"美国独裁政权"的传闻。他们在利比里亚确乎只有经济利益，和橡胶生产密切相关。但他同样坚称，他们也"有意实现该国的稳定，并且希望它取得成功"。他坚决认为，公司并未像石油企业或矿业企业那样进行掠夺式开发。他辩白道，公司不仅"没有从那个国家拿走东西，实际上是在为其注入东西"。公司进口了补给和设备，修筑了道路，还雇用了多达 2 万名劳工。种植橡胶树的 5.5 万英亩土地正被精心培育，为日后的乳胶生产做准备，它们很快就会成为"一项资产……堪比黄金海岸的可可产业"。虽然董事会建议费尔斯通撤出该国，但老哈维依然坚持维护"利比里亚的原住民"。而小哈维则宣称，当地人民和他自家的公司一样，都受到了巴克利政府的迫害。这番慷慨激昂的讲话赢得了旁听者的赞许和支持。他们都是慈善界和宗教界的大人物，在宗教组织和美国联邦政府任职。[2]

　　在利比里亚宣告自己成为独立黑人主权共和国的 85 年后，美国殖民协会主席竟然还敢在为自己举行的欢迎会上，以大家长的姿态对巴克利总统等利比里亚官员训话，就跟他的殖民协会之中曾经资助首批黑人移民前往利比里亚殖民地的那些白人前辈一样。[3]韦斯特的言论完全无视利比里亚的政治敏感性，也没有顾及评论对象的民族感情和种族自豪感。韦斯特讲起话来仿佛是又一个准备好拯救利比里亚的白人。孪生的两大压迫势力——白人至上和种族剥削，维持着全球的资本流动，而这个国家的存在本身就证明且挑战了这样的世界。费尔斯通自踏足利比里亚之际起，就将其橡胶生意包装在一套通过美国资本、科学和医学实现拯救的宗教话语之中。在这套装束之下，它找到了夺取土地和取得廉价劳动力的借口。虽然这个国家并不自视为美国的"被监护人"或"道德保护领"，但费尔斯通极力如此描绘。受到威胁的不仅是利比里亚的发展，还包括利比里亚的独立。谁将决定这个国家的发展道路？参与竞赛的各方包括白人资本的代表、非裔美国人的意见和专业知识，以及利比里亚人自己。

||||||||||||||||||||||||||

　　在乔治王子酒店举行的会面是托马斯·杰西·琼斯（Thomas Jesse Jones）安排的，他是菲尔普斯·斯托克斯基金会教育主任、刚刚复兴的纽约殖民协会主席和慈善性的利比里亚教育顾问委员会主席。菲尔普斯·斯托克斯基金会于 1909 年由卡罗琳·菲尔普

斯·斯托克斯（Caroline Phelps Stokes）的遗产成立，旨在改善纽约市穷人的居住条件并援助"在非与在美黑人的教育事业"。它同纽约殖民协会和利比里亚的关系十分密切。斯托克斯的祖父安森·格林·菲尔普斯（Anson Greene Phelps）是一位通过采矿和海运事业发家的纽约商人，正是他建立了纽约殖民协会，并且在1858年向利比里亚学院捐赠了5万美元，这所学校在1851年刚刚得到建立。[4]

通过发展菲尔普斯·斯托克斯基金会的教育事业和经营在利比里亚的势力，琼斯利用社会科学的工具，在有关美国南方和非洲黑人教育问题的研究中引入了所谓客观的科学严谨性。实际上，他是通过在哥伦比亚大学取得社会学博士学位时所学的田野研究和问卷调查的方法，印证了有关黑人教育问题的既有观点。这些观点得到了普遍吹捧，支持者既有美国的工业慈善家、南方的白人专家和保守的黑人领袖，也有身处非洲殖民地的欧洲白人专家。琼斯关于黑人教育的研究得到了慈善组织的资助，其中就包括菲尔普斯·斯托克斯基金会和洛克菲勒资助的普通教育委员会等。这些组织通常是北方实业家出资成立的，旨在传播基督教的道德规范和商业活动。杜波伊斯对这些北方的慈善机构保持高度怀疑。他在一篇尖锐批评琼斯的《黑人教育》（*Negro Education*）的文章中写道，它们"很久以前就向南方的白人屈服了"。琼斯的这部作品得到了菲尔普斯·斯托克斯基金会和普通教育委员会的资助。杜波伊斯指出，像琼斯这样的人以及他所代表的组织"发现为黑人工作比和黑人一起工作容易得多"，这导致"黑人缺少代表与听众"。[5]

琼斯关于黑人教育问题的研究推广了一套关注农业与机械

贸易的实业教育体系，这同费尔斯通在利比里亚开发劳动力的目标相契合。[6] 琼斯作品的一位批评者是卡特·伍德森（Carter Woodson），他是一流的学者、社会活动家、教育家和公共知识分子。伍德森炮轰琼斯的"资本主义教育"策略，将其视为选择性地利用社会科学研究，以求设计一套限制黑人教育机会的方案，迫使他们只能成为白人统治服务的劳动力。伍德森于 1915 年参与创办了黑人生活和历史研究会，并率先采用严谨科学的历史方法研究美国黑人的生活。他于 1933 年出版的著作《黑人错失的教育》（*The Mis-Education of the Negro*）批判了传教士的教育哲学，指出其教学活动宣扬白人压迫者的历史、思想和生活经历，而没有关注被压迫者的历史和文化。"在美国……以及在非洲黑人的教育问题，"伍德森写道，"必须由剥削的种族谨慎算计好，再亲自执行。"既然传教士以及"一些有远见的生意人"不再想着灭绝美洲"原住民"，伍德森评述道，他们便着手建立和资助学校，发展实业教育，以求"适当地"训练出一批劳动力，为"从别人额头的汗水中获取面包"的"懒惰的欧洲人"工作。[7] 伍德森视琼斯为"黑人生活中的祸患"，称他"不过是在资本家和政府官员之中……突然成名"。[8]

虽然琼斯关于非洲人实业教育的想法同费尔斯通的目标相契合，但将实业和农业教育同费尔斯通的劳动力需求真正联系起来的其实是美国驻利比里亚教育顾问西布利。西布利支持仁慈的大家长制度，认为这是教育和经济进步的关键。在他看来，农业训练和知识的最佳来源不是世代耕作利比里亚土地传下的经验，而是美国专家。在他于 1929 年因黄热病突然逝世前，西布利已经将菲尔普斯·斯托克斯基金会和利比里亚教育顾问委员会纳入费尔斯通公司的势力范围，鼓励二者支持该公司在利比里亚的事业。西布利还意识到，费尔斯通公司可以在利比里亚推进他的教育愿景。他取得了多方的支持，包括菲尔普斯·斯托克斯基金会与美国和纽约的两个殖民协会，以及美国的新教圣公会、美以美会、联合信义教会①的海外布道团，并于1926年造访利比里亚，用7个月时间调查公办学校和教会学校的小学、中学和高等教育状况。这位美国南方白人在利比里亚跋山涉水，许多路线都与随后的斯特朗及他的哈佛大学团队相同。像斯特朗一样，西布利沿着美国扩张的路线，从菲律宾来到利比里亚。他原先是公办学校教师，在亚拉巴马的黑人农村学校授课，后来想要向热带地区输出布克·华盛顿的实业教育模式。在菲律宾，他向那里的农村居民传授"现代的"农业技术，坚信美国资本和美利坚帝国共同伸出的指引之手必将改善人民的生活。

返回美国后，西布利开始劝说卡罗琳的姐妹奥利维娅·埃格尔斯顿·菲尔普斯·斯托克斯（Olivia Egleston Phelps Stokes）在利比里亚创办一所农业和实业培训学校。它应该效仿塔斯克基学院的模式——两姐妹都热情地支持那所学校。9奥利维娅于1927年离世，留下了足够在非洲建立一所塔斯克基学院的遗产。当务之急是选择合适的校址。西布利希望金总统能够划出一块地，以扩建位于怀特普莱恩斯的规模较小的圣保罗河产业学院。特普莱恩斯是一个农业社区，距离蒙罗维亚14英里，在19世纪利比里亚咖啡经济的顶峰时期曾繁荣一时。圣保罗河产业学院得到了菲尔普斯·斯托克斯基金会的支持，并且由美以美会的海外布道团运营。但金另有安排。他划出一块1000英亩的土地，要在卡卡塔建立布克·华盛顿农业

---

① 联合信义教会属路德宗，1918年成立于美国。

和产业学院。[10] 卡卡塔距首都 50 英里，有在费尔斯通公司工程师的帮助下修建的土路与首都相连。卡卡塔是重要的贸易中心，还是酋长青睐的集会地点，他们常常在那里表达对利比里亚政府的不满。那里还靠近费尔斯通公司主要的杜河种植园，并且邻近该公司留作扩张的土地。当时西布利亲自开车接送非裔美籍建筑师、塔斯克基学院副校长罗伯特·泰勒（Robert Taylor）及其妻子前往卡卡塔的新校址，他发现沿途正在修建"新农家"。那是精英阶层在抢占新近通车的土地，并在他们的农村土地上种植可获得大量利润的橡胶树苗。[11]

在华盛顿学院 1929 年 3 月的创办人纪念日上，弗朗西斯发表了讲话，当时距他离世仅有几个月。他说这所新的职业学院预示着一种多元的农业图景。面对大约 300 名的酋长、政府要人和蒙罗维亚移民社区的成员，这位美国公使描绘了这一地区的未来："卡卡塔众多工厂的烟囱冒出辛勤工作的烟雾，这里大概是一座凤梨罐头工厂，那里有一家橙汁或葡萄汁的灌装厂，远处或许是一座拥有现代化设备的厂房，为利比里亚咖啡进入全球市场做准备。"弗朗西斯看到了一种多元的农业经济，以传统的经济作物为基础，通过扩大规模来供应出口。然而在远处，橡胶树苗的绿叶正在焦黑的土地上生长，一幅不同的农业图景正在落地生根。一种单一的木本作物（此前它对利比里亚人的生活方式并不重要）正将人们赶出他们的土地，这些人世世代代用这些土地种植维持生计的各种粮食作物。[12]

西布利欢迎费尔斯通进入利比里亚，认为这将带来"大量外来资本"以及"所有随之而来的好处"。[13] 塔斯克基学院的泰勒亦是如此。他离开利比里亚时也为费尔斯通种植园公司"发展的规模感到惊讶"，而"本地员工积极的态度"同样给他留下了深刻印象。泰勒向费尔斯通表达了他想联合塔斯克基学院、菲尔普斯·斯托克斯基金会和这家橡胶公司的愿望。他希望三方共同创办一所"对这个国家未来的福祉有益"的实业学校。[14] 小哈维加入了华盛顿学院的受托人委员会，费尔斯通公司也开始为华盛顿学院的创办和运营捐献专业知识、设备和资金。1931 年，该学院有一个由 71 名男孩组成的班级。

　　泰勒为学校制定的农业教育课程关注森林学，即橡胶、咖啡、油棕、可可等树木的种植，后三者对利比里亚的移民和原住民经济十分重要。而种植树木也是一项惯例，利比里亚的农学专家世代都以此来确保传统的土地权利。泰勒试图将农业技术教育与宗教教育结合在一起，并为女孩开设了家务课程，教授缝纫、厨艺和清洁等生活技能。费尔斯通公司无疑希望华盛顿学院能够训练、稳定供应顺从的种植园工人。他们应当被教育要努力地高效工作、虔诚地信仰宗教，并且过着符合美国理念的家庭生活。在美国全国广播公司《费尔斯通之声》的为期一年的节目"橡胶产业的风流韵事"中，小哈维通过迎合白人优越性的思想来为公司在利比里亚的存在辩护。他向数以百万计的美国听众保证，在"经营一座现代种植园的过程中"，白人主管"因其能力与效率而被我们选中……而他手下的那些轻信、天真的人，很快就会对他报以尊重和敬爱"。[15] 费尔斯通公司在工作场所实行种族隔离制度，这种做法结合了种族歧视政策与白人优越性思想，并反映了源于种植园奴隶制，并在实施《吉姆·克劳法》的美国南方佃农体系中延续下来的工业农业结构。毫不奇怪，起初没有多少学生对华盛顿学院的农业课程感兴趣，因为他们知道，木匠、石匠和机械师的收入远高于橡胶工人。该校的首任校长反思道，我们"最大的悲剧"是"做了我们来利比里亚时最不想做的事——把孩子们带出田间，而没有把他们送回地头"。[16]

‖‖‖‖‖‖‖‖‖‖‖‖‖‖‖‖‖‖‖

在乔治王子酒店相聚的 15 个人当中，莱斯特·沃尔顿（Lester Walton）是唯一的非裔美国人。他是一个记者，受琼斯的邀请参会。3 年前，沃尔顿曾在流行杂志《当代历史》（Current History）上发表过一篇文章，赞颂美国企业在利比里亚的美德。沃尔顿在文中驳斥了比尔等人的观点，他们认为费尔斯通公司参与了"剥削利比里亚共和国的邪恶阴谋"。与此相反，沃尔顿的文章描绘了费尔斯通公司在利比里亚运营的美好景象，并称其得到了踏实肯干、积极合作的利比里亚政府的支持。沃尔顿称，费尔斯通公司将丛林改造为"千变万化的工业生活"，这带来了公路、机器与"前所未有的繁荣"。与此同时，利比里亚的教育体系也取得了巨大进步，沃尔顿将它归功于美国布道团和慈善组织（如菲尔普斯·斯托克斯基金会）的"杰出贡献"，它们在内陆地区推广职业教育。[17]

种族身份和政治关系让沃尔顿成了乔治王子酒店一众政客中的异类，但他颇具地位和影响力。而在 1932 年 12 月的那一天见到小哈维之前，他已经表现出了自己对费尔斯通公司和菲尔普斯·斯托克斯基金会的好感。当时费尔斯通父子在白宫的影响力日益减弱，利比里亚政府也频频挑衅，公司在利比里亚的目的还愈发遭到质疑，因此他们急需像沃尔顿这种有影响力，而且支持他们事业的人。

沃尔顿出生在圣路易斯，毕业于萨默中学，那是密西西比河以西的第一所公办黑人高中。写作方面的天赋为他赢得了一份在《圣路易斯明星报》（*St. Louis Star*）的记者工作。1906 年，他奔赴纽约市，在那里成了一位剧评家，并且当上了《纽约世纪报》（*New York Age*）的戏剧编辑，那是美国发行量最大的黑人报纸。[18] 1912 年，沃尔顿迎娶了报社老板和编辑弗雷德·穆尔（Fred Moore）的女儿格拉迪斯·穆尔（Gladys Moore）。格拉迪斯的父亲于 1907 年在布克·华盛顿的帮助下，买下了《纽约世纪报》。他此前还曾参与收购有色合作出版公司及其月刊《有色美国人杂志》（*Colored American Magazine*）。[19]

沃尔顿和他的岳父都同意，在种族隔离的社会中，经商是非裔美国人扩大势力、取得权利的重要手段。资本主义的批评者号召黑人劳工发动工人革命，从白人的压迫之中取得解放。社会主义政党都认同这一观点，但沃尔顿对此缺乏耐心。他写道，资本对非裔美国人"的帮助比工会大，工会禁止我们种族的人加入"。[20] 但沃尔顿并不像他的岳父和大多数哈勒姆居民那样亲近共和党。作为记者，他先后为《纽约世纪报》、《纽约世界报》（*New York World*）和《纽约先驱论坛报》（*New York Herald Tribune*）工作，随着名气越来越大，他的政治抱负亦然。他在 1913 年发起了一项社会运动，向联合出版社及其代表的白人报社施压，要求必须用首字母大写的形式使用"黑人"（Negro）①一词。沃尔顿认为，这是媒体行业标准的必要改动，更能符合他的种族的"个性和尊严"

---

① 虽然这个词今日已因歧视意味而遭到弃用，但在当时，它的意思等同于如今的"非裔"（African）、"黑人"（Black）等词。而在沃顿发起倡议前，这个词一直是以小写形式使用的。

及其"在世界人种分类中的地位"。[21] 他开始在纽约民主党内活跃起来，并且在1924年、1928年与1932年的总统大选中担任民主党全国竞选委员会有色人种部的宣传主任。1932年，罗斯福在总统选举中获胜，沃尔顿希望自己在过去10年间为民主党争取黑人选票的努力能够令他踏足政坛。

在乔治王子酒店会议一个月后，沃尔顿成了费尔斯通在哈贝尔庄园的座上宾。沃尔顿致信他的好友、联合黑人出版社创始人克劳德·巴尼特（Claude Barnett），说自己身处"老费尔斯通的宫殿"，而"在大型壁炉（以及）燃烧的原木旁，1号和2号本人……跟我谈起了时局"。[22] 所谓"时局"是指，费尔斯通父子正计划最后一次请求卸任在即的胡佛政府，用武力维护他们在利比里亚的地位。费尔斯通父子同巴克利针锋相对，他们想要任命一位美国的首席顾问以监管国际联盟提出的改革计划，而沃尔顿认识民主党内影响巨大的领袖人物以及一众支持者，而且与塔斯克基学院和联合黑人出版社关系密切。这都令他成为此战的关键盟友。2月14日，沃尔顿搭乘午夜列车离开了纽约，计划于次日在首都与两位费尔斯通会面。在面见国务院及白宫官员的间隙，父子二人同沃尔顿说上了话。沃尔顿赞成二人关于巴克利"亲英"的看法，也认同"英国和法国都对利比里亚居心不良，而它们只要得到一点借口，就会披着友谊的伪装将它整个吞下"。沃尔顿认为一艘美国炮艇将会对"失控"的利比里亚总统产生"预期的心理效果"。[23]

在费尔斯通父子安静的酒店客房里，沃尔顿提出了他与巴尼特暗中商讨的一套方案，这两位亲商的记者都与塔斯克基学院及其赞助人保持着良好的关系。二人将利用他们在黑人媒体中的影响力，发布故事从正面描绘公司及其在利比里亚的工作。巴尼特在给沃尔顿的信中写道："我们的事业可能高尚且正义，也有可能并非如此……但如果它确是如此，那就让我们为之努力并且赚上一笔。"[24]巴尼特希望他和沃尔顿能为公司改善公共关系，从而取得物质回报。[25]但沃尔顿更想得到其他形式的报酬。对他而言，美名和地位比金钱的酬劳更加重要。他同巴尼特讨论了获得政治任命的可能性，甚至是担任驻利比里亚公使。沃尔顿透露，他确信自己已经取得父子二人的"信赖"，如果有"合适的提议"，他就可以指望"他们颇具影响力的支持"。[26]

自从国际联盟调查利比里亚的奴隶制并引发政治后果，在美国和分散在世界各地的非裔群体当中，众多黑人作家、记者、知识分子和社会活动家都曾表达各自的观点，而沃尔顿和巴尼特代表了其中一方的观点。[27]争论的焦点在于资本、劳工和帝国主义的角色。沃尔顿和巴尼特明确支持国际调查委员会为费尔斯通公司做出的辩护，将强迫劳动丑闻和财政问题明确归咎于利比里亚的统治精英。他们把费尔斯通公司看作利比里亚经济发展的积极力量，并且捍卫它的雇佣劳动制度，称这项制度是该国原住民的一大福利。此外，他们相信美国有道德义务干预利比里亚的政府事务，因为美国在历史上曾向该国大量移民。

沃尔顿和巴克利找到了众多盟友，包括起草了国际联盟最初的调查报告的约翰逊和杰出且多产的非裔美国记者和作家乔治·斯凯勒（George Schuyler）。斯凯勒是一个反传统的人，还是一位讽刺大师。他在《美国信使》（*American Mercury*）等各类杂志上发表的短文，以及《再非黑人》（*Black No More*）与《今日的奴隶》

（*Slaves Today*）等小说，戏仿了白人至上主义者和黑人精英的形象。[28] 1931 年，斯凯勒在《纽约晚间邮报》（*New York Evening Post*）与他的书商的资助下，前往利比里亚旅行。他回国后为《纽约晚间邮报》和《华盛顿邮报》创作了一系列文章，并且在《匹兹堡信使报》（*Pittsburgh Courier*）开了一个专栏，大肆挖苦巴克利政府和真辉格党。他把二者比作坦慕尼协会 ① 时期的纽约以及密西西比州等实行《吉姆·克劳法》的美国南方被操纵的选举制度，称它们都是"腐败、诈骗、迫害和恐怖主义的体系"。[29] 他的专栏过分吹捧费尔斯通父子在利比里亚的创业实践，也相当赞成美国保护领的想法，这遭到了《巴尔的摩非裔美国人报》（*Baltimore Afro-American*）的威廉·琼斯（William Jones）的攻讦。琼斯指责斯凯勒被费尔斯通收买，并称其为"我们的队伍当中最厚颜无耻的帝国主义奴隶监工维护者"。[30]

斯凯勒不会轻易接受因他亲费尔斯通的立场而招致的嘲笑。他生于锡拉丘兹（Syracuse）的一个工人阶级家庭，17 岁时曾报名参军，后来在纽约干过各类工作，在"满是蒸汽、臭味、脏盘子和 12 小时工作制的恶臭世界"摸爬滚打。[31] 他于 1921 年加入社会党，并成为黑人自由之友的成员，那是一个具有社会主义倾向的黑人组织。斯凯勒曾受《匹兹堡信使报》指派，前往南方各州调查非裔美国人的生活状况。根据他在自传《黑人和保守派》（*Black and Conservative*）中的回忆，这次为期 10 个月的考察之旅令他坚决改

---

① 坦慕尼协会成立于 1789 年，自 19 世纪 50 年代发展成重要的政治组织，民主党通过该组织在随后的 100 年间把持着纽约市与纽约州的政治事务。

换了政治立场。他开始相信黑人群体"在集体主义体制下会过得更加不幸"。在他看来，实现美国社会种族平等的有效手段是通过黑人企业、消费者合作社和教育机构来自救，并且同有意支持的白人合作，而不是让无产阶级推翻资产阶级。[32] 正因如此，虽然《巴尔的摩非裔美国人报》的记者谴责斯凯勒，称他是为了给费尔斯通公司辩护才严厉批评统治利比里亚的移民精英，但斯凯勒毫不留情地用马克思的思想教育了这位记者。斯凯勒解释说，利比里亚的原住民群体才是工人阶级，他不敢相信琼斯居然没有在"革命的红旗"下维护他们的利益。他批评道："看起来，那些想要压榨无产阶级的美国白人资本家都是应该被消灭的吃人恶魔，而利比里亚的黑人资本家（他们的剥削手段更粗鲁、更残酷，而且效率更低）却有着天使一般的慈善灵魂。"斯凯勒挖苦道："我担心自己必须把我的三卷本《资本论》包起来，寄出去（给琼斯），供他阅读和学习。"[33]

这个支持费尔斯通、反对巴克利的小团体接受了美国资本自诩的救世神力，但并未关注利比里亚在世界舞台上的处境。这个弱小的共和国身陷与几个殖民帝国和商业帝国的战斗之中。但斯凯勒和沃尔顿等人则将注意力集中在该国的国内政治上。他们认为那里存在着一套剥削体系，通过牺牲国内原住民的利益来满足移民精英的需要。他们指出，在费尔斯通种植园引入雇佣劳动制，将从经济上令利比里亚的工人阶级获益，进而为原住民群体赋权，使他们在国家治理中取得平等的地位和权利。简而言之，他们捍卫美国资本，认为它可以在他们认为利比里亚最需要帮助的时刻提供援助。[34]

但利比里亚需要拯救吗？巴克利从未提出这样的请求，而且肯定不会以这样一种将损害他祖国主权的形式提出。从卡卡塔到邦加的利比里亚内陆地区的大酋长和宗族酋长也从未提出过这样的请求，费尔斯通公司希望在这些地区获取土地和劳动力。在邦加的一场大型集会上，克佩尔和曼丁戈族的长者共同签署了一道命令，并且打算将其和48粒白色可乐果（象征尊重）一同送往国际联盟。他们宣称："我们不想要白人骑在我们头上统治我们，而是想要我们自己的血脉、我们的骨肉和同胞。按照我们父辈的传统，我们自己用大会（palava）的形式集体解决问题，因为我们了解自己的族人和美国来的利比里亚人，而他们也了解我们。"[35] 人民有待拯救的观点向来是传教士闯入外国土地的动力。费尔斯通公司侵入利比里亚的行为并无不同。

||||||||||||||||||||||||

"拯救利比里亚"的呼吁可以被看作为美国干预寻找借口的策略。巴尼特担心有人会"以白人资本正试图主导局势为由"，"坚决反对"指派一位美国首席顾问的提议。[36] 巴尼特担心，强烈的抗议会使他们说服罗斯福政府支持费尔斯通公司的努力徒劳无功，而这样的抗议已经持续一段时间了。

杜波伊斯的文章又添了一把火。在美国总统大选一个月前，他于1932年秋天在《危机》杂志上发表了一篇重印的文章，在其中列出了黑人选民最好不要帮助胡佛连任的几大理由。这位共和党总统的"纯白"政策、任用持"反黑人态度"的官员，并且"没能发觉和意识到被遗忘的黑人的困境"，都是足以反对他连任的理由。不过，杜波伊斯还引用了当时政府对海地和利比里亚的政策，进而表示胡佛是费尔斯通的傀儡，而后者"要的是一个会破坏利比里亚独立的独裁者"。[37]

杜波伊斯之所以在他的专栏中提及利比里亚，很可能源于一封电报。这封电报的收信人是美国全国有色人种协进会的执行秘书沃尔特·怀特（Walter White），他在几周前与杜波伊斯分享了电报内容。信件由日内瓦发来，作者是多萝西·德策尔（Dorothy Detzer），她是一位反战活动家，还是国际妇女争取和平与自由联盟（以下简称"妇女联盟"）① 的美国干事。国际联盟的方案令她感到不安，她认为这套方案侵犯了利比里亚的主权，并且忽视了该国政府的要求——首席顾问既不能是美国公民，也不应来自殖民非洲的势力。她前往国际联盟总部上诉，但塞西尔子爵非常冷漠，指责她的言论"极端且激进"。德策尔随即向妇女联盟驻华盛顿的办公室发报。[38] 她写道："需要黑人发起反对美国方案的抗议。"[39] 很快，妇女联盟、美国全国有色人种协进会和美国外交政策协会（这是一个成立于1918年，致力于引导公众了解国际事务的非营利组织）联合起来煽动情绪，发起一场反对帝国主义和费尔斯通公司的舆论战。

杜波伊斯的反对费尔斯通的舆论战颠覆了他在约10年前造访利比里亚时形成的观点。当时他审慎地希望，美国资本能够同"非洲和美国受过教育的黑人"合作，这也许能建起一座前所未有的"相互依存、繁荣兴盛"的工业种植园。[40] 杜波伊斯坦言："当时我还没有对资本主义体制死心。"[41] 但在运营了7年之后，杜波伊斯看清了费尔斯通公司的目的。这家公司在利比里亚规划了一套种族

---

① 国际妇女争取和平与自由联盟成立于1915年，总部设立在日内瓦。

隔离（白人管理者和黑人劳工）的工业种植园方案，这和欧洲殖民者在非洲建立的其他掠夺型产业并无不同，用杜波伊斯的话说，它们依靠的都是"盗取它的土地和自然资源"。[42] 杜波伊斯曾于1925年明确警告老哈维，不要走这条路。这位阿克伦的企业家从未做出答复。如今，随着这家公司企图加强对利比里亚的控制，杜波伊斯转而成为费尔斯通最尖锐的批评者。

1933年的夏天，国际联盟利比里亚委员会的成员相聚伦敦，准备就方案做出最终决议。德策尔因而加强了妇女联盟的游说活动，请求杜波伊斯和美国全国有色人种协进会的怀特一同予以协助。当年早些时候，胡佛已经拒绝了费尔斯通向利比里亚派出炮艇的请求，但他还是在征得新政府同意后，派陆军少将布兰顿·温希普（Blanton Winship）前往蒙罗维亚，寻找一个既能保障"美国人的权利"，又能促进"协助利比里亚的努力"的解决方案。[43] 德策尔并不信任温希普。她警告怀特，温希普"对利比里亚抱有老南方人那种亲切的、大家长式的态度"。[44] 在利比里亚，温希普赶在国际联盟委员会1933年5月和6月的日内瓦和伦敦会议之前，牵头帮助巴克利、费尔斯通公司和美国金融集团达成了一项协议。经小哈维同意，美国金融协会愿意修订1926年的贷款协议，贷款利率将从7%降至5%，美国财政官员的薪资也会减少。然而，这些条件只有在利比里亚政府废除暂停支付贷款的《中止法案》，并且接受国际联盟的最终方案后才会生效。[45]

温希普在利比里亚时并未向巴克利提出聘用美国首席顾问的要求，但这个问题出现在国际联盟伦敦会议的讨论中。小哈维和韦斯特都参加了塞西尔子爵和利比里亚委员会的讨论，二人分别代表费尔斯通公司和美国教会。温希普很失望，因为韦斯特在伦敦散发了美国殖民协会印制的标题为《利比里亚危机》的小册子。这份材料是公然的政治宣传，旨在激发人们怀疑英国对利比里亚有所图谋，从而争取制定一套支持费尔斯通公司并任命一名美国首席顾问的方案。小哈维曾就小册子的内容给出建议，费尔斯通公司还承担了部分费用。美国宗教和慈善性质的组织收到了上千份这样的材料，另有 500 份（每份被分别装在一个信封里）被邮寄给了接替华盛顿担任塔斯克基学院校长的罗伯特·拉萨·莫顿（Robert Russa Moton）博士。韦斯特希望这位富有影响力的非裔美国教育家可以将这份小册子分发给黑人教育界和政治界领袖。在写给黑人读者的版本中，小哈维和韦斯特听从沃尔顿的建议，将"黑人"一词的首字母大写。而在写给白人教会和慈善机构的版本中，这个单词全部是小写字母。[46]

　　这份小册子将利比里亚看作美国的"被监护人"，从大家长的视角讲述了利比里亚的历史，这完全采用了费尔斯通公司宣传部门的说法。这份小册子称，美国的布道和慈善组织"每年捐献 25 万美元"用于在利比里亚传播宗教和发展教育。难道美国政府不应该"像守护者一样维护他们的劳动成果吗"？最崇高的赞美给了费尔斯通公司，该公司投资 800 万美元，将"贫瘠的荒野"改造成了"能够带来收益的种植园"。费尔斯通公司不是"来摧毁利比里亚的征服者"，而是"利比里亚经济发展新时代的先驱"。谴责美国帝国主义的想法遭到了驳斥——与英国和法国不同，美国对利比里亚没有领土野心，无意控制利比里亚宝贵的自然资源。这些美国资本家坚称："我们不是掠夺土地的人。"[47]与此同时，在伦敦，小哈维告知一位国际联盟官员，公司"将不会提供资金支持任何方案，除非首席顾问是美国人"。[48]

利比里亚国务卿格兰姆斯代表他的祖国出席伦敦会议。他当即拒绝了任命美国首席顾问的要求。利比里亚政府从未在这个问题上让步，未来也将继续坚持这一立场。德策尔要求怀特和杜波伊斯采取行动。在代表美国全国有色人种协进会发给罗斯福总统和塞西尔子爵的一封电报中，怀特强烈捍卫利比里亚政府的立场，请求任命一位出身荷兰或北欧国家的中立顾问。怀特说，国际联盟的讨论给人留下了美国政府在"维护费尔斯通公司在利比里亚的利益"的印象。他问道："新政不包括利比里亚吗？"怀特还告诉罗斯福，他已经请求各大非裔美国人组织和报纸支持利比里亚及其作为主权国家的权利，这些组织和媒体覆盖的选区有数百万张黑人选票。[49]

7月，杜波伊斯发起舆论攻势，这是妇女联盟和美国全国有色人种协进会在反抗费尔斯通公司与帝国主义侵略的斗争中一直盼望的沉重一击。杜波伊斯这篇尖锐的批评文章由美国外交关系协会的官方刊物《外交》（*Foreign Affairs*）杂志约稿和发表。杜波伊斯在文中运用历史和经济分析，坚定地捍卫了利比里亚及其主权。杜波伊斯是一位专业的经济史学家。19世纪90年代，他在哈佛大学和柏林的弗里德里希·威廉大学①攻读博士时，曾专攻史学、经济学和政治经济学。他擅长运用社会科学工具揭露资本主义的黑暗面，展示资本主义如何依赖并延续了种族不平等与种族压迫。杜波伊斯写道，利比里亚的"主要罪行"是"在一个富有的白人世界中，既

---

① 即今日位于柏林的洪堡大学。

是黑皮肤的，也是贫穷的；在全世界的所有地区当中，它偏偏位于一个无情剥削有色人种以保障欧美财富积累的地方"。[50] 利比里亚拥有丰富的自然资源，但是它需要资本来实现发展，而资本主要集中在白人和帝国主义国家手中。在过去 50 年间，它陷入了外国贷款和债务升级的恶性循环。杜波依斯的文章明确指出，费尔斯通公司的贷款是最近的，也是最令人发指的一笔贷款。

费尔斯通协议要求，利比里亚要取得一笔 500 万美元的贷款来偿还外债，以保护该公司在该国的投资。利比里亚已经收到了半数的款项，却通过立法停止还款。然而，国际联盟的调查揭示了贷款出资过程中的欺诈行为。格兰姆斯提醒怀特，金政府曾明确表示，他们"不想接受任何在利比里亚做生意的公司的贷款"。[51] 杜波伊斯公开了利比里亚政府在国际联盟调查中得知的信息——美国金融集团和费尔斯通公司其实是一家。这份协议对费尔斯通公司非常有利，该公司不仅因利比里亚的土地和劳动力获益，还从贷款中获益。杜波伊斯在计算了利息、摊销费用和美国财政官员的工资后发现，利比里亚已经收到的 250 万美元的利率并不是 7%，而是惊人的 17%。在杜波伊斯看来，利比里亚有理由放弃偿付贷款和拒绝费尔斯通公司提出的聘请美国首席顾问的要求。杜波伊斯认为，同那些想要诽谤利比里亚的"尖锐批评"恰恰相反，该国"珍贵和自豪的"独立地位和"防止外界干预"的斗争，足以成为"人类历史上最鼓舞人心的努力之一"。[52]

杜波伊斯在《外交》杂志上对费尔斯通公司发起的攻势仅仅是一个开始。7 月底，霍华德大学校长莫迪凯·约翰逊（Mordecai Johnson）安排了一次在华盛顿特区与代理国务卿威廉·菲利普斯

（William Phillips）的会议。参会者包括美国民权活动家、反帝人士、泛非主义者和黑人教育家，他们有约翰逊、杜波伊斯、德策尔，以及霍华德大学、黑人生活和历史研究会、国际有色人种女性委员会的代表。他们想要改变国务院在利比里亚问题上的立场，并撤销温希普的任命——这个南方白人正代表美国参与国际联盟当前的协商进程。

杜波伊斯作为发言人率先发难。他告诉菲利普斯，上一年，2.3万名非裔美国人进入大学。虽然他们在学业上取得了这样的成就，但他们发现，"机会并未增加，根深蒂固的种族偏见未曾出现明显的改善"。当这些有才能的黑人青年"看到整个白人世界……都想当着他们的面关上机会之门，并且想要尽可能减少有色人种国家的数量，使其成为白人国家的附庸"时，他们感到"震惊和心酸"。杜波依斯说，"美国的黑人群体没有看到所谓的'新政'"，而是看到了故技重施——"向小国贷款，鼓励他们在自己的能力范围之外消费和支出，再寻找或编造道德借口加以干预，随后以某个白人国家的名义接管该国并宣布这是为了维护商业组织的利益，而那些商业组织的首要的和唯一的目标就是盈利"。杜波伊斯这样告诉菲利普斯，海地正是这样成了美国的经济附庸，而"同样的进程"正在利比里亚"酝酿"。[53]

杜波伊斯和他的同事警告道，如果罗斯福政府真心想避免"参与对弱势人群的剥削"，它就必须重新考虑在利比里亚问题上的立场。罗斯福政府应该承认巴克利政府，放弃威胁和最后通牒，并且应利比里亚政府要求，任命一位来自中立国的首席顾问。教育援助应当与利比里亚政府合作开展，而不应由美国传教组织负责，这些组织一直充当着"资本主义和帝国主义图谋的帮凶"。[54] 会议结束后，协进会立即发表声明，宣布费尔斯通贷款"具有欺诈的性质，并且以奴隶劳动为基础"。杜波伊斯和德策尔都相信，美国公众站在自己一边。他们向正在日内瓦的格兰姆斯发报："不要屈服。"[55]

菲利普斯动摇了。《新共和国》与《国家》（*The Nation*）都发表文章支持杜波依斯等的诉求。菲利普斯给罗斯福总统写了一封很长的辩解信。他说"包括杜波伊斯博士在内的激进黑人……以及妇女联盟和外交政策协会等部分团体"的一些人，指控国务院"为了费尔斯通公司的利益而出卖了利比里亚的利益"。但另一些人则支持国务院的政策，其中包括菲尔普斯·斯托克斯基金会、外国传教委员会、殖民协会以及"更保守的黑人群体"，如"塔斯克基学院校长莫尔顿博士（原文如此）"、斯凯勒、约翰逊和沃尔顿。菲利普斯询问他们应该如何行动。这个决定非同小可。菲利普斯解释道，费尔斯通公司在利比里亚的种植园是美国在远东之外唯一主要的橡胶来源，因此它"对我们的国防非常重要"。[56] 罗斯福回复道："继续当前政策。"此外，总统还告诉菲利普斯，提醒费尔斯通，他是"自己承担商业风险，进入利比里亚的"。罗斯福补充道："国务院的职责不是替他解决财务问题，我们不过是作为利比里亚人民的朋友而采取行动。"[57]

||||||||||||||||||||||||

妇女联盟和美国全国有色人种协进会发起的攻势令国务院决策层和与费尔斯通志同道合的人十分紧张。巴尼特很恼火，他和其他支持费尔斯通的人并未受邀参加所谓的"华盛顿会议"。巴尼特认

为，如果当时他们在场，"那些反对美国利益的人"很可能会"拒绝参会"或者采取不同的方式。[58] 美国全国有色人种协进会的媒体声明完全破坏了他和沃尔顿想要在黑人媒体中塑造费尔斯通正面形象的努力。

"华盛顿会议"结束的第二天，沃尔顿动身前往利比里亚。官方名义上，沃尔顿是"以报社记者和观察员的身份"访问利比里亚。但是在离开前，他给巴尼特寄了一封写着"阅后即焚"字样的信件。他在信中告诉自己的朋友，他已经安排了"一些人"在他离开之际代为联系。沃尔顿神秘的联络方式有力地说明，他前往利比里亚的目的是暗中保护费尔斯通公司的利益。沃尔顿还向巴尼特透露，罗斯福的一个密友保证，自己会"在时机来临之际"成为美国驻利比里亚公使这一外交职位的"候选人"。[59]

在利比里亚，沃尔顿对巴克利的负面看法消失了。这位利比里亚政治家亲切友善、热情好客，"在很多事务上直言不讳"，这都令美国人"印象极深"且"对利比里亚未来的幸福充满信心"。沃尔顿认为巴克利"意识到自己面临的困难"，并且"渴望解决它们"。巴克利也信任沃尔顿，请他担任利比里亚在美国的媒体通讯员，以"传递准确信息"，反击西方媒体对他的政府的恶毒攻击。沃尔顿自愿免费效劳。[60] 此外，巴克利还告诉沃尔顿，他将拒绝国际联盟的协助方案，而将尝试寻求美国政府的帮助以重建利比里亚。

利比里亚总统是一位精明的政治家。他当然知道沃尔顿会向密友讲述其在利比里亚了解的情况。巴克利很可能认为将这些消息泄露给费尔斯通是有益的，这可能促使后者重新考虑聘用美国首席顾问的要求。9月初，沃尔顿寄信给菲尔普斯·斯托克斯基金会的列奥·罗伊（Leo Roy），告知了巴克利的打算。罗伊又将信息告知巴尼特，条件是不能向杜波伊斯和"反对团体"透露"利比里亚的新动向"。[61] 虽然美国国务院似乎对巴克利的策略一无所知，但费尔斯通已经知晓了。9月末，老哈维告知罗斯福的国务卿科德尔·赫尔（Cordell Hull），他会接受一个美国以外的首席顾问。[62] 如果巴克利拒绝协助方案，这个惊人的立场逆转几乎不会给费尔斯通造成损失。但是，顺从国务院和国际联盟在顾问一事上的意见，可以使费尔斯通赢得好感。

在从日内瓦会场回国的路上，沃尔顿和利比里亚国务卿格兰姆斯同行。二人讨论了利比里亚政府更支持黑人还是白人担任美国公使。沃尔顿向巴尼特透露，格兰姆斯最后说："如果能有一个跟我同类的人得到提名，他将受到热烈欢迎。"[63] 格兰姆斯在日内瓦还跟德策尔交上了朋友。他写给德策尔和杜波伊斯的信非常亲切，充满恭维，就跟巴克利写给沃尔顿的信一样。为了感谢德策尔对利比里亚的帮助，利比里亚政府向德策尔颁发了非洲救赎人道勋章。[64]

1934年1月，在国际联盟就协助方案达成最终决议3个月后，利比里亚议会授权巴克利接受了方案，但前提是国际联盟需要满足12个条件，此时距国际联盟因利比里亚的强迫劳动和奴隶制问题而发起调查已经过了近4年时间。[65] 国际联盟回复称，利比里亚必须无条件接受协助方案。巴克利通过电报告知沃尔顿，这些旨在维护利比里亚的政治与经济独立的条件实际上终结了谈判。利比里亚总统信守诺言，没有接受方案。对于费尔斯通父子来说，利比里亚议会提出的每项条件都直接违背了让他们继续留在利比里亚的协议。他们恳求沃尔顿采取行动，煽动非裔美国人的情绪，支持国际联盟的方案。沃尔顿困惑地给巴尼特写信。他不明白，"种族情绪显然站在利比里亚一边"，而费尔斯通父子怎么能对实际情况如此迟钝？[66]

5月18日，经过3年多的协商，国际联盟正式撤回了其协助方案。一位利比里亚公民说，巴克利"读过足够多的'书'，能够智胜任何想要夺走他祖国的白人"。[67]到目前为止，巴克利已经挫败了费尔斯通将利比里亚改造为美国保护领的计划，维护了国家主权。如今他还需要美国政府的承认和援助来完成他的战略发展规划。

1934年春天的利比里亚在政治上处于孤立状态。欧洲国家发起了诋毁利比里亚的舆论战，试图以此"胁迫利比里亚接受"国际联盟的方案，并扬言"若其无意履行则强制执行"，即授权国际联盟成员接管利比里亚。[68]沃尔顿对此十分愤慨。6月初他予以回击，在《纽约世纪报》发表了一篇评论文章《美国，救救利比里亚！》（*America, Save Liberia!*）。文章为利比里亚拒绝国际联盟方案的行为做出了辩护。作者声称，该方案夹杂着欧洲列强"隐秘的渴望"，它们积极谋求"在时机恰当之际"强行接管"这个小小的西非共和国"。处在"困苦时期"的利比里亚应该向谁寻求帮助？他回答道："应该寻求美国的帮助，美国与利比里亚的诞生息息相关，而且是它的传统伙伴和守护者。美国的援助还在物质上支持了利比里亚教育、经济的发展。"[69]这一言论的背后是美国在利比里亚的商业、慈善和宗教利益，它们都是沃尔顿的盟友。沃尔顿还向杜波伊斯发起求助。二人对费尔斯通公司的看法存在着重大分歧，但他们都相信利比里亚的主权和独立需要维护，因而成了朋友。杜波伊斯同意帮忙，并建议"向罗斯福总统递交一份强有力的请愿书"以援助利比里亚。[70]

与此同时，老哈维和小哈维没有听从沃尔顿的建议，他们仍然尝试在幕后推动美国采取敌对行动，占领利比里亚，或策划国内政变，推翻巴克利政权。[71]利比里亚拒绝接受国际联盟方案的举动激怒了英国政府。英国政府也向美国国务卿赫尔施压，要求美国政府对此做出回应。英国大使说，"一个腐败无能的蒙罗维亚寡头政权"，威胁"要屠杀和虐待200万名原住民"。英国外交官敦促美国采取行动，因为利比里亚的"财政机器"当时已处在"美国的控制之下"。他还向赫尔保证，大英帝国将予以配合。赫尔对"利比里亚不断恶化的情况"及其对国际联盟方案的拒绝表示遗憾。但赫尔承认，放弃利比里亚并非上策，因为这个国家的命运对美国黑人、慈善组织和宗教组织，以及费尔斯通公司而言过于重要。[72]1934年8月，赫尔派特别助理哈里·麦克布赖德（Harry McBride）前往利比里亚评估局势。在蒙罗维亚调查了6个星期后，这位前美国驻利比里亚财政顾问告诉赫尔，他看到了振奋人心的变化。他报告说，10多年来，蒙罗维亚已经发展成为一座居民过万的现代都市，街道"平直整洁"，"几十辆轿车和卡车有序通行"，还有"电灯和至少一两所不错的学校，一座值得称赞的码头，一幢漂亮的新海关大楼，以及一条主商业街，街旁的商店摆满了货物"。麦克布赖德1919年初次到来时，城内还有一座废弃的橡胶种植园，但此时他看到了"6万多英亩的茂密橡胶林，为国家提供着最为重要的经济来源"。麦克布赖德承认，利比里亚是在只有"有限的武器、匮乏的管理经验以及……严重受限的、可怜的财政"的条件下取得了这

利比里亚首都蒙罗维亚。前美国驻利比里亚财政顾问麦克布赖德于 1934 年造访蒙罗维亚后，向美国国务卿赫尔回报称，他对这里已发展成为一座现代都市感到惊讶（出自 Firestone Plantations Company, *Views in Liberia*, Chicago: Lakeside Press, R. R. Donnelley & Sons, 1937）

样的成就。[73]

不仅如此，巴克利还向麦克布赖德展示了他提出的行政、经济、教育和公共卫生改革的三年规划，他将寻求议会的批准。他的规划保证了利比里亚在管理自身事务方面的自主权，并采纳了国际联盟的许多建议。[74]与外国媒体描绘的糟糕、"原始"和"落后"的国家形象完全相反，麦克布赖德报告中的利比里亚给人留下了良好印象，赫尔也对它产生了好感。

巴克利和小哈维的和解也有助于打破政治上的僵局，这种政治僵局阻碍了两国在大萧条初期的资本、商品、设备和人员流动。经济和政治压力改变了费尔斯通的态度。1934 年 4 月，英国和荷兰再度收紧世界的橡胶供应，费尔斯通因而愈发渴望恢复橡胶采集和种植园的运作。此外，国务院受够了费尔斯通的胁迫。老哈维的得力助手海因斯前去质问美国驻蒙罗维亚的临时代办，夸耀费尔斯通的政治权力，还扬言如果罗斯福政府没能协助费尔斯通"掌管利比里亚"，就要煽动"报纸舆论"反对它。国务院的杰伊·莫法特（Jay Moffat）不堪其扰。[75]1934 年 10 月初，在收到麦克布赖德的报告后，莫法特将费尔斯通父子招到华盛顿。这位曾在 5 位美国总统手下任职的职业外交官明确表示，美国再也不会干预"小国事务，令其政府屈从美国意愿，尤其不会为了商业利益这样做"。[76]

莫法特的话起了作用。小哈维于 1935 年 1 月下旬抵达蒙罗维亚，这位温文尔雅的总经理时年 37 岁。他对生意和国际关系有着浓厚的兴趣与渊博的知识，并且深谙与外国元首私下会面所需的社交礼仪。在几次持续到清晨的会谈当中，巴克利和小哈维就涉及各自利益的诸多事务进行了坦诚的交流。巴克利向比他年轻的费尔斯通表明，自己完全有办法使整个公司无法运作，还不会"违反种植协议的条款"。例如，他可以告诉内陆的酋长不得再向种植园提供劳动力。巴克利补充说，最支持授权费尔斯通公司在利比里亚经营的是他，而不是当时的总统金。[77]

5年来，费尔斯通父子尝试了恫吓、诽谤和政治操纵等手段，想要败坏巴克利的名声，将他赶下台。而如今，小哈维却需要将停工多时的橡胶帝国托付到他的手中。巴克利即将面临一场总统选举，竞争对手是前总统金。不管是因为同巴克利的交流、沃尔顿的影响、赫尔的训诫，还是数百万棵即将成熟的橡胶树的命运，小哈维终归妥协了，与这位强大的费尔斯通宿敌达成了共识。在5月选举的几周前，他和巴克利私下重新商定了贷款和种植协议的条款。未偿清的贷款利率由7%降至5%，如果政府年收入低于45万美元，则可以不支付年息。而超过该数额的收入将用于偿还年息、摊销费和未偿清的债务。此外，利比里亚政府同意为巴克利的三年规划涉及的外国专家和财政官员支付薪酬和报销费用。小哈维则同意预付11万英亩土地60年的40万美元租金，并且多付25万美元以换取免税待遇。作为交换，利比里亚政府将收取橡胶及从种植园运出的其他商品价值的1%作为税款。相对地，费尔斯通公司在该国的经营无需支付其他任何费用，且其外国雇员可以免除所有所得税和个人所得税。1935年的协议还授权费尔斯通公司享有所租土地的独家采矿权。这对费尔斯通公司来说是一笔划算的生意。而它对利比里亚的价值只能等待时间来证明。[78]

巴克利成功阻止了费尔斯通父子的夺权企图，还将美国企业和政府都拉拢到自己一边。他的成就得到了利比里亚议会和人民的欢迎，他轻而易举地赢得连任。6 月初，利比里亚议会正式批准了巴克利修订的贷款和种植协议，并且撤销了《中止法案》。一周后的 6 月 11 日，国务卿赫尔指示驻蒙罗维亚代办转告巴克利政府，美国正式承认巴克利的胜选，并"转达美国政府及人民对利比里亚福祉的美好祝愿"。[79] 经过针锋相对的 5 年，巴克利总统重新收获了美国政府的好意，并与比自己小 16 岁的小哈维建立了坦诚的关系。

6 月 18 日，沃尔顿接到了一通华盛顿特区打来的长途电话。罗斯福总统要任命他为美国驻利比里亚公使。[80] 正式任命的前几周里，国务院塞满了要求由沃尔顿出任公使的各种推荐信，有的出自民主党，有的来自共和党，有的来自商人和宗教领袖，有的来自教育家和记者，还有的来自美国各个种族的社区组织和慈善委员会。与出席 1932 年 12 月乔治王子酒店聚会的所有人（他们多次策划阴谋）一样，小哈维也是他的支持者之一。[81] 沃尔顿的任命得到了从《时代》（Time）杂志到伦敦的《每日先驱报》（Daily Herald）的一系列媒体的报道和称赞。两年后，在蒙罗维亚住宅的阳台上，"身着睡衣"的他在早晨 7 点半用"可靠的打字机"回忆了这个骄傲的时刻。他向巴尼特坦言，他的年薪达到 1 万美元，还包括一座住宅，以及娱乐和差旅费用的报销。他的物质回报超过在联邦、各州或各市级政府中担任公职的其他所有非裔美国人。[82]

沃尔顿来到利比里亚时已经是一位"调解人"。[83] 他既赢得了想将这个小小的西非共和国变成美国保护领的橡胶业白人巨头的支持，也赢得了决心维护国家独立的黑人总统的支持。就在新上任的美国特命全权公使准备和妻子格拉迪丝（Gladys）及两位女儿踏上跨洋航行时，他收到了杜波伊斯的信。信中饱含衷心的祝贺与睿智

1935 年，美国驻利比里亚公使兼特使莱斯特·A. 沃尔顿，在妻子格拉迪丝与女儿玛乔丽和格拉迪斯·奥迪尔的陪伴下前往利比里亚的途中（纽约公共图书馆朔姆堡非洲文化研究中心影像印刷部收藏）

的建议。杜波伊斯写道，这次任命是"一个重大机会"。无论是无心还是有意，他还说这是"一份棘手的工作"。但他警告道："这场表演中的反派是费尔斯通公司，在一个缺乏娱乐和社交的国家里，他们将对你和你的家人关怀备至，所以你想躲开他们不是一件容易的事。然而，如果你处理得当，你可以挽救利比里亚的独立。"[84]

||||||||||||||||||||||||||||

小哈维没有参加 1936 年 1 月连任的巴克利在蒙罗维亚举行的就职典礼。为期 9 天 9 夜的庆祝活动在首都营造了一派节日的气氛，沃尔顿称其为"有史以来最富生气的景象"。来自全国各地各行各业的人（一些人身着传统服饰，另一些人则穿着西装，打着领带）争先恐后地观看头戴礼帽、身着燕尾服的国家政要走过城市的主干道布罗德街，而沃尔顿也在其中。就职舞会、外交晚宴、农业集市和庆祝利比里亚原住民文化和酋长的纪念日，让沃尔顿、他的家人和参加活动的数千人应接不暇。[85]

为了弥补缺席典礼的怠慢，小哈维于 2 月底在位于杜河种植园最初总部的杜河庄园宴请了巴克利和近 50 名利比里亚议员。小哈维不计成本，献上了一场飞行表演和一场盛大的宴会。巴克利和小哈维达成的协议开启了费尔斯通公司投资的新浪潮。1936 年，费尔斯通斥资 100 万美元（约合 2020 年的 1900 万美元）扩大种植园规模。在 1926 年沿杜河开垦的首批区域，当时种下的树苗已经成熟，可以开始采集橡胶。管理人员居住的木屋升级成了砖瓦的二层小楼，而工人抗拒的大片铁皮顶营房也改换成模仿环形布局的茅草顶房屋，这种房屋在他们家乡的村庄非常常见。费尔斯通公司还建了一座钢筋混凝土结构的新医院，有手术室、实验室、X光室和药房。这代表了现代工业发展可能为利比里亚带来的好处。公司还引入了利比里亚第一块停机坪和第一架专机。这架飞机使巴克利得以俯瞰蒙罗维亚，也使航拍成为可能。这些航拍的照片记录了种植园的造林工程带来的惊人的景观变化。砍伐森林、开垦土地和焚烧活动导致居民流离失所，也使山峦和谷地失去植被，变得光秃。当时的照片或有意或无意地赞颂着高歌猛进的工业资本，同时也为损失献上了一曲挽歌。被企业视为没有生产力的土地经过美国科学、医学和科技的奇妙改造，被重新设计成单一作物的种植园，拥有看上去无穷无尽的一排排橡胶树和一段又一段公路。这些场景都收入《利比里亚风光》（*Views in Liberia*）一书。这是一部大开本的图册，作为纪念巴克利连任的礼物，由费尔斯通种植园公司限量发行。这些照片展示了帮助费尔斯通公司和利比里亚建立友好关系，并为双方带来利益的人物和事件。在书中的一张合影中，三位主要责任人——小哈维、利比里亚总统巴克利和美国公使沃尔顿站在一起，他们周围是2月那天受邀前往种植园总部杜河庄园的一众利比里亚政府官员。[86]

沃尔顿担心"杜波伊斯等好友"会从这些场景中"产生错误的联想"，但他决心不让"同费尔斯通的友好关系"影响他在处理费尔斯通公司和利比里亚之间的事务时的中立态度。[87] 在这个西非共和国，沃尔顿和他的家人感到了一种令人愉悦的解脱，他们逃离了在美国限制个人发展机会的"邪恶偏见"。他在蒙罗维亚加入了"北方运动俱乐部"，这个组织本来应该是"纯白"的。他强调自己是美国驻利比里亚公使，而非"黑人公使"，并很高兴他和格拉迪丝

俯瞰杜河种植园成熟的橡胶林和新建的费尔斯通公司管理人员住宅。《利比里亚风光》一书收录了大量照片，该书是费尔斯通种植园公司为纪念巴克利连任而发行的（出自 Firestone Plantations Company, *Views in Liberia*, Chicago: Lakeside Press, R. R. Donnelley & Sons, 1937）

在小哈维在杜河庄园举行的飞行演出和盛大宴会上，小哈维、利比里亚总统巴克利和美国公使沃尔顿站在一起，周围是受邀的利比里亚政府官员（出自 Firestone Plantations Company, *Views in Liberia*, Chicago: Lakeside Press, R. R. Donnelley & Sons, 1937）

得到了"蒙罗维亚的领事团一切的尊重与礼遇"。[88] 沃尔顿同巴克利发展了最为"真诚而隐秘的关系",他常常突然造访总统府或总统位于法明顿河畔、邻近费尔斯通特许地的农场。沃尔顿在利比里亚感受到了家乡的温暖。[89]

小哈维也巩固了同巴克利和沃尔顿的社交关系。这既为彼此带来了好处,也有助于费尔斯通种植园公司进一步扩张。在杜河庄园举办宴会是费尔斯通讨好巴克利和利比里亚统治精英的一种手段。赠送罕见的福特汽车和送访问团前往阿克伦参观等举动同样改善了费尔斯通和利比里亚官员的关系。不过,该公司对待移民和原住民精英最重要的礼遇是为利比里亚的独立农场主提供橡胶树种、根茎和科学建议,并为他们开设一座市场。独立农场主的收入因而同费尔斯通公司及旗下的费尔斯通种植园公司的收入挂钩,这明显改善了双方的关系。[90]

20 世纪 30 年代,利比里亚统治阶层中许多最有名的人开始投资建立占地数千英亩的大型橡胶农场,地点在杜河与法明顿河沿岸、费尔斯通特许地的边缘。这些人包括前总统金及其内阁中的数位成员,如前内政部长约翰·莫里斯(John Morris)和前财务部长约翰·库珀(John Cooper)。[91] 特维名下也有一座农场。作为原住民,特维是利比里亚政府最直言不讳的批判者之一,曾在强迫劳动丑闻中积极捍卫国内原住民群体的权利,并因此在 1929 年被逐出众议院。他曾在哈佛大学和哥伦比亚大学攻读农学,因而对费尔斯通公司的几家种植园产生了浓厚的兴趣。20 世纪 30 年代初,一位利比里亚议会议员在福克纳创办的蒙罗维亚报纸《人民之声》(The Voice of the People)上严厉抨击费尔斯通公司。他指控该公司掠夺原住民土地，毁坏当地的经济作物，而且从未做出赔偿。特维则写下了一篇慷慨激昂的反驳文章，将费尔斯通公司的过错归咎于利比里亚政府——"原住民权利的唯一保护者"。特维认为，原住民工人在费尔斯通种植园中通过操作"机器和机械工具"获得的知识，比"传教士在过去一个多世纪里用不成比例的金钱做的事情"更能"促进原住民的进步"。[92] 特维多次派遣他的橡胶农场的雇员前往费尔斯通种植园学习嫁接技术、借用工具，并就有关影响橡胶树的疾病寻求科学建议。[93]

巴克利也有一座农场，农业在他于 1936 年的就职演说中提出的三年发展规划中占据核心地位。[94] 他期望用自己在法明顿河畔的奥利夫山农场来"向政治盟友和追随者展示"，农业能给利比里亚带来什么。巴克利的农场由他的侄子与养子乔治·帕德莫尔（George Padmore）管理，有约 150 名工人，这些工人及其家属住在农场的两个村庄里，村庄里有一所学校和一座教堂。农场的不同区域分别种植橡胶、可可和甘蔗，以及菠萝等水果和木薯等主食。这一实验并不只种植单一作物，而是采用了多元农业的形式，这是巴克利期望的利比里亚的缩影。虽然巴克利更喜欢种植一年生的经济作物，但他的侄子重点栽种费尔斯通公司提供的高产的无性繁殖橡胶树。巴克利的奥利夫山农场位于费尔斯通特许地内，当时这一地段愈发抢手，特别是因为种植园公司正朝着法明顿河扩张。巴克利打算在退出政坛后专心打理自己的农场，因而担心靠近费尔斯通的"工厂活动对农场的影响会越来越大"，而小哈维对此心知肚明。[95] 1937 年 11 月，小哈维向巴克利提供了 2.5 万美元，还让出了河对岸的一块土地，以换取当时种有 5000 棵橡胶树的农场。巴克利拒绝出售。1944 年，卸任后的巴克利回到农场。他在得知自己向费尔斯通公司出售农场生产的橡胶的收入时大为震惊——仅一个月的收入就超过了他担任利比里亚总统整整一年的工资。[96]

在他们 1935 年的协议中，巴克利明确要求小哈维要帮助利比里亚在农业生产上实现自给自足。而在费尔斯通公司恢复生产后，稻米成为二人共同关注的问题。它一直是利比里亚人的主食。小哈维坚信，利比里亚的"国产稻米"无法满足扩张中的工业种植园的需求。利比里亚人按照传统的刀耕火种的方式在干燥的高地上种植稻米。而随着费尔斯通公司开始采集橡胶，该公司需要养活 1.5 万多名劳工。巴克利则在第二个任期之初就颁布了稻米禁运令，禁止从外国进口稻米。这一旨在刺激国内稻米生产的法案，遭到了小哈维的极力反对。他指出，利比里亚只能勉强糊口的农民采取的刀耕火种方式，将严重毁坏利比里亚的森林。小哈维要么没有看到，要么是有意无视他的公司采取的农业方式造成的破坏。二人围绕着利比里亚国内生产的稻米究竟为何无法满足费尔斯通的需求这个问题展开了辩论——究竟是因为刀耕火种的方式，还是缺少交通网络？最终，巴克利撤销了大米禁运令，而费尔斯通公司则需要聘请技术专家，研究利比里亚的气候与土地是否适合种植稻米。[97]

至少在表面上看来，互惠关系取代了老哈维过去尝试进入一个国家时使用的铁腕手段。围绕着土地、劳动力、资本和政治的交易使一种作物能够生根发芽，也使种植园的工业生态系统得以蓬勃发展。在小哈维和巴克利达成共识两年后，费尔斯通公司可以"宣称自己经营着全世界最大的连片橡胶种植区域"。[98] 1937 年，公司在利比里亚的种植园生产了 500 多万磅橡胶，价值 110 多万美元（约合 2020 年的 2000 万美元）。这些橡胶流向了费尔斯通公司在阿克伦、孟菲斯和洛杉矶的轮胎工厂和它在马萨诸塞州福尔里弗的乳胶分工厂。费尔斯通公司购买了 500 万磅大米，其中大约六分之一产自利比里亚，用于养活 1 万多名工人。那一年，工人从 300 万棵橡胶树上采集橡胶，而且又种植了 8000 英亩的无性繁殖树种。[99] 小哈维的豪赌似乎即将获得巨大回报。在公司最黑暗的日子里种下的无性繁殖嫁接树种已经接近成熟。初步的采集工作显示，乳胶产量几乎是用旧时的巴克利山种植园的种子培育出的标准树种的 3 倍。[100] 1937 年，橡胶出口额相当于可可、咖啡、黄金、象牙、棕榈仁、棕榈纤维和棕榈油等其他所有商品的出口额的总和。利比里亚政府多年来首次实现了收支平衡，甚至还有盈余。[101]

沃尔顿于 1937 年致信杜波伊斯，对当前的状况非常满意。他写道，利比里亚的经济前景看上去一片光明，巴克利的三年规划大获成功，而"美国政府正给予"巴克利"百分之百的道义支持"。为了表彰他在协调各方关系方面的积极作用，美国政府承诺拨款 10 万美元在蒙罗维亚修建一座新的公使馆。杜波伊斯回复称，很高兴听到局势正在好转，"但是我对费尔斯通的垄断经营深表怀疑"。他警告道："他们在欧洲竭尽所能地伤害利比里亚，而赚钱毫无疑问是他们的首要目标。"[102]

||||||||||||||||||||||

1936 年，博士生乔治·布朗（George Brown）飞越了费尔斯通公司的杜河种植园与新建成的哈贝尔种植园。他没有看到美国资本、大规模农业和雇佣劳动带来的振奋人心的变化和发展，而是看

到了"一家不受欢迎的垄断企业占据着该国最宝贵的工业用地"，看到了"在各处"分散的"非洲村落完全被橡胶树林包围"，看到了当地社区通过调整传统的经济方式来适应"不再有棕榈、咖啡、可可、野生动物、竹子、棉花、造船用木材、用于仪式的植物和草药的森林的生活环境"，看到了"廉价的雇佣关系"驱使"年轻人"涌向城市或种植园。简而言之，他看到了外来的西方经济体系掠夺土地和劳动力的暴行，这种体系与他认为的使利比里亚原住民群体的经济和"共同劳动"散发出勃勃生机的本土的"精神、哲学和利益"格格不入。[103]

布朗于 1935 年抵达利比里亚，并在杜河庄园与费尔斯通公司经理唐纳德·罗斯一起度过了 1936 年的新年。几天后，他陪同沃尔顿参加了巴克利就职典礼上利比里亚边防部队的阅兵式。布朗此行得到了菲尔普斯·斯托克斯基金会的资助和费尔斯通公司的款待。然而，他的知识背景，再加上他在利比里亚内陆的旅行以及与当地人民的交流，使他能够站在一个独特的视角看待费尔斯通公司对土地和生活的影响。[104] 这个视角是他的美国同胞沃尔顿和约翰逊（他们将工业资本看作振兴经济与教育的手段），以及从未广泛接触过利比里亚原住民群体的杜波依斯都没有意识到的。

由于求知欲和结构性的种族主义，布朗一生四处漂泊。他于 1900 年出生在密苏里州，却在肯塔基州长大。他的父亲是卫理公会牧师，在妻子遭到一群白人男子的嘲弄和骚扰时挺身而出，险些被对方杀死。他们随即举家搬迁。布朗 16 岁时，一家人又搬到

在伦敦政治经济学院攻读博士的美国学生乔治·布朗，正在利比里亚实地考察，摄于 1936 年左右（洛马·弗劳尔斯收藏）

了克利夫兰，那里曾是地下铁路 ① 的重要站点。17 岁时，这个年轻人去了华盛顿特区的霍华德大学。在那里，他师从卡特·伍德森（Carter Woodson），后者曾于 1916 年创办《黑人历史杂志》（*Journal of Negro History*）。伍德森对布朗早期的思想产生了旁人无可比拟的巨大影响。导师热衷于运用历史社会科学工具整理、记录和解读离散在全球各地的黑人群体的过去和当下的经历，这影响了布朗。同伍德森一样，布朗运用这些成果来对抗科学化的种族主义与白人压迫。1922 年，布朗在阿德尔博特学院 ② 取得硕士学位后，接替了伍德森在西弗吉尼亚州立学院的职位，教授历史、经济和政治生活课程。他于 1934 年在西储大学获得历史学博士学位，论文主题是19 世纪克利夫兰非裔美国人的历史。[105]

布朗前往利比里亚的旅行并非直达，而他的思想历程也是如此。他最终在意识形态上实现了觉醒，认识到帝国主义入侵和种族压迫是如何在全球经济中运作的。无论是物质还是精神层面，他的道路都不仅仅是在美国国内，而是取道伦敦。1934 年，他被伦敦政治经济学院的一个博士项目录取，在那里学习人类学、经济学和历史学的研究生课程。20 世纪 30 年代，伦敦成为活跃的黑人国际主义和反殖民思想的中心。在那里，布朗参加了有色人种联盟的集会，该组织由牙买加物理学家哈罗德·穆迪（Harold Moody）于20 世纪 30 年代初创立，旨在促进所有非洲裔群体的团结和幸福。布朗在那里见到了著名的黑人知识分子、社会活动家和演员，他们

① 地下铁路是帮助非裔群体自南向北出逃的秘密组织。

② 阿德尔博特学院位于克利夫兰，后并入西储大学，后者是阿巴拉契亚山脉以西第一所招收、培养非裔学生的大学。

团结一致反对资本主义和帝国的种族秩序。这些人包括乔莫·肯雅塔（Jomo Kenyatta），他后来带领自己的祖国肯尼亚摆脱了英国殖民统治，并成为该国第一任总统，还有特立尼达和多巴哥的历史学家 C. L. R. 詹姆斯（C. L. R. James），他当时正在构想关于海地革命和黑人抵抗运动的革新之作①。在思想觉醒的过程中，布朗与著名歌手、演员保罗·罗伯逊（Paul Robeson）②和他的妻子埃斯兰达（Eslanda）建立了深厚的友谊，他们和他一样致力于劳工权利和社会主义事业。[106]

在伦敦政治经济学院，布朗结识了一批来自非洲、加勒比地区和美国的非裔研究生。他们分享经验和观点，挑战、质问白人教授的殖民主义视角和规章制度。非裔学生拿起了人类学、经济学和历史学的工具，反击帝国主义和白人至上思想。伦敦政治经济学院的人类学家马林诺夫斯基曾说，这些学术工具变成了"反对我们的武器"，也就是反对欧洲殖民者和压迫者的武器。[107] 1935 年秋，意大利军队入侵埃塞俄比亚，此事点燃了黑人知识分子的反帝国主义和反种族主义的批评热情，布朗随即动身前往利比里亚。得益于巴克利对费尔斯通公司和国际联盟调查的妥当处理，利比里亚是当时非洲大陆上唯一没有被西方帝国主义征服的国家。后来的尼日利亚总统纳姆迪·阿齐克韦（Nnamdi Azikiwe）当时是宾夕法尼亚州林

---

① 这里指的是詹姆斯于 1938 年在伦敦出版的史学著作《黑皮肤的雅各宾派：杜桑·卢维杜尔与圣多明各起义》（*The Black Jacobins: Toussaint l'Ouverture and the San Domingo Revolution*）。

② 保罗·罗伯逊是享誉世界的美国歌唱家，一生中不仅支持非洲的解放事业，还同中国与苏联等社会主义国家关系密切。

肯大学的历史和政治科学系主任，他在1934年将利比里亚称为"黑人领导力量的核心"，注重"热情、友善、诚信、真实、公正和人与人的兄弟情谊"等理念的"非洲文明的希望"只有在那里才有可能实现。[108] 布朗就这样向着利比里亚进发。他带着一台柯达照相机，沉浸于人类学和历史学知识，受反殖民斗争和社会主义斗争鼓舞，并且得到了罗伯逊夫妇的支持。他要找寻西方之外的非洲本土价值观和理念。

布朗对原住民经济中的交换关系产生了兴趣，正是这一兴趣驱使他来到了利比里亚。而这也是此前马林诺夫斯基曾向约翰逊提议并鼓励他深入的方向，后者当时正准备作为国际联盟的调查员前往利比里亚。作为博士论文的一部分，布朗将经济人类学的参与式观察法与历史学家对档案及文件的偏好和追求结合起来，尝试理解在费尔斯通特许地、利比里亚的移民社会以及利比里亚的原住民人口之中运行着的多种经济形式。在利比里亚西部的戈拉人和瓦伊人当中，这位来自美国的异乡人得到了莫莫·帕赛（Momo Passay）、莫莫·法恩布拉（Momo Fahnbulleh）、科莫·蒂法（Komo Tiffa）等现任与前任大酋长的欢迎。即便在当时，布朗已经观察到了刚建立不久的费尔斯通种植园（位于其所在地区以南200英里处）的影响。当一位远道而来的村民询问自己能否在此地盖一座小屋时，酋长问道："你是哪种异乡人？橡胶异乡人还是木棉异乡人？"这个问题旨在弄清这名陌生的来客究竟是如同"橡胶一般'来得快，去得快'"的人，还是如同神圣的木棉树一样，能够落地生根，成为集体的一部分。[109]

布朗积极观察着利比里亚内陆地区的日常活动。他想要理解土地、商品和劳动力的各种交换形式如何塑造了当地社区的社会交往和社会意义。他极为严谨地跟踪了稻米的流通过程——由妇女在田地中收获，再由男孩与男子搬运到村里，随后由妇女和男孩存放进村子的仓库，最后分配给酋长、老人、"巫医"和"药师"。在利比里亚西北的主要贸易中心沃因贾马（Voinjama），布朗仔细观察了集市开市当天的盛况，以及讲价和做生意的复杂过程。在靠近利比里亚与塞拉利昂国界线的马诺河附近，他在本达加记下了稻米丰收节的装饰与歌声。[110]

通过与瓦伊人和戈拉人的交流，布朗逐渐理解了土地在塑造利比里亚集体生活的意义、价值和社会关系中的核心地位。布朗想要记录人类、其他生物和土地之间的共同关系，这些关系产生了不易被纳入工业资本主义的生活方式和价值观。他指出，这些不是"原始"经济，而是合作的工业体系。这些体系依赖一套维系着集体而非个人的交换关系，并且影响了非洲社会生活和精神生活的集体属性。

布朗强调，土地是这种原住民经济的基础。土地及其共同的使用权支配并塑造了村庄、农田和森林的生活节奏。布朗观察到，村庄、农田和森林构成了"非洲社会生活的三位一体"，每个部分对"非洲原住民社会秩序"而言都是不可或缺的，而且发挥着重要的功能。离开利比里亚时，布朗已经痴迷于接待他的当地人的集体观念和生活方式，这些价值观与美国文化强调的个人主义及其背后的资本主义经济体系完全相反。[111]

在布朗看来，向外国白人提供特许经营权引发的土地掠夺威胁着利比里亚的发展。他认为，这是因为这种土地掠夺破坏了非洲传统的"集体共有经济"的基础。布朗在 1936 年就看到了这种危险，当时橡胶树正生根发芽，人和机器重新开始砍伐森林，开垦土地，向法明顿河进发。布朗认为，费尔斯通公司的特许经营活动导致原住民与土地分离，这很可能将利比里亚引上一条经济发展的歧途，最终"强调占有的、个人的、竞争的西方经济形式将摧毁和替代集体的自给自足生活"。布朗从文化和政治的角度出发，鄙视这样的结果。[112]

费尔斯通公司将"原始土地"与"贫瘠荒野"改造为工业种植园，这被这家公司及其支持者包装成将为利比里亚带来财富和繁荣的善行。美国的传教士、慈善家和科学家依据服务于资本的科学思想，强制推行西方关于工作、生产和土地使用的价值观，并为费尔斯通公司辩护。布朗则利用社会科学来质疑和挑战西方的经济假设与理想。布朗评论道，在"利比里亚非洲原住民经济体系"中，"没有土地空着"，也没有土地是荒地。西方强行将土地归类为荒野或荒地，因为这样做方便了土地的掠夺。原住民与土地分离的过程当时正在进行中，乘飞机或沿着从卡卡塔前往邦加的道路（这条路现在被称为"利比里亚的橡胶走廊"）开车都可以看到。[113]

布朗在《利比里亚经济史》(*The Economic History of Liberia*)〔最初名为《黑色共产主义，白色特许权》(*Black Communism, White Concessions*)〕一书中指出，"利比里亚统治阶级的寄生资本主义，以及欧美企业家的金融剥削"都在蚕食着利比里亚的原住民经济以及维持这些经济的土地与劳动力。[114] 当时巴克利刚刚开启为期 8 年的总统任期，要辨别寄生关系是否将进化为互惠关系还为时尚早。布朗对巴克利领导下的利比里亚抱有希望。这位利比里亚总统挡住了费尔斯通和国际联盟的压力，成功地捍卫了利比里亚的独立。布朗支持巴克利的"统一的利比里亚没有非洲人或文明人，只有利比里亚人"，以及"一个国家凭自身努力从最微不足道的小国崛起"的理想。无可否认，利比里亚的经济独立仍在很大程度上受到外国白人资本的制约。但是，布朗还是称赞了巴克利的农业规划，它提出要发展农业合作社，鼓励互助与多元农业实践（它们本就存在于利比里亚的内陆地区），这有助于抵御"商业化的单一作物种植"可能引发的"经济灾难"。[115]

在这个和解的新时期，一种植物、一家公司、美国利益和利比里亚精英形成了一种互利关系，这种关系将持续发展。1936 年，随着种植园工人开始采集乳胶，这些共生关系将何去何从尚是一个未知数。在巴克利尝试推动该国资源多元化发展的背景下，"由全体利比里亚公民践行的……改良版的非洲自给自足生活方式"是否能如布朗所愿站稳脚跟？还是说一种原产于亚马孙雨林的木本物种将深化和扩大种植园经济，在非洲大地上将生命转化为资本，为少数人带去利益，却吸走其余所有人的血？[116]

第六章

种植园生活

1938 年 10 月 29 日，美国海军一艘崭新的万吨级巡洋舰"博伊西"号在试航时驶入了蒙罗维亚港，并在靠岸后鸣礼炮致意。它的马克 16 型 47 倍径舰炮发出了一阵巨响，而杜科山顶的诺里斯要塞也友好地鸣礼炮回应。阵阵炮声回荡在周六清晨蒙罗维亚繁忙的码头区。当天下午，美国公使馆在临时办公场所杜科大厅为"博伊西"号指挥官麦坎德利什（McCandlish）上校举办了招待会。沃尔顿在会上致祝酒词，欢迎这艘美国海军炮艇，称它的到来象征着"国际协议和友谊"的新时代。到场的宾客众多，包括利比里亚副总统小詹姆斯·斯柯文·史密斯（James Skivring Smith Jr.）、利比里亚议员、领事团，以及百余名美国人，其中大部分是费尔斯通种植园公司的白人管理人员。沃尔顿告诉来宾，"博伊西"号肩负的友好访问的使命意义重大，特别是在"武装冲突、猜忌和政治意识形态分歧严重威胁世界和平之际"。[1]

　　就在"博伊西"号抵达蒙罗维亚的几周前，阿道夫·希特勒（Adolf Hitler）刚刚同英国、法国与意大利签署了一项协议，即著名的《慕尼黑协定》。协议同意纳粹德国吞并捷克斯洛伐克西部领土，并保证不会报复。这是一种绥靖政策，许多人希望该协议可以避免欧洲爆发战争。这种纵容极权主义侵略行径的做法令巴克利为利比里亚的未来感到担忧。利比里亚总统接见了沃尔顿和乘"博伊西"号前来的美国国务院代表亨利·维拉德（Henry Villard），并分享了自己愈发严重的忧虑。意大利军队对埃塞俄比亚军人和平民使用化学武器并占领了该国，迫使皇帝海尔·塞拉西（Haile Selassie）流亡，但国际联盟并未援助埃塞俄比亚。据维拉德所说，作为非洲最后一个独立国家的总统，巴克利"不能平静地坐视利比里亚置身于一个弱肉强食的世界"。巴克利问道，谁知道德国、英国、法国和意大利有没有在慕尼黑讨论"殖民地绥靖"的问题？德国向来是利比里亚的主要贸易伙伴。最近荷兰人还在利比里亚发现了大型铁矿床。巴克利愈发担心德国对利比里亚的意图。利比里亚丰富的农业、铁矿、黄金、钻石和木材等自然资源有待开发，巴克利告诉维拉德，将开发工作"交给美国人"远好过交给欧洲势力，尤其是考虑到好战的法西斯国家正在崛起，它们渴望掠夺领土。[2]

对巴克利而言，"博伊西"号的到来是一个可喜的迹象。"博伊西"号在蒙罗维亚停留 6 天，在此期间，巴克利和沃尔顿努力营造友好团结的新氛围。在首都各地和费尔斯通种植园举办的鸡尾酒会和招待会，令船上的指挥官与官员应接不暇。获准上岸休假的 700 名美国海员频频出入蒙罗维亚的市场、酒吧和夜总会，没有任何意外发生。在蒙罗维亚的美国侨民和利比里亚客人登上"博伊西"号参观，还参加了一场冰激凌晚会。计划投资 10 万美元的美国公使馆在曼巴角举行了奠基仪式，那里拥有蒙罗维亚沿海及沙滩最具魅力的景致。沃尔顿自豪地将这次仪式称为"本年度一系列历史事件的高潮"，其中就包括他最近推动的《友好通商航海条约》。美国公使馆很快将成为"西非海岸最现代的建筑"，用沃尔顿的话说，其流畅的纵向线条、平直的屋顶以及混凝土和玻璃的墙面是"对利比里亚傲立于世界民族之林的实力和意志的乐观情绪的直接表达"。[3] 他还断言，两国已经开启"友好精神和经济合作"的新篇章。[4] 在美国战舰离开蒙罗维亚，启程前往开普敦后，维拉德充满信心地说，"博伊西"号的访问"向希特勒先生发出了明确信号——不要打利比里亚的主意。此举也令利比里亚人民放心，说明美国的兴趣和友谊将持续下去"。[5]

　　沃尔顿做成了老哈维办不到的事。这位阿克伦的橡胶大亨曾极力劝说美国出兵保护他在利比里亚的产业。在他似乎将失去橡胶帝国的控制权时，他曾敦促国务院派出一艘炮艇。但他未能看到美国战舰停靠在蒙罗维亚岸边。1938 年 2 月 7 日，在"博伊西"号抵达利比里亚 8 个月前，费尔斯通轮胎橡胶公司的创始人意外离世了。他一直住在位于迈阿密海滩的冬季住宅哈贝尔别院，他的儿子罗素和一个侄女陪着他。这位 69 岁的百万富翁当天早上去了教堂，下午开车转了一圈，晚餐后抱怨自己消化不良。就在当晚，冠状动脉的一块血栓结束了他的生命。老哈维被葬在俄亥俄州哥伦比亚纳的一座公墓，那个小镇是他出生的地方。阿克伦市举行了悼念活动，全国各地也都发布了讣告，称他为"一名工业福祉的先驱"，还提到他是爱迪生和福特的露营伙伴，以及打破了英国橡胶垄断的人。所有人都认为，利比里亚的种植园是他留下的最伟大的遗产之一。[6]

费尔斯通的 5 个儿子都为父亲工作。在这个景气的时期，他们继承了公司和种植园的控制权，并预计战争将给这家公司带来巨额财富。小哈维在两年后对聚集在波士顿讨论分配问题的美国商界人士说，军队"不仅靠橡胶行进，也靠橡胶打仗"。[7]

按美元价值计算，生橡胶是美国进口的最重要的商品。1939 年，美国消耗了近 50 万吨橡胶，价值约 1.79 亿美元。它是一个雇用了12 万多名工人，产值超 9 亿美元的行业的基础。但是东南亚的种植园仍占世界橡胶产量 98% 以上的份额。[8]

英国和法国于 1939 年 9 月对纳粹宣战的消息，令美国联邦政府开始大量储备东南亚的橡胶，加速研制、生产合成橡胶，并且在西半球巩固和扩大橡胶来源。它还引发了一场全美范围的运动，旨在通过回收轮胎和限制车速以减少国内使用的橡胶。[9] 费尔斯通公司迅速响应，大力在利比里亚扩张种植园。至 1940 年，该公司已经开垦了 7.25 万英亩土地并种上了橡胶树，其中四分之三是高产的无性繁殖树种。费尔斯通橡胶帝国拥有的约 800 万棵橡胶树中，400 万棵已经成熟，可以开始采集，利比里亚劳工数量也膨胀到近1.5 万人。[10] 小哈维宣称，这只是该公司为备战和捍卫"美国方式"所做的爱国主义贡献的一个方面。

||||||||||||||||||||||||||

1941 年 5 月，美国正积极备战，沃尔顿致信他的上级、罗斯福的国务卿赫尔。作为"美国在非洲的前哨"，他请求将利比里亚纳入美国总统构想的"明日世界"。考虑到这个国家丰富的"未开发的自然资源"及其对美国的"地缘战略价值"，沃尔顿认为美国

政府应该在利比里亚推行一个旨在促进其"未来福祉"的项目。他建议，这个项目应当包含农业、林业、公共卫生、道路基础设施和地理调查等经济社会发展各领域的技术援助。[11]在沃尔顿发出这一请求前不久，罗斯福刚刚召开了一场参谋长联席会议，并在会议上讨论了在西非海岸建立一座空军和海军基地的可能性，作为在同盟国战败的情况下，保卫西半球的战略计划的一部分。在美国军方的一份可行性研究中，蒙罗维亚甚至没有入选理想地点的前四名。相反，美军将领看中了达喀尔。然而，由于法国维希政府控制着塞内加尔并且对其首都严加把守，军事入侵的方案被否决了。[12]罗斯福与他的顾问意见相左，他认为沃尔顿的建议很有价值。他想要一个空军基地，使美军飞机可以从巴西的纳塔尔飞越大西洋，降落在非洲西部。

1941年9月，建筑队在利比里亚动工修建一个美国空军基地。该机场由泛美航空公司建设，并转包给了费尔斯通种植园公司。这座机场的地理位置十分便利，就在种植园的45分区大门附近，靠近法明顿河，而且位于同年完工的水电厂、哈贝尔行政总部和工厂的下游。《纽约每日新闻报》（*New York Daily News*）将修建这座机场当作美国"永久性进入非洲"的证据。[13]

3个月后的1941年12月，日军轰炸了珍珠港，并开始入侵马来半岛。1942年2月，日本人已经占领了新加坡。美国最大的担心成为现实。几周之内，全世界90%的天然橡胶产地已经落入轴心国手中。罗斯福指派伯纳德·巴鲁克（Bernard Baruch）评估国内的橡胶短缺情况并给出对策，后者明确提出，橡胶是"对我国安全和盟军事业的成功构成最大威胁"的资源。制造一艘战列舰需要消耗 75 吨橡胶，制造一辆坦克需要消耗 1 吨橡胶，美国军方需要的橡胶人均消耗量是第一次世界大战时的 6 倍。而锡兰、利比里亚和为数不多的几个拉美国家是同盟国仅存的天然橡胶产地，它们在战争时期变得极具战略价值。[14]

战时橡胶短缺迫使种植园和美国工厂更快地生产橡胶。1941年，费尔斯通公司在利比里亚的种植园产出了 9000 吨橡胶，6 年来产量几乎增长了 10 倍。但它只能满足美国战时橡胶需求的一小部分，据估计，当时美国每年需要 60 万吨橡胶。[15] 在危机的刺激下，美国企业、政府和院校合作，共同致力于解决紧迫的短缺问题。数千名工业化学家和工程师，10 余家政府机构，以及多家企业、工业实验室和研究院校，决心增加合成橡胶产量，他们在 1942 年的目标是年产量达到 70 万吨，而 1941 年的总产量仅为 231 吨。

1944 年，小哈维在《星期六晚邮报》（*Saturday Evening Post*）上写道："种植园工厂像蘑菇从土中冒出。"[16] 但是这些种植园工厂生产的橡胶并非来自巴西橡胶木。得益于化学的奇迹，以及政府对石油和橡胶产业的 7 亿美元投资，合成橡胶配方于 1942 年初完成改良。这种合成橡胶被称为 GR-S 橡胶，是由丁二烯和苯乙烯聚合而成的。这种有机化合物来自炼油工业的副产品，对人体有毒。1942 年 4 月，费尔斯通轮胎橡胶公司夸口称，他们已经开始生产 GR-S 橡胶。几个月后，百路驰、固特异和美国橡胶公司纷纷效仿。1945 年，这 4 家曾经完全依赖英国和荷兰橡胶种植园的美国公司生产了 54.75 万吨 GR-S 橡胶，已经接近实现其战时目标。[17]

合成橡胶的发展并未终结费尔斯通公司在利比里亚的种植园。恰恰相反，战争时期的需求推动了研究和创新，加快了天然橡胶的生产速度并提高了产量，最大限度地使用人力劳动，同时降低了成本。与合成橡胶一样，科学研究、工业工程和企业管理共同促进了天然橡胶种植的转变。

第二次世界大战期间，在费尔斯通的利比里亚种植园兴起的工业生态，重塑了整个地区和种植园的生活，这些影响在战争结束后持续了很长一段时间。战争时期的橡胶需求形塑了一系列关系，包括利比里亚和美国之间的关系、白人管理者和黑人劳工之间的关系，以及人类和自然环境之间的关系。一切都发生在这个西非小国，它成为第二次世界大战期间全球经济的关键地区。人、树、寄生虫、化学品和机器在种植园中形成的亲密关系既带来了收益，也产生了负担，这些变化在不同程度上影响着人们的生活。在这个过程中，小哈维领导下的费尔斯通企业文化中持续存在的种族逻辑和价值观暴露无遗。

||||||||||||||||||||||||||

1947 年的一部费尔斯通公司宣传片的旁白说道："乳胶是收获天然橡胶的最初环节。"它是"流淌在利比里亚的血管和动脉中的白色血液，滋养着这个国家的发展，维持着它的进步"。在这部宣传片中，美国白人的声音伴随着特写镜头，细致展现了橡胶树抵御昆虫的天然机制如何被一步步改造成"现代生活中的一种重要材料"。[18] 乳白色物质形成了一条白色细线，沿着刻在橡胶树乌黑斑驳的表皮上的倾斜沟槽流下，流入沟槽底部的一个金属漏斗内，再从那里缓慢滴入下方悬挂的一个玻璃杯中。

乳胶将巴西橡胶木与需要橡胶的全球经济联系在一起。而在利

费尔斯通种植园公司的白人管理层飞地，大约摄于 1937 年。小哈维站在中间（出自 Firestone Plantations Company, *Views in Liberia*, Chicago: Lakeside Press, R. R. Donnelley & Sons, 1937）

比里亚国内，种植园的世界也将利比里亚人和外国白人联系在一起。在这部宣传片拍摄期间，2.5 万多名利比里亚原住民劳工在外国白人管理人员的领导下工作，后者包括大约 160 名植物学家、护林员、植物病理学家、工程师、化学家和会计，其中近四分之三是美国人。在小哈维担任费尔斯通轮胎橡胶公司总裁和首席执行官期间，费尔斯通公司的种植园到处是白色，不管是珍贵的乳胶，还是种植园的种族隔离政策和管理结构。第二次世界大战结束时，杜波伊斯对费尔斯通在利比里亚的承诺进一步感到幻灭，他认为这家公司在利比里亚的唯一目的是"培养一批白人殖民统治者，他们有自己的住房、社交圈和工资标准"。[19]

来到费尔斯通种植园公司工作的大多是年轻的美国单身白人男性，吉恩·马尼斯（Gene Manis）就是其中之一，他跟大多数人一样期待着自己作为初级种植者的两年合同。他在 1939 年圣诞夜抵达蒙罗维亚，当时与他同行的是准备发往费尔斯通种植园的数十只冷冻火鸡。抵达利比里亚后不久，他在给母亲和姐妹的信中写道："我真的很高兴能有这样的机会和经历。"他感慨道："即使是现在，我也不太相信自己真的到了非洲，这个离蒙大拿好几千英里的地方。"马尼斯告诉家人，蒙罗维亚的街道"和牛走的小路没什么区别，跟汉密尔顿以前的第四大街一样难走"。汉密尔顿是一个位于蒙大拿州西部比特鲁特山附近的小镇，马尼斯对科学的兴趣从那里开始，当时他在那里的一个生物野外观测站当志愿者。他经过费尔斯通公司修建的一条"路况极好的道路"来到种植园，穿过戒备森严的大门，抵达哈贝尔山庄，那是新落成的种植园管理总部（它取代了杜河庄园）。在那里，他仿佛置身于美国任何一个仅限白人进入的度假村。

圣诞节当天，所有白人管理人员都享受了丰盛的圣诞火鸡晚餐，宴会地点是费尔斯通海外俱乐部，它同样仅向白人开放。那里有一间宽敞的宴会厅、酒吧、播放美国最流行的劲歌金曲的点唱机，以及一个巨大的"跳舞用的露台"，可以"俯瞰原住民员工的营地，那些满是泥墙和茅草屋顶的房子"。[20] 管理人员和他们的家人编排、表演的节目，以及美国电影，都是娱乐的好选择。而乒乓球台、一个九洞的高尔夫球场、几个网球场和一座游泳池也可以用来休闲。在圣诞活动中，圣诞老人为人们分发信件和玩具，他的身旁是一棵用当地针叶树和彩带、小球、灯等装饰成的高大的圣诞树。马尼斯受邀参加了一场白人的圣诞节，这是他作为费尔斯通种植园公司员工在地处热带的非洲西部上班的第一天。

和许多美国员工一样，马尼斯在费尔斯通种植园的飞地享受着奢华的生活，这是白人身份带来的特权。[21] 这位年轻的农业科学家当时正在威斯康星大学麦迪逊分校攻读林业学博士，而他居住的房子和伺候他的佣人都是他在美国绝对负担不起的。值得注意的是，在费尔斯通公司聘用的白人分区主管，也就是所谓的"种植者"中，大部分来自美国中西部（这里是美国白人文化的核心地带）的赠地大学。费尔斯通种植园公司向马尼斯提供的初级种植者之职的年收入是 2100 美元，当时美国国内的平均年收入是 1368 美元，因此马尼斯接受了这份工作。[22] 它还附带许多额外福利。未婚的美国白人员工通常可以免费住进为管理人员而建的费尔斯通小屋。这些用红砖搭建、配有金属屋顶的小屋内部宽敞，装修精致，层高 8 英尺，特意建在山顶以享受凉爽的风和俯瞰种植园。每间小屋配有 600 平方英尺的客厅、双层法式落地窗、两到三间卧室、一间设备齐全的现代化厨房，还有一间可供淋浴和沐浴的浴室。大多数小屋的楼下都有佣人房。大部分白人家庭有 2—5 名佣人，他们大多是巴萨人，费尔斯通公司的特许地占据了他们的传统保留地。马尼斯和帕特·利特尔（Pat Littell）共用一套费尔斯通小屋，利特尔曾在俄勒冈州东部经营过一家农场，还曾在联合果品公司的巴拿马种植园工作过。二人有一名厨师、一名管家、一名园丁、一名洗碗工和两名擦车工。马尼斯告诉家人，这些"小伙子总是随叫随到，而且被期待如此"。[23]

在马尼斯工作的种植园分区，精确的种植、严谨的调查和全面的日常核算将科学的秩序强加在美国企业家和白人科学家眼中曾经的杂乱、贫瘠的土地上。每个分区的土地都是 40 英亩的地块，东西南北都有线条分隔，所有土地都由利比里亚原住民劳工开垦、种植和采集。不管横向还是纵向，嫁接的橡胶树的间距都是 17 英尺。整个地块呈棋盘状，每棵树都被单独标记和记录。任何变动都不被允许，设计、建造分区的每个环节都遵守着严格的几何标准和测量定位，并使用了经纬仪。一本费尔斯通公司的种植手册写道："采用区块体系建立种植园，并辅以完善的道路网络，就能轻而易举地到达种植园的任何一个地方……田地的组织管理得以优化，产量也会提升。"[24]

这种强加的秩序不仅加强了对劳动力的控制，提高了产量，还缓解了白人源自种族主义恐惧的焦虑感。白人管理人员的笔记和对话充斥着对热带生活的恐惧，他们害怕致命疾病、毒蛇和不可靠的"本地人"。像马尼斯一样，许多人成长的地方和受教育的机构都强化了白人至上主义的想法。和所有白人种植者一样，马尼斯管理着一个等级森严的黑人劳工队伍，包含 2 名监工、14 名工头和 300 名采集工人。[25] 秩序有助于缓解对潜藏在费尔斯通公司努力为外国白人员工营造的田园世界之下的混乱、迷惑和劳工暴动的恐惧。

这是一个以种族为标准，被一分为二的世界，而费尔斯通海外俱乐部就是它的中心。1947 年，种植园面积已经扩大到 8 万英亩，由 195 英里的道路相连。种植园各分区的白人员工和他们的家人聚集在俱乐部，享受优渥的种植园生活。周六和周日有赌博之夜、晚餐舞会、高尔夫巡回赛、电影放映和"涂黑脸"表演（一种带有种族歧视色彩的表演形式）。美国太太们的社交活动包括举办酒会、玩游戏、打网球、游泳、打高尔夫球等。在附近的沙滩野餐或远足去钓梭子鱼使社交活动变得更加丰富。费尔斯通海外俱乐部的内部刊物《种植者的笨拙报》[①]使公司的白人家庭得以掌握本月活动和最新动态。这份刊物充斥着种族主义的漫画和笑料，目的是将读者与为他们烹饪、打扫、洗衣、熨烫和购物的人区分开，更不用说那些采集橡胶的人，他们的劳动是白人丰厚的报酬和舒适的生活的基础，而这些白人甚至不需要向利比里亚政府缴纳任何税款。[26]

管理人员或许生活在利比里亚，但从未融入当地生活，而且大部分人也不愿融入。在费尔斯通公司的内部商店美国贸易公司里，商品均是免税进口的，而且购买美国品牌的食品和日用品还有补贴。《种植园主的笨拙报》编辑、费尔斯通公司的植物学研究实验

---

① 这一标题显然受到了英国讽刺漫画杂志《笨拙》（Punch，也译作《喷趣》或《拳击》）的影响。

费尔斯通的九球高尔夫球场，拍摄于 1943 年左右。它毗邻的费尔斯通海外俱乐部是种植园白人社会的中心（康奈尔大学图书馆珍稀手稿部收藏，乔治和凯蒂·亚伯拉罕第 6777 号文件）

室主任肯尼斯·麦金杜（Kenneth McIndoe）坦言："对我们大部分人而言，我们对利比里亚的了解仅限于种植园周遭，以及对蒙罗维亚和两地之间道路两旁的村庄的粗略印象。"[27]

沃尔顿对利比里亚的认识也仅限于此。在担任美国驻利比里亚公使的 10 年里，沃尔顿从未提及自己曾走出连接哈贝尔种植园和蒙罗维亚的走廊以外的地方。在哈贝尔山庄，费尔斯通公司的高管常常接待沃尔顿及其家人、巴克利总统及其夫人、巴克利的继任者威廉·杜伯曼（William Tubman）以及利比里亚议员。[28] 若是对公司有利，阶级和地位可以打破费尔斯通种植园严格的种族界限。同样地，费尔斯通公司高管也可以在首都享受利比里亚统治精英的鸡尾酒会和晚宴。[29] 中间人阶层大多对费尔斯通种植园实行的种族隔离政策视而不见，他们享受着获利越来越多的美国企业带来的利益与奢华生活。

虽然待遇优厚，但不少美国白人员工在他们为期两年的合同与三个月的带薪假期结束后，都会选择不再续约。1953 年，百路驰公司的一份研究报告写道："我们听说费尔斯通公司存在白人员工流动性太强的问题。"当时这家费尔斯通公司的竞争对手正准备在利比里亚建立自己的橡胶种植园。百路驰公司准备在自己的利比里亚种植园开出更高的工资和更优厚的休假条件，以"应对白人难以适应的气候与文明"，这个问题被这家公司视为最大的挑战之一。[30]

埃斯特·沃纳（Esther Warner）于 1941 年抵达利比里亚，她的丈夫是新入职的费尔斯通公司员工。她并不觉得当地的气候恶劣，也不觉得文化陌生，而是积极地同利比里亚内陆居民交流。这种开放的态度在费尔斯通公司清一色的管理人员及其家属当中十分罕见。她来到利比里亚的过程有些难以置信。她成长于艾奥瓦州的一家农场，积极接受 4H 教育①，高中时成绩优异。她在艾奥瓦州立学院学习了两年，随后担任西弗吉尼亚农业学院的家庭技术示范员。她在那里工作了 6 年，主要负责向农村妇女介绍烹饪、粮食贮存、营养、家庭医疗、家庭管理等家务活动的"科学"方法。她于1936 年回到艾奥瓦州，取得了家政学学位，随后在 1938 年前往纽约的哥伦比亚大学学习雕塑。她回忆说，在纽约市的一场艺术展上，她"看到了 50—60 件来自利比里亚内陆的雕刻的仪式面具。它们深深吸引了我，让我着迷。我暗下决心，要到制作它们的地方去看看，看看制作它们的人的想法、信仰和生活方式"。[31] 3 年后，她的丈夫（一名毕业于艾奥瓦州立大学的园艺学家）被聘为费尔斯通公司的植物学研究实验室主任。夫妻二人在日本轰炸珍珠港一个月前抵达利比里亚。

沃纳在费尔斯通飞地遇到了"大约 125 名白人男性和大约 40名太太"，那里的社交生活令她"窒息"。[32] 她根据自己在利比里亚的经历写了几本书。她在小说《七日抵达洛马兰》（*7 Days to Lomaland*）一书中评论道："无论到哪里，只要试图完整复制西方生活，那个地方就会笼罩着一股死气沉沉的无聊氛围。这种复制永远无法真正成功。白天缺少目标，人会变得萎靡不振。太阳落山后，人们靠冰镇饮料提振精神，但当太阳出来，预示着另一个炎热、无

---

① 4H 教育的概念在 20 世纪初的美国得到普及，主张头脑（Head）、心智（Heart）、健康（Health）、实践（Hand）均衡发展。

意义的白天即将到来时,人们再度变得萎靡。"[33] 一个"老海岸人"(这个称呼指在西非海岸度过了人生大部分光阴的白人侨民)告诉沃纳:"你必须有信仰或者烈酒才不会发疯。"[34] 虽然这些人不停抱怨着虱子、热带溃疡、仆人和无所事事,以及其他上千种让他们不再关心周遭世界的烦心事,但他们最后还是会留下来。3 个月的探亲假结束后,他们又开始怀念费尔斯通种植园的白人飞地的悠闲生活,怀念侍从、免费住房、医疗照护等令人愉悦的享受。

沃纳当然也从这些白人特权中得到了好处,但是她对此表现出一种矛盾心理,而且反倒想要进一步理解和探索原住民的生活方式。她一次次走入利比里亚的内陆地区,并雇佣巴萨、克佩尔、洛马、马诺等族的年轻男子作为自己的佣人。她曾经徒步走了很远,穿越橡胶走廊,抵达利比里亚东北角的甘塔。她在那里见到了医生和传教士哈莱博士。哈莱收藏的木雕面具和他对马诺人医术的了解在西方科学家与收藏家中无人能及。然而,他辜负了马诺长者(他的知识全部来自他们)的信任,向哈佛大学皮博迪博物馆捐献了民间信仰组织波洛和桑德①神圣的仪式用具。[35]

在她进一步理解利比里亚原住民文化的求索过程中,"强尼""萨米""小可怜""威利"等为沃纳工作过的人都曾向她介绍波洛和桑德的传统。她也跟随长者,如"孔蒂亚酋长"等匠人学习木雕、陶艺、纺织等西非手工艺品的制作方法。人们可以轻而易举地批评沃纳的这种攫取和挪用当地文化成果的做法。她看到和收集的利比

---

① 波洛和桑德均是马诺人的民间信仰组织,普遍存在于利比里亚、塞拉利昂、几内亚和塞拉利昂,二者的成员分别为马诺男性与女性。

里亚手工设计、色彩和图案，都被用于制造她在美国生产和销售的陶瓷餐具。她和她的丈夫还曾向一个佛罗里达的饲养者出售过从利比里亚带回的黑猩猩幼崽，当时买卖黑猩猩以供生物医药研究的生意十分火热。虽然她的作品存在将"原始"浪漫化的倾向，但她的文字仍然流露出一种对于自己不同的生活方式的尊重和欣赏，她在种植园的美国同事几乎没有这样的态度。

与自己的美国同胞布朗一样，沃纳逐渐意识到利比里亚原住民的艺术、文化和生计都与土地息息相关，而且正是因土地才焕发生机。由美国殖民协会发起，被费尔斯通公司延续的土地掠夺是她的小说中反复出现的主题。她经常以悲伤或预言的口吻反思土地掠夺问题。美国白人在种植园里的生活可以很奢华，但如果当事人可以像沃纳一样睁开双眼，看看其他世界和种植园赖以建立的不公的话，这种生活也会让人感到深深的不安。

亚瑟·海曼（Arthur Hayman）的世界观也在为费尔斯通种植园工作的两年间动摇了。费尔斯通公司聘请这位美国工程师来监督法明顿河上一座水坝兼水电厂的建设，该项目于1941年完工。海曼承认，他当初是带着白人优越感来到利比里亚的，这是"所谓的'优势种族'的人摄入的诸多流毒之一"。[36]

海曼在费尔斯通种植园看到了普通工人受到的不公待遇，这促使他在1943年出版了《点燃利比里亚》（*Lighting Up Liberia*）一书。这本书是他与哈罗德·普里斯（Harold Preece）合著的，普里斯是得克萨斯州的白人记者，为《芝加哥卫报》等媒体撰写关于种族压迫、美帝国主义和民权问题的调查性报道。该书尖锐地批判了利比里亚的移民统治精英和费尔斯通公司。海曼和普里斯直言不讳地谴责巴克利、大法官杜伯曼（他后来于 1944 年成为利比里亚第 19 任总统）等被他们称为"蒙派"的成员。在他们看来，这些人都是剥夺原住民权利的"封建男爵"，其目的是维持一个在庄园劳作的"苦力"阶级。他们最具煽动性的一项控诉是将利比里亚的统治政权比作密西西比州的"中世纪政治自治区"，这是指西奥多·比尔博（Theodore Bilbo）主政时期。比尔博曾两度出任州长，还当选为参议员，并且是三 K 党成员。他在任时利用自己的权力推行一套种植园农业的佃农制度，让贫苦的黑人和白人农民为富有的白人地主的利益服务。这些言论着实刻薄。而他们也没放过沃尔顿。他们批评道："这个人屡屡偏袒蒙派。"[37]

美国国务院不能坐视如此严重的中伤。《明日》（Tomorrow）杂志扼要介绍了这本书的观点，作为回应，维拉德告诉《芝加哥卫报》，他"无法理解海曼为何将利比里亚与密西西比相提并论"。此外，虽然他坦言文章大部分内容"有事实依据"，但他认为"解释和意义被扭曲了，以产生耸人听闻的效果"。[38]

海曼在书中讲述的最痛苦与可怕的事件，是一名为他工作的巴萨人被捕和被处罚的过程。根据记载，这名工人带着两块木板走出费尔斯通种植园，想回去修理他家的门。一名"由公司请来保护其财产，包括一枚生锈的铁钉"的警察与该男子发生冲突并拘捕了他，将他关进当地的监狱。[39] 次日上午，海曼驾驶福特汽车送这名警察和被告前往邦迪威法院。那里属于第 3 分区，位于杜河沿岸，靠近 1926 年最早开垦的土地。海曼将邦迪威的法警和法官比作"种植园里的黑人监工"，因为他们在这起事件中维护着"费尔斯通的租界帝国"。[40] 法官简单询问了几句话，便判处这名男子"25 下鞭刑"。[41]

费尔斯通的劳工政策明确禁止白人管理人员对利比里亚员工施以体罚，但代表费尔斯通行事的利比里亚法院不受约束。[42]鞭笞结束后，海曼把这个受到严厉惩罚的男人带到自己的"卫生员"[①]那里处理伤势。海曼谴责道："在费尔斯通公司铺天盖地的广告和精明的宣传背后，我看到了这类文明冷酷的运作方式，以费尔斯通公司为代表的这些公司在皮开肉绽、过度操劳的活人血肉之上建起了庞大的私人帝国。"[43]

海曼看到了发生在这家美国企业声称属于自己的土地上的数不清的不公之事。海曼熟读尼日利亚记者阿齐克韦的作品，也支持西非学生协会推动建立西非联邦国家的努力。他要求实行土地改革，为费尔斯通公司工人成立工会，发展农业合作社，并向利比里亚派出一个美国的经济与社会考察团。然而，他的控告和话语中带着一种自以为是的腔调，尤其是在批评巴克利政权时。这表明他抵达利比里亚时带着的白人优越感仍然存在。海曼当然没有与费尔斯通公司续签为期两年的合约。出版《点燃利比里亚》一书使他成为在费尔斯通公司和巴克利政府的世界不受欢迎的人。

||||||||||||||||||||||||||

像马尼斯这样的白人种植者住在建于费尔斯通种植园绵延起伏的山丘上的舒适住房里，远离该公司利比里亚工人的村庄和生活。而在分区的低洼地带（那里过于潮湿，不适合种植橡胶树），数以

---

① 原文 dresser 直译是"包扎员"，并非专业医生。

万计的利比里亚采集工人及其家人生活在一个截然不同的世界里。来自利比里亚几乎每个族群和地区（包括距此数百英里地区）的男性，来到种植园工作。沃洛评论道，费尔斯通公司的哈贝尔种植园是"一座名副其实的巴别塔"，因为克佩尔人、巴萨人、丹人、马诺人和洛马人等各个族群的男性（其中大部分来自利比里亚中部和西部）聚在一起，讲着许多种不同的语言和方言。[44] 这些被招募来干活的族群严格对应着哈佛科学家斯特朗和施瓦布的伪科学报告，这份提交给费尔斯通的报告分析了利比里亚各族群当中，谁会成为最优秀的种植园工人。正因如此，克佩尔人成为哈贝尔种植园采集工人中人数最多的族群，而克佩尔语和利比里亚式英语成为种植园生活的通用语言。[45]

　　采集工人是所有橡胶种植园的命脉，若是少了他们宝贵的技艺、知识和劳动，乳胶就不会流动。老哈维畅想未来将有 30 万名利比里亚人在种植园工作，这大概占全国总人口的两成。这是从100 万英亩橡胶林中采集"白色黄金"所需的采集工人数量。但是，即便在雇工的高峰时期，也就是"在利比里亚，橡胶树都上了战场"之际，在费尔斯通种植园工作的利比里亚人也从未超过 3 万人。[46] 其中大多数（大约 2.4 万人）是采集工人、工头和监工，还有 3000人则从事机械工、操作员、木匠、卡车司机、驳船船夫、文员、实验室技术人员和乳胶处理厂工人等职业。[47] 相比于阿克伦橡胶大亨最初为他的事业宣传时夸下的海口，这些劳动力只能算作零头。

　　弗雷德・赫尔姆（Fred Helm）于 1943 年接任费尔斯通公司的人事主管，他发现这份工作非常适合他。他毕业于俄亥俄州立大学农学专业，曾经与兄弟经营花卉生意，随后加入刚创立的费尔斯通

一名年轻的采集工人和一棵成熟的橡胶树，采集平面清晰可见。采集工人是费尔斯通种植园最重要但待遇最低的工种（出自 Firestone Plantations Company, *Views in Liberia*, Chicago: Lakeside Press, R. R. Donnelley & Sons, 1937）

种植园公司。他一开始在巴克利山种植园工作，然后在杜河庄园监管第一个分区的砍伐和开垦工作。1928 年，在完成了两轮合约之后，他回到俄亥俄州立大学并取得硕士学位。6 年后，他带着妻子和两个孩子再次来到种植园。他和他的家人一直是费尔斯通公司白人管理人员飞地的成员。用沃纳的话说，他是一个"老海岸人"。[48]

战争时期的橡胶短缺使利比里亚的种植园变成了实验室。小哈维坚定不移地信任科学和科技创新。他大力推动测试不同类型的采集制度和无性株种以提高产量。在大部分橡胶种植园中，一棵树的采集时间为 15 天，然后休养 15 天。战争期间，小哈维批准在公司的利比里亚种植园启用一套双倍采集制度，工人会持续采集同一棵树。没人清楚双倍采集制度会给植物带来怎样的压力，也不知道它会不会影响树木的寿命。但小哈维称，这是必要的风险，要保证"珍贵的橡胶能在我们的军人最需要的时间和地点送到他们手中"。[49] 这也要求在引入新制度的地方增加一倍的劳动力。[50] 为了满足战争需求，加快橡胶采集速度，费尔斯通公司需要更多的人手。赫尔姆需要的采集工人数量比以往任何时候都多。

采集工人是费尔斯通公司的种植园最重要，但最被低估的工种。他们被视为无技术工人，直到 1950 年，日薪都只有 18 美分。这一工资标准还不到西非大部分殖民地的无技术工人的一半，仅是费尔斯通阿克伦工厂工人工资的 1%。1948 年，阿克伦工厂工人的平均时薪为 1.73 美元。[51]

采集工人的一天在黎明之前就开始了。凌晨 3 时 30 分，第一道集合钟敲响。半小时后，工头会穿过营房。我们的研究团队在 2018 年采访了一名退休的工头，他的名字是贝（Gbe）。他曾负责

采集工人带着空桶出发上工，拍摄于 20 世纪 40 年代左右（©USA TODAY NETWORK）

"在伸手不见五指的黑暗中挨家挨户"地叫醒自己手下的工人——"托巴，过来！弗洛莫，过来！就这样一直喊"。[52] 如果他的小组未到齐，工头就要被扣工资。凌晨5时，所有人都坐在一排排的长椅上，按照负责管理他们的工头分组。每人面前都摆着桶、采集刀和冈伽包（一个用来装工具和凝固橡胶的布袋子）。每名采集工人都要在冈伽包里放一个"结实耐用的瓶子"。这个每天早上发给他们的瓶子里装着氨水，它是使乳胶从树上流进工厂的关键物质。其他重要工具还包括漏斗、收集乳胶的玻璃杯、树皮厚度计和皮克勒扁担（一根5英尺长的粗竹竿，采集工人用它挑起装满乳白色乳胶的桶）。为费尔斯通公司工作了32年的圭（Gwi）回忆道："5点钟，白人先生就会来检查桶。"[53] 马尼斯就是这样的"白人先生"，他在凌晨5时到他所在分区的营地视察团队情况。他清点采集工人的人数，确保每个人都有整套工具，然后在5时15分准时送他们出发。采集工人需要日光照明，但采集越早越好，因为赤道的烈日会减缓乳胶的流动速度。集合后，马尼斯会回到他的小屋睡觉，等到早晨6时30分起床，享用利比里亚厨师准备的早餐。在他熟睡之际，像圭这样的采集工人已经摸黑出发，有些人要走上好几英里，前往他们工作的地块。[54]

当一片橡胶林成熟后，监工会绘制一幅树林地图。他会和手下人一起，用绑在长棍上的U形金属卡尺测量每棵树的树干，如果直径超过5英寸就在树上画一个黑点，这意味着这棵树可以采集了。工人会记录每棵树的状况，监工则负责把信息转写到树林地图上，通过颜色标明橡胶树是否生长到可供采集的尺寸。地图还会标记沼泽、溪流、建筑等障碍物。通过这种方式，几百万棵树的尺寸、状况和生产价值都被记录下来。树林地图还有助于为工人分配工作，也就是采集工人所说的"棋盘格"。种植园中树林的几何布局能够帮助每名采集工人确定其所负责区域内最高效的采集路线。[55]

任务支配着采集工人的一天。它设定了每个人被期望完成的"平均工作量"。这一方法是由费尔斯通种植园公司经理威廉·瓦斯（William Vass）提出的，是"种植园发展和运营中的最重要的因素之一"。[56] 设定任务有着悠久的历史。在棉花成为美国南方经济命脉时，种植园主就利用任务来安排工作，计算奴隶的价值。20 世纪初，设定任务成为工厂现代科学管理制度中最为典型的特征。[57] 在费尔斯通工厂的轮胎成型车间，以及费尔斯通公司的橡胶种植园，设定任务变得越来越科学准确。

开始采集一片橡胶林时，采集工人首先要在每一棵可供采集的树上刻出一个采集平面，采集工人和橡胶树之间的亲密关系由此开始。一棵被精心照料的树最多可以采集 25 年乳胶。一棵树的第一个采集平面总是在北侧。技艺娴熟的采集工人会小心翼翼地切一个宽度小于 0.06 英尺的很浅的切口。这个切口从左向右倾斜 30 度，这样可以尽可能多地切断乳管。这在本质上是对树木造成一种可控的损伤，模拟昆虫造成的破坏，从而刺激植物释放抵御昆虫的物质。这就是乳胶，位于外树皮之下的乳管细胞会释放出这种贮藏在其中的碳氧化合物。如果切口的宽度超过 0.06 英尺，树木就会消耗更多的能量以再生树皮。如果切口深度超过 1 毫米，树木就可能受到伤害。如果采集工人切进了形成层，他就有可能损伤关键的木质部和韧皮部，那是树木向各个部位输送水、矿物和糖分的高速公路。如果切口过宽或过深，采集工人就会缩短橡胶树的寿命。费尔斯通公司更愿意将投资用于延长树木的寿命，而不愿意改善采集工人的境况。只要出现几道过深的切口，采集工人就会丢掉饭碗。

在小哈维执掌费尔斯通橡胶帝国的年代，一名采集工人的平均任务量是一天 300 棵树。每天上午，采集工要清除前一天切口处凝结的细长的乳胶痕迹，即胶线。他还要清理杯凝胶，也就是收集杯中一夜凝结的乳胶。每一滴乳胶，不论是液体还是凝结的，都有价值，都属于公司。采集工人将凝结的橡胶放入冈伽包中，然后在树上割一个新切口，让乳胶重新流动。他会打开他的氨水瓶，在收集杯中倒几滴这种刺鼻的化学品，以确保"乳胶不会睡着"。[58] 在乳胶的成分中，大约 40% 是橡胶，其余部分是水、糖、蛋白质和盐的混合物。一旦暴露在空气中，细菌会分解其中的糖和蛋白质，产生酸和腐败物质，使乳胶凝结。强碱性的氨水能够保持乳胶"清醒"，即使其保持液态。[59]

浓缩天然乳胶比绉片胶和烟片胶的用途更为广泛，可用于生产泡沫床垫、外科手套等各类特殊物品，因此价格最高。在第二次世界大战期间，费尔斯通公司的利比里亚种植园是盟军唯一的浓缩天然乳胶产地。[60] 到 1949 年，费尔斯通公司仅仅用了 10 年时间就将种植园产量提高了将近两倍，以满足战争需求。当年美国进口的浓缩天然乳胶中，22% 来自利比里亚。[61]

如果你是像圭一样的手脚麻利的采集工人，那么在上午 10 时 30 分的下一次钟声响起前，你还有时间回到营地吃饭。听到"梆梆"（一种用圆锯刀片制成的大锣）的声音响起，采集工赶紧带着他们的皮克勒扁担和空桶回到橡胶林。他们行动敏捷，在树与树之间穿梭，将混着氨水的乳白色乳胶倒入桶里，再徒手擦干净每个收集杯。

采集完 300 棵树后，每个采集工都要小心翼翼地把两个几乎满溢的 6 加仑大桶分别放在皮克勒扁担的两端。用扁担挑着接近 100 磅的新鲜乳胶从"棋盘格"走到收集站，是一项极其辛苦的工作。"哎！"一位年长的采集工人感叹道，"有的人会受苦，他们的'棋盘格'离得很远。"他指的是他们必须挑着乳胶行走的距离。[62] 每天中午，收集站会称重。好几百人拎着装满凝结乳胶的大桶和冈伽包，排队等待上秤。每个人收集的乳胶和胶块都要称重，并被仔细地记录下来。通常，在集合 8 小时后，采集工人的一天还没有结束。在雨季，采集工人还会回到橡胶林，用手将杀菌剂涂在树皮的切口上。他们可能还要回去清除树周围的杂草，或开垦一片新树林。为了挣到最高的工资，采集工人一天可以工作 11 个小时，每月工作 26 天或更多。[63]

许多采集工人没有圭那么快。他凭借速度可以挣到额外的钱，有时在人手不足时，他一个人可以完成两个"棋盘格"的工作。那些难以完成任务的人则会面临任务制度的严厉惩罚。一开始，工头会扣除速度跟不上的人的报酬。如果他还是跟不上进度，他就会落入替补工名单，只有在工头手下的正式工缺勤时才能出工。如果丈夫完不成任务，妻子或许会赶来帮忙。基（Key）讲述了她如何帮助丈夫收集杯凝胶和泥杂胶，也就是漏在地上并凝结的乳胶。她做这些是没有报酬的。这是他们一家在任务制度的重压下，保证她的丈夫能够得到全额工资的唯一方法。[64] 男性采集工人极少甚至从未提到帮助队友完成任务的经历。在男性采集工人的世界里，任务制度帮助个人主义最终战胜了集体主义。

在种植园工作的女性的激励方式和价值观与男性截然不同。费尔斯通公司从 20 世纪 60 年代起正式聘用女工，不过人数远少于男性——1961 年的一项调查只记录了 17 名女工。她们有耕种农作物的经验，这有助于她们在种植园的苗圃中催芽、嫁接和培育橡胶树苗。栽种嫁接树种也是女性在种植园的工作之一。集体合同而非个人任务决定着女性的工作。这种制度更强调集体劳动，它类似于被克佩尔人称为"ku"的劳动方式，这种劳动方式常见于内陆地区。雨季是种植园和内陆地区种树的季节。种树的女工以小组为单位展开工作，每个小组有一名工头。每名妇女会分得一块种植区域和 4—6 捆橡胶树苗，也叫树芽，每捆有 25 个树芽。这是繁重而精细的工作，白人经理会从旁监督，如果她们种得不直或间距过大，经理就会暂停她们的工作或解雇她们。洛马隆（Lomalon）回忆说，缺少经验或行动迟缓的工人很难种完所有树。速度快的种树工会帮助速度慢的人。她说："如果你身强体壮，你会把朋友甩在后面，很快完成工作。如果你速度慢，你的朋友就会帮你种完你的树芽，这样你就能回家了。"[65] 女工间的相互帮助保证合同得以完成。退休的女工谈起当年栽种、照顾这些现在已经成熟的树木时满是骄傲，就像在谈论自家栽种的经济作物一样。希亚瓦-杰（Siawa-Geh）说："你看到的许多橡胶树都出自我的双手。"她和洛马隆一样，早在 20 世纪 60 年代初就开始在种植园工作。[66]

司机和工厂工人被归类为技术工种。20 世纪 40 年代，他们的日薪为 25—85 美分。[67] 司机驾驶卡车沿着种植园发达的道路网，将 1400 加仑乳胶送到位于哈贝尔的加工厂。在那里，工厂工人操纵着大型离心机，将珍贵的橡胶从悬浮液中分离出来。

只有"精华"才会变成浓缩天然乳胶，被装进桶里，运往美国

采集工人搬运收集的乳胶，拍摄于 1966 年。肩扛装满乳胶的大桶长途行走会伤害身体。弗雷德里克·麦克沃伊拍摄（印第安纳大学图书馆收藏）

采集工人在收集站等待称量乳胶和凝结橡胶，拍摄于 1940 年左右（佛罗里达州盖恩斯维尔县佛罗里达大学乔治·A. 斯马瑟斯图书馆特殊和区域研究藏品集，W. E. 马尼斯收藏）

2012 年，女工在种植园的苗圃中嫁接芽苗，数十年来，她们几乎一直这样做（格雷格·米特曼提供）

的费尔斯通工厂。剩余的乳胶会加工成不同等级的干橡胶。工人先往大桶乳胶中加入甲酸，以加快凝结。随后他们用长刀将凝结的白色乳胶切成厚片。大型清洗机、轧水机和滚压机将凝固的乳胶加工成薄片，就仿佛长长的羊毛。巨大的液压机将受热和压制过的薄片压制成224磅的绉片胶，它们也被发往美国。采集工人收集的胶线、杯凝胶和泥杂胶，以及从独立的利比里亚橡胶农民手中买来的凝结橡胶，也会通过相似的化学处理、清洗和机器加工过程，制作成可供出售的橡胶。[68]

在橡胶旅途的最后一程，男性工人将装着浓缩天然乳胶的大桶和大捆的干橡胶放到停在哈贝尔处理厂的驳船上。这些平底船沿法明顿河漂流而下，将这些战略资源运往停在大西洋的货船。和费尔斯通公司依赖的廉价土地与劳动力相似，法明顿河也是哈贝尔种植园工业生活与生态的关键组成部分。费尔斯通公司利用河流的能量为加工厂的机器提供动力，为管理人员的办公室和住宅提供电源，还要为出入费尔斯通海外俱乐部的白人顾客提供冰块和冷饮。费尔斯通公司还将加工厂的化学废料倾倒入河中，几乎不会考虑依赖法明顿河生存的生命。

费尔斯通公司宣传为其雇员提供免费住房、教育和医疗等福利，以证明它"渴望促进利比里亚的社会、人力和经济进步"。[69]但这类声明并未考虑利比里亚及其人民在费尔斯通种植园世界的形成过程中付出的不同代价。为了在一定程度上弥补采集工人微薄的工资，公司会以补贴价向他们出售定额的大米、棕榈油和肥皂，有时候还有罐头装的鱼。"普萨瓦"（pussawa）是克佩尔语的"30"，这个词后来被用来指采集工人每周分得的8磅进口大米：工人用自

法明顿河畔的哈贝尔乳胶加工厂，拍摄于 20 世纪 40 年代初（康奈尔大学图书馆珍稀手稿部收藏，乔治和凯蒂·亚伯拉罕第 6777 号文件）

己的工资买米的价格约是零售价的 30%。[70] 采集工人还能在公司商店按照本地零售价购买额外的大米。20 世纪 40 年代晚期，大米的均价是每磅 10 美分，这比半天的工资还要高。

高级员工包括工头和监工，他们的工资比采集工人高得多，每周还能得到 16 磅大米。在月底发工资时，克扣问题总会引发工人的误解和混乱。克扣的原因包括惩罚、丢失或损坏采集工具，以及从公司商店购买大米、棕榈油、香皂等商品。有的工人几乎把自己的"灵魂"都欠给了公司商店，因未偿清的债务而无法离开。

工资和粮食补贴不足以让工人永远留在种植园。这些奖励带来的物质回报还不及在内陆地区栽种稻米。这也是为什么招工是公司最困难，也最关键的任务之一。不论赫尔姆和他的招工专员走到哪里，一番折腾的结局总是一样的，酋长会说："等小伙子忙完农活之后，就把他们送去。"[71] 每派出一名男性工人到种植园，费尔斯通公司会从 1 月到 6 月每个月向大酋长支付 15 美分，以补偿招工导致的男性劳动力流失（在种田时，这些劳动力是必不可少的）。7 月到 12 月是内陆地区收获和播种的时节，农活大多由女性完成，村庄对男性劳动力的需求不大，费尔斯通公司会向大酋长支付每人 10 美分的补偿金。然而，这些款项只有在各个地区的指标完成后才会支付。美国劳工部的一份研究指出，这套招工办法一直持续到 20 世纪 60 年代初。该研究指出，费尔斯通的"招工方式显然造成了一定数量的非自愿劳动"。[72]

那些自愿前往种植园工作的人，往往是为了赚取足够的钱来支付政府的棚屋税，攒够迎娶妻子的彩礼，或实现其他目标。纳 – 法伦（Na-Fallon）是一位精神矍铄的克佩尔老人，他还清楚记得自己做所谓的"科威工"（kwi）的经理，这一工作需要招募年轻男子为政府装卸重物、修筑道路或建造农场。他回忆道："强迫劳动非常辛苦，我们就逃走了，跑到费尔斯通那里休息。"跟大多数采集工人一样，纳－法伦在巴克利和杜伯曼担任总统期间，频繁加入和离开雇佣经济。有时候他会干上三五个月，一直采集橡胶，挣到足够的钱给家里交棚屋税后，再回到他出生的村子里帮父母干农活。他有时候会干满一年。[73] 很少有人把采集橡胶当作永久的职业。20 世纪 50 年代，只有三分之一的采集工人和其他"无技术"工人永久居住在种植园中。[74] 大部分人都和纳－法伦一样，干上一段时间，等旱季回到内陆帮忙种地。如果采集工人的生活适合他们，这些人又会再回到费尔斯通的世界。

费尔斯通公司提供的子女教育与家庭医疗使一部分工人留了下来。20 世纪 40 年代，费尔斯通启动并扩大了公司为员工提供的教育和医疗项目。学校由利比里亚教育部运营，但教师工资、课本和伙食均由费尔斯通种植园承担，员工子女可以免费读到初中毕业。公司还另外开设了成人扫盲班。

所有员工的子女都可以上学，但学校实行种族隔离。大约 150 名外国白人员工的子女享受着单独的教学楼、师资队伍和课程。能将孩子送进费尔斯通学校或亲自参加成人夜校的利比里亚员工，大部分是工头、监工等高级员工。公司还有接送巴士，但种植园各地只有 15 所学校，因此上学很不方便。像贾维－特（Jaweh-teh）这样的采集工人的孩子，只有十分之一的机会能上学。[75]

除了正规教育，公司还向特定的无技术工人提供在职技能培训。圭就是一名被选中的采集工人。在种植园和家里的农田之间来回跑了几年后，他得到了一份技术工作，在哈贝尔种植园驾驶拖拉机。他回忆道："哦！我很高兴……我不再是采集工人了……我们是大人了。"更高的工资使他有足够的钱娶妻，还能把妻子接到种植园和他一起生活。但最令他欣喜的是，他的妻子没有因难产离世，而且他们的 10 个孩子全都读完了高中。他说，有些人"没时间干那个"。一些人在他们的孩子初中毕业后，就让孩子"拿桶去工作几年，这样你就可以把自己送进大学"。圭是幸运的，他凭采集橡胶和其他技术得到赏识，这使他的孩子有机会走出种植园，过上更好的生活。[76]

||||||||||||||||||||||||||||

数百万棵巴西橡胶木在战争年代生长成熟，它们是通过几十株高产、抗风的个体经过嫁接无性繁殖而培育出来的。比起费尔斯通公司刚到利比里亚时种下的树种，这些经过改良的无性繁殖个体的乳胶产量是其 3 倍以上。无性繁殖树种以及受雇种树、养护树木和收集宝贵的乳胶的劳动力的健康状况，对费尔斯通工业工程实验带来了巨大的挑战。一场真菌病害，如线疫病或褐根病，就能横扫一大片基因完全相同的树林，使公司的投资化为乌有。在分区中，数以千计的采集工及其家人拥挤地住在一起，而且每天数百名采集工人会聚集在一起，这些条件都很适合传染病的大规模传播。一场天花或麻疹疫情就能使公司本就缺少的劳动力大量减员。

为了消灭病原体，费尔斯通公司大力投资医疗服务并支持生物医药研究。真菌、病毒、原生动物与扁虫都能降低植物和人的生产力，减少费尔斯通子公司的收入。20 世纪 50 年代，费尔斯通种植园公司贡献了集团 10% 的净收入，创造的毛利能达到成本的 150%。[77] 哈贝尔种植园医院位于杜河庄园，它的床位从 1940 年的 60 张增加到 1959 年的 167 张。这栋白色二层建筑拥有利比里亚最好的诊断设备和实验室，其外科病房还配有一间现代手术室。紧邻医院的是一间产科诊所，能够容纳 66 名产妇。每个开工采集的分区都设有一间小型诊所和药房，各配有一名卫生员，负责诊治轻伤和小病。公司于 1946 年开设了正式的护士培训项目，1950 年开设了实验室技术人员研究课程。20 世纪 50 年代晚期，9 位外国医生管理着一支由近 200 名利比里亚护士、卫生员和实验室技术人员组成的医疗队伍。1940—1960 年，费尔斯通公司在哈贝尔种植园和规模较小的卡瓦拉种植园开设的医疗服务，每年接待的问诊人数从 30 万增长到 50 万。[78]

对一些员工而言，费尔斯通公司给员工提供的免费医疗服务比微薄的工资更为重要。希亚瓦－杰回忆道："如果你或你的孩子病了，你就带他们到费尔斯通医院免费看病。"她在种植园里生了 10 个孩子。"所以我们赚的这点小钱对我们来说还是很重要的，因为费尔斯通会在我们生病的时候照顾我们和我们的孩子。"[79] 在一个产妇死亡率仍然排在世界前列的国家，能够得到费尔斯通的产科服务确实具有吸引力。

自创立之初，费尔斯通种植园公司一直在宣传其在医疗服务和研究方面的投入，以证明其对利比里亚的善意和人道主义目的。该公司称，"保障橡胶工人的健康"既是"经济的必然"，也是"道德的义务"。在第二次世界大战结束后的几年里，公司制作和发布了一系列宣传片，并在其中大言不惭地将"利比里亚医学和公共卫生事业的进步"归功于"创始人哈维·费尔斯通，以及小哈维·费尔斯通在工业领域的才干"。[80]

公司巧妙的宣传背后是更为黑暗的现实。就像费尔斯通种植园生活的许多方面一样，医疗服务同样实行严格的种族隔离。除非需要做手术，否则黑人患者都被限制在费尔斯通医院的底层病房。正因如此，当利比里亚驻英国总领事哈罗德·弗雷德里克斯（Harold Fredericks）在 1941 年 12 月遭遇一场严重的车祸时，"这位备受尊敬的市民、尽心尽责的利比里亚官员"无法进入楼上设施更好的病房。蒙罗维亚的《非洲爱国者报》（African Nationalist）质疑道："在我们的祖国，种族隔离竟被用来对付我们的领袖，那么美国争取的到底是何种'民主'？"然而，费尔斯通公司的哈贝尔医院存在的"种族门闩"，仅仅是公司在种植园区别对待黑人和白人行为的冰山一角。[81]

对疟疾的研究和诊治进一步强化了种族剥削和种族隔离的医疗体系。在费尔斯通公司的医生赖斯看来，疟疾带来了两大问题。它在利比里亚员工当中的流行会降低"劳动力的整体效率"，而且它也使"保护白人群体"的需求变得更加迫切。[82]

这名年轻的美国医生渴望获得金钱和名声，他将费尔斯通特许地的居民看作热带疾病的宝库。[83] 种植园就是生物医药前沿研究的理想实验室。赖斯说："员工都很听话，而且他们一般住在营地里，各个营地之间以及营地与当地村庄之间离得很远，这样就能在治疗组和控制组之间产生对照。"[84] 在 1929 年的黄热病疫情中，他在 3 名费尔斯通公司工人身上测试实验性的黄热病疫苗。次年，赖斯携手洛克菲勒基金会国际卫生部的疟疾专家马歇尔·巴伯

（Marshall Barber）和尼日利亚卫生部的詹姆斯·纽曼（James Newman），共同开展了一场规模更大的药物实验，以减少疟疾在种植园的传播。

赖斯和他的同事对德国法本公司新近研发的抗疟药物帕马喹很感兴趣。它最初在联合果品公司的工业种植园中得到测试，后来也曾发放给英属印度的驻军和其他热带地区。研究发现，这种药物在高剂量下会产生毒性，甚至致人死亡。[85] 初步研究表明，它有望被用来消灭疟原虫。而针对利比里亚当地的恶性疟原虫，对患者血液的观察显示，帕马喹能够有效地攻击配子，也就是那种原生动物的生殖细胞。配子在疟原虫从人体进入蚊子的环节中至关重要，这是疟原虫生命周期的重要阶段。体内含有大量配子而没有症状的人是疟疾的隐性携带者，如果一只蚊子吸了这些人的血液，再去咬另一个人，就可能将疾病传播给费尔斯通公司员工（包括白人员工）。通过攻击配子，帕马喹或许能够打破传播链条。但是这种药物不能有效治疗已经感染的患者。[86]

为了测试药物的效力，赖斯和同事先抽取了 500 多名费尔斯通公司员工及其家人的血液，以确定疟疾在种植园内部的传播范围。接下来，他们选定 5 个工人营地——德雷瑟斯、纽曼、塔布拉、拉博和穆尔，这些营地都位于杜河附近新近开垦和种植橡胶的分区，以及一家小农场弗洛莫布什。得到费尔斯通公司管理层支持的赖斯团队在这些地点为 250 多名成年男女和孩子接种了帕马喹。

赖斯和他的同事向这些住在营地中的成年人和儿童注射了相同剂量的帕马喹。虽然他们的结论缺少医学证据支持，但这些科学家还是报告称，未发现任何不良结果。[87] 他们取得的乐观成果塑造了费尔斯通公司在战时和战后管理种植园生活的医疗方案。该方案强调，白人员工的健康在利比里亚劳工的健康之上。

费尔斯通公司认为，利比里亚工人对外国白人员工的健康构成了最大的威胁。1941年，费尔斯通公司的一本经营手册警告道："家庭佣人是蚊子将疟疾传播给员工的主要媒介。"公司要求员工确保佣人服从安排。佣人需要在每天晚餐时注射一剂奎诺扑喹，那是帕马喹和喹啉的混合物，还要"定期接受检查，以确定是否患传染病或性病"。[88]美国军方的军医署长办公室认为，定期服用帕马喹并不明智。但为了保护白人群体，黑人佣人体内的血液需要每天接受化学净化，这导致利比里亚佣人长期暴露在毒性物质之下。[89]

此外，马尼斯等外国白人员工还要每周服用三次米帕林来预防疟疾。[90]这是一种美国军方推荐用于抑制和治疗疟疾的药物，毒性要小得多，可以减轻症状，但不能防止疾病传播。在支配种植园生活的种族逻辑中，白人虽然生活在热带，但他们被认为几乎没有传播的威胁。

在种植园各分区中，大部分劳工住在远离白人管理人员住所的地方。这里实行的是另一套医疗规则。前来应聘的人要接受体检，公司有所有利比里亚工头和监工详细的病历记录。被怀疑患有象皮病、疝气、麻风等疾病的人一律不予录用。在种植园医院被诊断出患肺结核的工人会被立即开除，因为这种病"不可能治好，会逐渐恶化，还很可能传染"。卫生员每天都到营房巡视。他们每周分发两次奎宁，每个月诊治一次钩虫病，并且会定期检查工人是否患雅司病。称自己患病和缺勤的工人也会得到治疗。卫生员每个月还会对男女老幼开展人口调查，并且对水井、房屋、厕所进行卫生检查。[91] 每隔两年，住在分区的利比里亚人都会接种天花疫苗。1947年，居住在分区的利比里亚男女老幼共 4 万人。马尼斯还注意到，"每隔 3 个月，医生会来为小伙子们注射，清理他们的血液"，但注射的药品和这样做的原因都不清楚。[92]

费尔斯通特许地丰富的人体、血液和寄生虫库是种植园剥削经济的另一项生物资源。在战争年代，哈佛大学比较病理学和热带医学系在斯特朗的基础上继续发展同费尔斯通种植园公司的合作关系，在推进研究项目的同时为公司提供防治疾病的建议。1926年，哈佛大学赴利比里亚考察队成员、医疗昆虫学家约瑟夫·贝卡尔（Joseph Bequaert）和哈佛大学的同事戴维·温曼（David Weinman）、美国热带医学基金会的埃弗利特·维奇（Everett Veatch），在利比里亚开展了一场大规模的传染病和地理调查。他们主要研究锥虫病（又称"非洲睡眠病"），这种疾病和疟疾一样，会降低劳动效率，而且可能在种植园内传播，从而对费尔斯通公司的劳动力构成了严重挑战。这项受费尔斯通公司委托的调查研究还在 1944 年以公司的医院作为研究基地，在原住民劳工身上测试两种含砷化合物治疗锥虫病的效果。[93]

1946 年，为了纪念父亲和庆祝利比里亚即将迎来的独立 100周年，小哈维出资 25 万美元，在利比里亚建立了一所热带医学研究院。这笔捐款是费尔斯通公司与哈佛大学等著名的美国研究型大学发展互惠关系的直接结果。杜伯曼总统将费尔斯通特许地内，靠近罗伯茨菲尔德和哈贝尔种植园的 100 英亩土地赠送给美国热带医学基金会的利比里亚研究院。[94] 1952 年，前哈佛大学公共卫生学院院长詹姆斯·S. 西蒙斯（James S. Simmons）出席了研究院的落成典礼并发表了讲话。这所研究院由美国大学组成的一个联盟运营，并受到美国热带医学基金会的监管。杜伯曼希望它能促进利比里亚人民整体健康事业的发展，但他的愿望很快就落空了。该机构很快就变成了一个白人科学家的飞地，他们大多来自美国大学。优秀的利比里亚员工几乎从未得到医疗与研究事业上的指导。该机构靠近费尔斯通种植园、罗伯茨机场和一片生活着大量黑猩猩的雨林，这使它能够方便地使用基础设施和找到研究对象（既包括动物，也包括人），以研究疟疾、锥虫病、血吸虫病等热带疾病。有的研究项目，比如寄生虫专家 R. S. 布雷（R. S. Bray）的成果，极有可能涉嫌种族主义科学。布雷故意用间日疟原虫（这是一种不存在于利比里亚的疟原虫品种）感染了 30 名利比里亚员工及周边居民，以观察黑人会不会受到影响。[95] 这样的研究项目在费尔斯通种植园内外均有发生，它们显示了西方的生物医学研究如何冷酷地牺牲非洲裔人群，以实验的名义盘剥他们，迫使其接受不公正的医疗待遇。这是种植园奴隶制遗留下来的可怕遗产，它依然存在于美国医疗体系下的科学种族主义和种族不平等当中，也同样存在于费尔斯通公司以福利资本主义的名义提供的医疗服务之中。[96]

|||||||||||||||||||||||||

在改造土地和生态关系以建立和维持种植园世界的过程中，费尔斯通加剧了部分疾病风险并带来了新的危害。建立工业景观的过程对工人而言充满风险。但这些职业危害远未得到公司的重视，费尔斯通公司担心的始终是威胁白人员工、降低劳动效率的热带寄生虫。

　　种植园的工业生态导致的众多问题当中，一部分来自生物。开垦土地、招募劳工和杀死动植物，都为喜欢叮咬人类的昆虫及其携带的寄生虫提供了繁衍的机会。蚋（又称"黑蝇"）就是其中一种。对种植园基础设施至关重要的水道，以及单一种植的橡胶林提供的防风和遮阴的环境，为这种咬人的昆虫提供了理想的栖息地。它们在早晨最为活跃，而这正是采集工人干活的时间，种植园里到处都是它们的食物来源。黑蝇和人类还同时将另一个旅行伙伴带进了种植园。寄生虫盘尾丝虫和携带它的黑蝇一样，在哈贝尔种植园的生态条件下大量繁殖。黑蝇的叮咬会将它传播到人类宿主身上，而这种寄生虫是撒哈拉以南非洲等热带地区主要的致盲原因之一。在杜河沿岸、斯特朗的哈佛考察队最初造访并扎营的分区，盘尾丝虫病比利比里亚其他地区严重得多。在第一批分区被开垦60年后，生活在杜河沿岸的男性劳工感染盘尾丝虫病的平均比例达到80%。[97]

　　在种植园营区内大量使用的化学药品是另一大健康威胁。氨水等化学品对种植园的运营十分重要。氨水是采集工人生命中永远的伙伴，它能使乳胶保持液态。然而，采集工人使用化学品时并未戴手套或护目镜。它会渗入采集工人的手中，使指尖失去知觉，导致指甲脱落。一名采集工回忆道，灌满氨水瓶后，你必须立即盖上盖子，否则"它就可能沾到你的身上，灼烧你的皮肤"。[98]有的人因为这种腐蚀性化学品落入眼中而失明。贝说："它一溅到你的眼睛里，就会把眼睛弄瞎。要是溅进两只眼睛，那就完了。"[99]

　　许多其他有毒化学品在战后来到了费尔斯通种植园。第二次世界大战催生了大量新型化学物质。它们带来了大规模工业农业、绿色革命和养活饥饿的世界的宏伟计划。[100]工人在树龄较大的橡胶树上喷洒 2,4,5-T 除草剂,再用拖拉机将枯死的植物清理干净,为新的无性繁殖橡胶树留出空间。这种除草剂还有别的好处,它会渗入土壤,杀死真菌。真菌能引发褐根病,这是威胁费尔斯通种植园的橡胶树健康和产量的主要疾病。然而,这种除草剂还含有少量剧毒的环境污染物——二噁英。科学家并未关注过这种化学品在当地可能造成的健康影响,种植园工人,以及生活在杜河和法明顿河下游的居民均是潜在的受害者。[101]

黑线病由寄生性真菌引起,会严重损伤橡胶树的表皮,为了对抗这种疾病,种植园大量引入全新的化学品。引发这种疾病的是一种名为棕榈疫霉的真菌,它会在雨季大量繁殖。它的菌丝会在橡胶树的采集平面上形成垂直的黑线,然后发展为黑色创面,严重时会使树皮的这一区域永远无法采集橡胶。研究表明,黑线病对费尔斯通公司珍贵的优良品种——博乔达塔尔 5 号的破坏性尤其大。因此,这种疾病对公司收益构成了严重威胁。由此催生了大量有关化学防治的研究。20 世纪 60 年代,一种全新的有毒化学剂被大量用于种植园各地,它包含可以刺激乳胶产量的 2,4-D 除草剂和能够杀死棕榈疫霉的杀菌剂敌菌丹。采集工人用手将这种混合溶剂涂抹在采集平面上。敌菌丹后来被认为是致癌物而遭到美国禁用,这种物质也会被滴入橡胶收集杯内,而采集工人每天都会用手指擦拭这些杯子。[102]

战后的天然橡胶生产过程几乎没有"天然"之处。费尔斯通公司的工人居住和生活在一个充满生物、化学和物理危险的种植园世界中。在战争期间,在工作过程中受伤的利比里亚工人或因工业意外失去亲人的家属起诉公司的案件越来越多。小所罗门·布鲁克林

（Solomon Brooklyn Jr.）的家属于 1946 年 9 月发起诉讼，索赔 5000 美元。布鲁克林在脚部受伤后被送至费尔斯通种植园医院，却在那里感染破伤风而死。这家人的律师指控费尔斯通公司的医生 K. H. 弗朗茨（K. H. Franz）"严重疏忽，并以人体进行实验"。这位利比里亚律师指出，像弗朗茨这样的外国医生，"为了获得在欧美无法取得的热带医学知识和经验，会在他们的非洲患者身上进行不道德的医学实验"。弗朗茨给布鲁克林缝合伤口的技术粗糙，而且未进行破伤风的预防处理。这位律师称，弗朗茨对费尔斯通种植园公司的员工进行了"有意的、不人道的治疗"。[103]

面对来自利比里亚政府越来越大的压力，费尔斯通公司在布鲁克林去世的同一年出台了一项工人赔偿政策。但公司的抚恤金远低于布鲁克林的家属要求的金额。工人的家属可以得到的赔偿金是日工资的 1400 倍。如果布鲁克林是一名采集工人，而且死因并非由自己的疏忽导致，那么费尔斯通公司就要支付 252 美元（相当于今天的 3348 美元）。如果布鲁克林失去一只脚，但捡回了性命，他仅会收到 126 美元。一只手的赔偿金是工人工资的 700 倍，一只眼睛是 640 倍，但如果一名采集工人部分丧失视力，那么他只能得到 28—86 美元。[104]

在费尔斯通在利比里亚建起的种族隔离飞地中，对工人赔偿金的计算暴露了黑人劳工的生命在公司眼中的价值。这种估价建立在种族资本主义的框架下，根植于种植园奴隶制暴力而血腥的土壤中。费尔斯通公司将利比里亚的种植园标榜为现代工业和进步的典范，声称它们得到了美国科学与医学的改造能力与人道主义关怀的支持。但费尔斯通公司实施的种族隔离政策，对黑人员工的不公待遇，对种族主义科学与医学的支持，以及利用被强征的土地获取和输出财富都表明，它并未同以往的种植园世界分道扬镳，反倒与它有着诸多共同之处。

第七章

"冷战"特许权

作为任职时间最长的美国驻利比里亚公使，沃尔顿十分满意自己在过去 10 年间对巩固美利两国友好关系做出的贡献。甚至在履职以前，他就曾成功调停小哈维和巴克利之间的矛盾。费尔斯通种植园公司已经成为利比里亚招工人数最多的企业，而且在 1944 年利比里亚 1050 万美元的出口额中，费尔斯通种植园的橡胶占了近九成，这些橡胶几乎全部运往美国。贸易顺差大幅提高了利比里亚的偿债能力。不断增长的财政收入意味着利比里亚政府可以投资医疗、教育、基础设施和经济发展等领域。[1] 在战争期间，沃尔顿的远见、支持与外交技巧为利比里亚带来了美国的资金、企业、技术知识和人员。美国海军和雷蒙德混凝土桩公司的美国工程师和项目经理，在利比里亚工人的帮助下，开始在蒙罗维亚修建商业港口和通往港口的道路。这项工程源自一份价值 2000 万美元的租借协议，而沃尔顿可以自豪地宣称，他推动了这份协议的签订。更重要的是，沃尔顿呼吁美国向利比里亚提供技术援助，这促使罗斯福总统积极回应了杜伯曼总统的请求，派出经济和公共卫生代表团前往利比里亚。这个代表团由农业、经济、公共卫生、医学、环卫工程等领域的黑人和白人专家组成，旨在调查该国的自然资源，并协助改善该国的经济和卫生状况。[2]

沃尔顿希望能于 1945 年底"在荣耀的光辉中"卸任。[3]但他离开利比里亚时并非站在成就的顶峰，反而身处风口浪尖。罗斯福于 1945 年 4 月逝世，而沃尔顿则依照每逢新总统当选或就职都要递交辞呈的惯例，向哈里·杜鲁门（Harry Truman）总统递交了辞呈。在沃尔顿收到消息之前，媒体就公开报道，杜鲁门已经接受了他的辞呈。感到震惊的沃尔顿在给国务院非洲事务司长维拉德的信中写道，他不明白杜鲁门"同是密苏里老乡……为何认定迅速接受唯一的黑人外交官的辞呈在政治上是有利的，而且这名外交官的记录一直……颇为出色"。[4]与此同时，《芝加哥卫报》发表了一篇言辞激愤的文章，蒙罗维亚的《每周镜报》（Weekly Mirror）[①]予以转载。这篇文章称沃尔顿并非辞职，而是"被迫离职"。文章坚称，沃尔顿的撤职是曾经或仍然驻扎在蒙罗维亚的非裔美国大兵"怒吼"的结果，这些士兵不满利比里亚"沿海地区 1 万名上层阶级居民"对待该国原住民的方式。一些士兵认为，沃尔顿对这种"为了牟利"的剥削体系保持沉默，这种体系有利于"维持现状"，尤其有利于前总统巴克利政府当中的"保守派"。据称，沃尔顿的这种态度引发了变革的呼声。[5]沃尔顿大发雷霆，当即聘请一名律师，以诽谤罪起诉报社，并称这篇文章是"彻头彻尾的谎言"。[6]蒙罗维亚的

---

① 英国政治小报《每日镜报》（Daily Mirror）于 1903 年创办，主要报道名流丑闻。利比里亚周报的定位与之相似。

其他报社纷纷为沃尔顿辩护,而《每周镜报》做出回击。他们问道,如若指控不真实,刊载了这篇文章的那一期报纸为何能够迅速销售一空?"而这些买报的利比里亚读者,大多来自一分钱也拿不出来的阶级,他们何以愿意掏钱买上一份报纸?"这家报纸批判道,这些人就是"沃尔顿公使来到利比里亚10年一直刻意忽视"的群体。[7]

虽然沃尔顿的确是主动请辞而非被迫卸任的,但这番哗众取宠的言论还是道出了几分真相。美国的黑人士兵确实曾在战争年代的驻利美军基地中讨论过种族歧视、阶级、剥削和殖民主义等问题。相当多的人对利比里亚移民精英和原住民之间的巨大差异表示过不满,其中就包括奥西·戴维斯(Ossie Davis)。尚未成为演员、编剧、导演和民权活动家的戴维斯曾于1942年作为助理护士进驻第25号驻地医院,这所医院就在靠近罗伯茨菲尔德和费尔斯通种植园的军事基地当中。这是美国下辖的首家完全由黑人医护人员管理、运营的驻地医院。"我不单是对利比里亚逐渐发酵的阶级冲突不满,我自己也着实深感不安。"戴维斯回忆起在利比里亚度过的3年时光时解释道。他写道:"我本以为同一种族之间应该存在着兄弟情谊,结果它压根就不存在。反倒是本地部族代表的阶级遭受美国裔利比里亚人的另一阶级压迫的现象随处可见。"他问道:"难道真让马克思说中了——整体上人们更忠于自己的阶级而非种族?"更令戴维斯感到不安的是,"我们竟轻易成为歧视者和剥削者,用自视优越的鄙夷和轻蔑对待原住民,而我们自己还常常向连长抱怨自己受到了这样的委屈"。戴维斯认为费尔斯通公司是最大的加害者之一。戴维斯评论道,费尔斯通公司或许"只是一家企业而非英国或法国那样的国家"，但它仍是一个"殖民剥削者"。[8] 种族和阶级差异塑造了费尔斯通的种植园世界。而沃尔顿在派驻利比里亚的数年间，当他在同小哈维、巴克利、杜伯曼等友人交谈时，显然对这些问题讳莫如深。

同年 8 月，杜波伊斯在《芝加哥卫报》上发表了一篇热情洋溢的文章替沃尔顿辩护。杜波伊斯对费尔斯通公司只有鄙视，但他还是相信沃尔顿"如岩石一般防止种族隔离和白人统治在利比里亚有机可乘"。杜波伊斯辩称，"利比里亚精英剥削本地人的过时指控"是一次恶意诽谤。即便这是事实，就严重程度而言，它也"不及白人在非洲全境、亚洲全境和南美大部分地区对原住民的剥削的十分之一"。杜波伊斯写道："当整个国家都处于白人奴隶监工水深火热的压迫之下时，就不是重组社会结构的时候了。"他指的是费尔斯通公司和美国海军。[9] 为白人至上主义服务的经济与军事帝国主义支配着整个世界，在这样的世界里，虽然利比里亚内部的阶级分化令戴维斯等人感到苦恼，但杜波伊斯还是认为，利比里亚作为一个独立黑人共和国的主权最为重要。

最终接替沃尔顿的爱德华·达德利（Edward Dudley）对费尔斯通公司远不如前任友好。达德利于 1948 年被杜鲁门任命为美国驻利比里亚公使，并于次年升至大使。此前他曾担任纽约州助理总检察长，并加入了美国全国有色人种协进会的法律辩护与教育基金会，该组织由瑟古德·马歇尔（Thurgood Marshall）创立和领导。作为基金会的助理特别顾问，达德利在 20 世纪 40 年代四处奔走，挑战将非裔美国人排除出研究生和职业教育项目的现象，并且努力为南方公办学校的黑人教师争取同工同酬待遇。[10] 作为外交官，达德利起初"克制自己",不在媒体上批评费尔斯通公司。但在派驻利比里亚3年后,他开始当众抨击公司的种族歧视政策。美国贸易公司是费尔斯通旗下的商店,其中的一名店员拒绝为达德利夫人服务,此外还做出了其他冒犯行为。达德利当即将费尔斯通种植园公司的代理经理维庞德(Vipond)招到美国公使馆,"狠狠地训斥了"他。而后费尔斯特公司的人给国务院打去了一通电话。据传,达德利在和维庞德的对话中"指责费尔斯通公司将美国的'吉姆·克劳政策''移植'到了利比里亚",并谴责了公司禁止"黑人进入员工俱乐部"的种族隔离政策。费尔斯通公司执行副总裁拜伦·拉勒比(Byron Larabee)为公司的行为做了辩护。拉勒比告诉国务院,费尔斯通公司若是"在这个问题上做出改变",则会影响公司招募白人员工的能力。拉勒比还抱怨达德利说,在"一个专业的黑人"出现之前,公司"在这些问题上从未遇到过麻烦"。然而,费尔斯特公司庞大的种植园世界和种族隔离飞地(它们是以白人至上主义态度和种族主义政策为基础,在一个黑人主权共和国中建立的)面临的种种问题才刚刚开始。[11]

1945年,利比里亚正追赶着世界,而世界正追赶着费尔斯通公司。费尔斯通种植园公司的成功使利比里亚内外的人民都进一步认识了种族资本主义的压迫力量,以及它通过建构种族与族群差异来使不平等合理化的能力,当时这两种差异在利比里亚不断扩大。在战后的数年里,美国的民权运动、非洲的解放运动、工人暴动和对共产主义的恐惧都愈发壮大。美国政府越来越难以对费尔斯通公司建立的种族和阶级分化的世界视而不见。

|||||||||||||||||||||||||

到 20 世纪 40 年代晚期，巴尼特已经与在利比里亚坚定支持费尔斯通公司的沃尔顿分道扬镳。1947 年，这位想要有所成就的记者第一次抵达了非洲。他热衷于建立人脉，尝试为自己从西非进口货物的小型贸易公司争取投资的机会。他还希望西非的报社和记者发展、巩固关系，帮助联合黑人出版社在战后增加有关非洲的新闻报道。巴尼特将这两项策略（利用黑人资本和黑人媒体）视作战后泛非主义团结的关键。这种团结以资本主义为基础，旨在支持非洲裔群体争取自由的斗争。[12]

巴尼特和妻子埃塔·莫滕·巴尼特（Etta Moten Barnett）"时髦地"穿越了西非，其中就包括利比里亚。埃塔是著名的戏剧和影视明星，曾在 1942 年乔治·格什温的歌剧《波吉与贝丝》（*Porgy and Bess*）于百老汇重演时饰演贝丝（Bess）。① 她在加纳首都阿克拉等地举办了巡回演唱会。回国后，巴尼特向"受够了出行和场所的种族隔离限制"的美国有色群体推荐了西非，尤其是利比里亚。巴尼特向《黑人文摘》（*Negro Digest*）的读者建议道："一旦你离开美国海岸，马上就可以放下对歧视的戒备。"然而，巴尼特坦言，他们也遇到过"躲不开的美国人"。巴尼特写道："我向来猜不出，一个南方的美国白人会表现得像绅士还是混蛋。""甚至在黑人管理政府，从捕狗员到总统都是黑人的利比里亚"，他们遇到的一名

---

① 《波吉与贝丝》由美国作曲家乔治·格什温（George Gershwin）改编，最初于 1935 年首演。这部音乐剧使用非裔演员进行古典唱法的演出，在当时颇为大胆。

轮船公司的白人工作人员还是"拒绝承认黑人是与他平等的社会成员"。[13] 费尔斯通公司的白人管理人员似乎也是如此。和利比里亚人的交流使巴尼特相信，对那些在费尔斯通种植园工作的人而言，"晋升的道路被挡住了，那里已经建立了一个小小的白色孤岛或者说帝国。利比里亚人在那里不受欢迎，也无权进入"。[14]

巴尼特在利比里亚的目的之一是争取非裔美国人的投资与就业机会。这一追求使他得以接触利比里亚公司，那是由利比里亚政府和一群美国金融家共同出资成立的一家企业。巴尼特的好友弗兰克·平德（Frank Pinder）曾作为经济代表团的成员在利比里亚待过一段时间。他认为，利比里亚公司提供了一个为利比里亚带来"一些真正的发展"，打破费尔斯通公司"垄断"的机会。巴尼特与平德都认同资本主义的解放力量，也都称赞利比里亚公司组织架构中的"双种族体制"，他们认为这给了非裔美国人和利比里亚人投资的机会。[15] 但是利比里亚公司带来的希望很快就破灭了。

爱德华·斯特蒂纽斯（Edward Stettinius）是利比里亚公司背后的主要推动者，他曾任通用汽车副总裁、美国钢铁公司董事长，并在罗斯福政府担任过多个职务。他于1944年成为国务卿，一年后改任美国驻联合国大使。斯特蒂纽斯与他的合伙人担心资本主义危在旦夕，在非洲尤其如此。埃默里·罗斯（Emory Ross）是卫理公会传教士，同样是利比里亚公司董事会的成员。他在为利比里亚争取新协议的讨论中表达过类似的担忧。罗斯说："非洲人忘不掉他首次接触资本主义社会时遇到的三样东西——火药、杜松子酒和奴隶制。"罗斯坦言，非洲人并未从后续的资本主义项目中得到好处，那些投资项目"被暗中操控以从非洲生产者那里挤出牛奶，再将大部分牛奶和所有奶油送往遥远的资本主义社会"。鉴于这段历史，罗斯认为，非洲人很可能更支持共产主义，毕竟它在非洲大陆上没有资本主义那样的糟糕过往。[16]

斯特蒂纽斯当时将利比里亚视为美国在非洲对抗共产主义的桥头堡。罗斯福于1944年派出的经济代表团发现，这个国家拥有丰富的铁矿石、黄金、钻石、木材等自然资源。但是，如果外国投资无法建立不同的道德基础和社会基础，历史注定将重演。利比里亚公司要成为"国际关系的新起点……尝试以一项工程解决利比里亚共和国的公共福利等政府问题，还有自然资源开发问题，是一场毕其功于一役的实验"。[17]利比里亚政府将获得利比里亚公司25%的普通股，而该公司将获得优先开采权，以开发该国丰富的铁矿和木材资源，还有权优先获得特许地，以发挥利比里亚在咖啡、可可、橡胶和棕榈油生产方面的潜能。另有10%的股份将由利比里亚基金会持有，那是利比里亚公司的慈善机构，负责卫生、教育和培训项目。[18]

《纽约阿姆斯特丹新闻报》（New York Amsterdam News）和《芝加哥卫报》都发表社论称赞利比里亚公司。[19]杜波伊斯则心存疑虑。他写道："利比里亚迈出了危险实验的第二步。第一步是费尔斯通橡胶特许地。第二步是利比里亚公司和斯特蒂纽斯等人……在它公布的董事会成员中，有一名董事是美国海军史上偏见最深、最反动的海军上将。"董事会成员都是出身南方和来自"成功的美国公司"的人。杜波伊斯担心，如果利比里亚仅仅成为"另一个投资地"，那么该国的自由和独立将受到威胁。[20]

利比里亚公司董事会成员都是美国政商界大名鼎鼎的人物，

而且与罗斯福政府关系密切，如被杜波伊斯鄙视的海军上将小威廉·哈尔西（William Halsey Jr.）、通用电气董事长菲利普·里德（Philip Reed）、前西尔斯公司董事长莱辛·罗森瓦尔德（Lessing Rosenwald）。巴尼特与菲尔普斯·斯托克斯基金会的首位黑人董事钱宁·托拜厄斯（Channing Tobias）是利比里亚公司创始董事会中仅有的两名非裔美国人。还有 5 名董事是利比里亚政府指派的。

公司尝试在利比里亚刺激商业贸易和私人投资，而巴尼特则凭借他的董事身份，主张聘用素质优秀的非裔美国人来从事相关工作。他积极联络其余的董事会成员，准备同公司白人员工在利比里亚采取的"反非"态度与傲慢行为斗争到底。[21] 斯特蒂纽斯向巴尼特保证，不会姑息此类行为。有一次，他请求巴尼特谨慎地道出姓名，以便他们"采取行动，从木桶中取出腐败的苹果，不论它在什么位置"。[22]

巴尼特致力于向潜在的黑人投资者与黑人媒体介绍利比里亚公司，他也因此获得了公司股份的奖励。例如，1948 年 9 月，他在《乌木》（*Ebony*）杂志上发表了长达 3 页的浮夸广告，展示斯特蒂纽斯不久前的利比里亚之旅。这则广告用文字和图像重点突出了族群融合的精神，而巴尼特相信利比里亚公司拥有这样的精神，而且该公司正在"解锁巨大的财富"并将"给予利比里亚人更好的生活条件"。巴尼特向黑人读者保证，利比里亚公司的做法"和过去类似的公司常规的'帝国主义'经营模式有着天壤之别"。这里隐晦地指向了费尔斯通公司，他在文章中指责该公司向利比里亚工人支付的平均工资"每天仅有 38 美分"。[23]

斯特蒂纽斯于 1949 年逝世，这使利比里亚公司失去了一位尽心尽力的领袖的远见卓识。利比里亚公司究竟会如斯特蒂纽斯宣传的那样，践行全新的"伙伴关系与社会责任的概念"，还是如杜波伊斯担忧的那样，落入经济帝国主义的俗套，答案将永远无从知晓。[24] 美国在全球航空、海运和采矿领域的商业网络错综复杂，置身其中的利比里亚公司苦苦支撑了 10 年。1962 年，利比里亚政府以 70 万美元的年净收益，将手中 25% 的股份卖给了利比里亚发展集团，并终止了原先的协议。[25]

|||||||||||||||||||||||||||

第二次世界大战结束后，美国与苏联间的地缘政治矛盾升级。两个超级大国在世界范围内争夺影响力，而非洲则获得了更多的兴趣和关注。杜鲁门总统的遏制政策旨在对抗苏联不断扩大的势力范围。随着非洲、亚洲和世界其他地区的殖民地纷纷独立，这场斗争愈发激烈。1945 年成立的联合国在其宪章中承认了"人民平等权利及自决原则"。前殖民地取得国家主权的诉求就此得到了支持（但在撒哈拉以南的非洲，最先实现独立的国家加纳直到 1957 年才实现这个目标）。美国和苏联想方设法拉拢新近独立的国家，让它们在这场意识形态斗争中站在自己的一边。

资本主义在非洲大陆剥削和血腥的历史使得美国外交政策制定者在"冷战"时期十分担心利比里亚，尤其是费尔斯通公司的种植园。1949 年 12 月，费尔斯通种植园的汽车修理工开始上街游行，就此开启了种植园工人团结和反抗的 10 年。这加剧了美国政治家的担忧。美国国务院官员将罢工归咎于"部分员工的不满"，但他们同样归咎于"塞拉利昂、黄金海岸、尼日利亚等英属非洲殖民地的动荡"。他们拒绝相信，利比里亚的原住民工人能够独自组织起来，抗议美国企业的剥削行为。虽然这些官员在报告中称"没有发现共产主义的影响"，但他们还是担心费尔斯通种植园的条件已经创造了一个"适合共产主义活动"的环境。[26]

利比里亚境内第一场抗议美国企业的劳工活动并非发生在种植园，而是在雷蒙德混凝土桩公司和美国海军合作修建的蒙罗维亚港口。1945 年 12 月，工人组织了为期两天的罢工，抗议在薪酬、医疗、赔偿和食堂特权等方面的不公待遇。蒙罗维亚的《每周镜报》热情地称赞了这场行动："这证明利比里亚人的权利意识正在觉醒，认为利比里亚人无法团结起来的陈旧观点正在消失。"该报谴责美国的外来特许经营者，没有充分照顾利比里亚劳工，而费尔斯通公司是其中最恶劣的。《每周镜报》批评道："在费尔斯通，利比里亚的工资法并不适用那里，工人被自以为是的白皮肤主人当成奴隶对待。"该报指出，为了反抗种族歧视和不公正的工资、住房等待遇，"员工手中唯一的武器"就是罢工，它号召利比里亚新兴的工人阶级行动起来。[27]

一份"秘密的"美国政府文件于 1950 年初报告称，费尔斯通种植园 1949 年 12 月的罢工并未出现"暴力行为"。[28] 汽修工人发起罢工后，费尔斯通美国贸易公司与中央办公室的会计、文员等纷纷效仿，接着是工厂工人和非洲裔的医护人员。费尔斯通种植园公司经理罗斯·威尔逊（Ross Wilson）声称，在哈贝尔种植园的 1.6 万名雇员中，仅有 400 人参加了罢工。[29] 厨师和管家也罢工了，威尔逊的妻子不得不亲自下厨，而他也得洗碗。威尔逊受够了他眼中的"违法行为"，于是驱车赶往美国大使馆。他和达德利大使一同去了总统府，杜伯曼总统决定成立一个执行委员会，包括司法部长、农商部长、边防部队指挥官和一名邦迪韦地区的法官（费尔斯通公司的种植园位于他的管辖区）。[30]

委员会抵达种植园，本以为会遇到一群愤怒的暴徒，但迎接他们的是"一片平静"。工人在一间校舍中集会，还选举出了几名代表，由他们向委员会和管理层表达不满。威尔逊起初拒绝谈判，直到杜伯曼威胁要将他驱逐出境，他才坐到谈判桌前。工人的要求包括"更高的工资、更好的住房、更好的医疗条件和更好的工作环境"，还有得到白人管理者更好的对待和"不追究参与罢工一事"。委员会用了两周时间调查种植园的工作环境、住房条件、薪资水平和医疗保障。他们发现工人的抱怨十分合理。委员会建议杜伯曼总统，应让费尔斯通公司接受"种植园各部门统一实行8小时工作制，将工人工资提高60%，提供带薪休假"和更平等的医疗待遇，还要停止在沼泽地上修建工人营房。[31]

1950年2月初，在委员会斡旋双方达成临时和解协议后，威尔逊食言了。他辞退了罢工领袖，并只给工人的日薪增加了2美分。工人们群情激愤，再次发动罢工。种植园不同部门的罢工者放火烧橡胶树、毁坏车辆，还打开了"一个巨大的装乳胶的容器"，将"珍贵的橡胶"倒进法明顿河，橡胶沿着河水流入大西洋。[32] 300多名"罢工工人用圆木和路障堵路"，切断了种植园和首都的联系。[33] 这是费尔斯通种植园有史以来第一起有组织的暴力事件。杜伯曼宣布戒严，暂时取消公民的自由权利，并派出"步枪手和机枪队"以压制"带着短刀"的罢工者。[34] 2月14日，心有不甘的工人回到工作岗位。罢工结束后，杜伯曼请求美国助理国务卿乔治·麦吉（George McGhee）派一名军事顾问，并要求得到更多武器，以更好地训练、武装利比里亚军队来应对工人暴动。在他看来，工人的活动使本国"容易受外国干涉"。麦吉承诺在华盛顿"促成军事援助"，以帮助利比里亚在实施"发展计划"之际抵御"共产主义骚乱"。[35]

杜伯曼并不是工人的朋友，他拥有利比里亚最大的独立橡胶农场。不论是在经济上，还是政治上，他都有各种动机镇压费尔斯通种植园的罢工，并保持低工资。如果费尔斯通公司提高了薪酬水平，利比里亚的独立橡胶农场主也得照做，这会减少他们的利润。仅有少数利比里亚人拥有超500英亩土地、雇用上百名工人的农场，而杜伯曼在托托塔的农场占地达4000英亩，就位于从蒙罗维亚到邦加的主干道沿线、利比里亚橡胶走廊的中心。他的农场种着咖啡、可可和橡胶，还有一家私人动物园。[36] 杜伯曼的农场一般被称为"布谷鸟巢"，它在20世纪60年代雇用了250多名采集工从2000英亩的无性繁殖株中采集橡胶，那些无性繁殖株全部是费尔斯通提供的。[37] 朝鲜战争爆发后，橡胶价格一飞冲天。而费尔斯通公司以市场批发价收购橡胶的政策使利比里亚橡胶农场主大发横财。20世纪50年代，费尔斯通种植园等外国特许地的罢工活动愈演愈烈。似乎是为了换取利益，杜伯曼利用巨大的政府权力镇压工人暴动，以维护他的独裁国家的"法律与秩序"。[38] 例如，1961年，装备着"短刀、钢管和木棒"的汽修工，组织700名工人在新近获得批准的萨拉拉橡胶公司特许地举行罢工，那里离"布谷鸟巢"不远。杜伯曼命令代理司法部长派国民警卫队和利比里亚边防部队赶往种植园，并且授权军队在催泪瓦斯无法驱散罢工者时可以"开枪杀人"。³⁹ 除了派警察和士兵协助费尔斯通公司，杜伯曼还干预工会领导人的人选：他于 1959 年任命自己的儿子小威廉·"沙德"·杜伯曼（William "Shad" Tubman Jr.）为利比里亚产业工业联合会主席。⁴⁰

1950 年 2 月，杜伯曼使用戒严令和军事力量镇压了费尔斯通种植园的第一次大罢工。这场罢工并未给工人带来太大帮助。在罢工结束两个月后，费尔斯通公司的拉勒比向国务院官员报告称，种植园无技术工人的平均日薪是 28 美分。如若此言属实，那就意味着罢工使工资提高了大约 40%。但工人的其他要求，包括更公平的居住条件、更好的工作环境、白人管理者更好的对待和不追究罢工行为，均未得到满足。⁴¹

同一时间，身处阿克伦的小哈维最关心的并非劳工暴动，而是费尔斯通轮胎橡胶公司成立 50 周年的纪念活动。1950 年，该公司的销售额已经突破 70 亿美元，利比里亚种植园是最赚钱的子公司之一。⁴² 8 月，也就是哈贝尔种植园罢工结束 6 个月后，小哈维和他的 4 个兄弟在数千名观众面前，共同揭幕了一座他们父亲的巨型雕像。这尊青铜色的雕像比老哈维本人大得多，这位大家长坐在椅子上（椅子下面是高高的大理石基座），望着连绵 1 英里的工业园区，而那只不过是费尔斯通橡胶帝国的一小部分。⁴³ 然而，揭幕仪式是一场精心设计的骗局。小哈维委托美国著名雕塑家詹姆斯·厄尔·弗雷泽^①（James Earle Fraser）设计作品以纪念父亲，但弗雷泽

---

① 詹姆斯·厄尔·弗雷泽是新古典主义雕塑家，美国首都华盛顿的许多历史雕像均是他的作品。1949 年，弗雷泽刚刚完成了藏于亨利·福特创新纪念馆的爱迪生雕像。

1954 年，小哈维、杜伯曼总统、利比里亚大使克拉伦斯·辛普森和两个身份不明的人正在欣赏弗雷泽雕刻的费尔斯通家族大家长的雕像（印第安纳大学图书馆收藏）

的铜像未能如期交付。小哈维随即打造了一座同等尺寸的石膏模型，将模型涂成青铜色，然后运到阿克伦以供揭幕式使用。几个月后，在夜深人静之时，石膏模型被替换成铜像。[44] 不管是选择弗雷泽（他因雕刻了许多美化殖民者和美国的历史与暴行的宏伟雕像而闻名），还是这个诡计，都显示费尔斯通橡胶帝国对自身公众形象的极端重视。在揭幕式上，阿克伦圣保罗主教堂的牧师沃尔特·特伦克斯（Walter Trunks）发表了题为《一位伟大的人道主义者》的演讲，但只字未提老哈维在利比里亚留下的遗产。廉价的土地与劳动力，以及飞涨的橡胶价格，都为费尔斯通公司带来了巨额利润。在杜伯曼的军事力量的支持下，小哈维绝不会在他们付给利比里亚"无技术"工人的工资问题上轻易让步。

||||||||||||||||||||||

当时美国政府将利比里亚视为美国在非洲大陆"东西方意识形态斗争"中重要的桥头堡，而费尔斯通公司的政策和做法则引发了担忧。[45] 1950年罢工后不久，华盛顿的国务院官员就再三叮嘱拉勒比，在与"非洲人民"的往来和关系上，费尔斯通公司需要采取一种"更进步的方式"。[46] 达德利大使等也指出，白人管理人员对利比里亚官员的褊狭态度、对待本地员工的方式，以及缺乏培训和晋升利比里亚人的机制等问题，都迫切需要改革。[47]

费尔斯通的种族主义态度和政策可能导致美国的外交政策破产，美国政策希望为利比里亚吸引公共与私人投资，特别是计划将利比里亚打造成"杜鲁门总统（第四点）计划①的试验场"。[48] 杜鲁门在 1949 年 1 月的就职讲话中宣布了这一计划，他将其称为"一项大胆的计划，旨在让欠发达地区能够利用我们现有的科学成果和工业进步的优势来改善和发展"。杜鲁门将整个世界的形势描述为共产主义与民主主义之间的一场较量，后者是基于这样一种信念，即政府的目的是保护"个人权利及自由"，且"社会公平可以通过和平的改良来实现"。[49] 杜鲁门称，一些国家"还没有在共产主义和自由的生活方式之间做出选择"，那么技术援助和投资就将"使天平朝着自由的方式倾斜"。[50] 但要想实现这个目标，美国政府和私人企业必须合作，这样才能真正兑现资本主义和科学的承诺——改善欠发达地区人民的生活。[51]

杜鲁门的马歇尔计划旨在协助西欧国家重建战后经济，巴尼特和达德利没能以此为利比里亚争取到经济援助，于是利用自己在华盛顿的关系，将利比里亚定位为第四点计划的资金接受者。[52] 在 1947 年造访利比里亚，以及 1949—1950 年的罢工之后，巴尼特不再将费尔斯通公司看作利比里亚的拯救者。在他为《芝加哥世界报》（*Chicago World*）等媒体撰写的一篇分成两辑的文章中，他没有明说费尔斯通究竟是"利比里亚的天使还是魔鬼"，不过他确实将公司当作负面案例，批判了其劳工政策，指出非白人员工上升空间有限等问题。[53]

利比里亚对美国的技术援助并不陌生。罗斯福于 1944 年派往

---

① 杜鲁门外交计划的前三点分别指向了联合国、马歇尔计划与后来的北约，第四点则针对发展中国家。

利比里亚的经济和卫生代表团，直到 1950 年仍在工作。他们广泛调查了该国的卫生和自然资源状况，并且提供科学与医学知识指导。杜伯曼政府关于农业、教育、医疗和经济增长的发展计划便得到了他们的帮助。美国国务院的麦吉将该代表团称为"重要的试验性行动"，这一说法预示着美国政府随后便会根据杜鲁门的第四点计划提供援助。[54] 1950 年秋天，巴尼特欣喜地向菲尔普斯·斯托克斯基金会的弗雷德里克·罗（Frederick Rowe）报告称，由于"美国驻经济与卫生代表团当前在利比里亚开展的项目"，利比里亚成为第一个得到第四点计划资金支持的国家。[55] 1950 年 12 月，美国与利比里亚签署了正式协议，成立了经济发展联合委员会，该委员会由农业、经济、教育、公共医疗和卫生等领域的 5 名美国专家和 7 名利比里亚专家组成。这项技术援助与合作计划提出了为期 5—10 年的经济发展战略，预计需要 3200 万美元。这笔资金将由美国和利比里亚共同筹集，美国政府将提供赠款与贷款，利比里亚政府则会动用财政收入。1951—1962 年，美国政府向利比里亚划拨了近 3600 万美元的赠款与 5100 万美元的发展贷款。[56] 在巴尼特看来，这一国际援助项目为美国的非裔专家提供了费尔斯通从未提供过的工作机会。经济代表团的团长奥斯卡·迈耶（Oscar Meier）希望它能"成为自由民主国家间互惠合作的最佳案例之一"。[57]

联合委员会注重改善利比里亚的农业、医疗、教育和交通，这与杜伯曼的发展目标和政策高度吻合。杜伯曼在首个任期内将选举权扩大到内陆地区所有 21 岁以上，拥有土地永久所有权或一间棚屋的公民。他还将内陆地区划分为 4 个新州，它们与以移民为主的 5 个沿海州具有同等的地位。经济融合与文化同化的进程早在共和国成立以前就已开始，而杜伯曼的这些举措意味着该进程在政治和法律层面得到正式承认。[58]虽然杜伯曼以低廉的价格积极出售铁矿、橡胶、木材的特许经营权，但他通过技术援助计划，投资和发展医疗卫生服务，这在一定程度上弥补了外国直接投资未能普遍改善利比里亚人健康状况（受惠的只是种植园与矿场的少数利比里亚工人）的缺陷。[59]越来越多的乡村居民到费尔斯通种植园和铁矿山工作，农业劳动力随之减少，这迫使人们想方设法提高农业产量。早在1944年费尔斯通公司的雇工高峰出现之初，美国财政顾问就观察到"稻米等粮食不足"。他将其归结于人们"从自给自足的农村转移到种植园等雇工中心，在那里，他们不再生产粮食"。他正确地预测，除非"留在内陆乡村的人能相应地增加产量"，否则这个趋势将持续下去。[60]

杜鲁门邀请小哈维加入国际发展顾问委员会，为第四点计划的政策和进展提供指导，但小哈维很快成为该计划最尖锐的批评者之一。1952年，在《纽约先驱论坛报》主办的公共论坛上，小哈维表达了对第四点计划的鄙夷。他声称，"如果说对抗共产主义最有效的办法"是改善"世界上欠发达地区"人民的生活，那么实现这个目标最佳的途径就是通过私人资本。政府不应该用纳税人的钱去资助技术援助项目，而应"告诫其他国家政府，重要的是，把他们的国家变成能够吸引外国资本的地方"。小哈维援引费尔斯通公司在利比里亚的历史，认为该公司的医疗服务、教育体系、劳工政策、工人赔偿、水电厂、道路等资产证明，"私人资本在不发达国家可以为所有人带来巨大收益"。他总结道，费尔斯通公司在利比里亚的项目"是一套经过验证的方案，它能为投资者带来收益，不需要花费纳税人一分钱，能提高欠发达地区人民的生活水平，还能从根本上打击敌人"。[61]

但利比里亚的现实情况是工资微薄、种族不平等、财富集中、工人暴动、土地掠夺和粮食短缺，这与小哈维吹嘘的成就相去甚远。当年早些时候，杜伯曼为这位橡胶大亨颁发了"非洲之星"荣誉勋章，以表彰其"对利比里亚的福祉深切而持久的兴趣"。[62] 这项荣誉无疑支持了小哈维言过其实的主张。然而，像平德这样为落实第四点计划而前往利比里亚工作的非裔美国人，并不认同费尔斯通是该国救世主的说法。

||||||||||||||||||||||||||||

平德是美国驻利比里亚经济代表团的高级农业专家。1944年11月底的一个清晨，他搭乘一架 DC-3 型军用运输机降落在罗伯茨机场。他代表美国国务院与海外经济署 ①，和几位农业、林业、地学、工程领域的技术专家共同前来协助杜伯曼政府实现 5 年发展计划。平德将在此驻留 13 年。在此期间，他在利比里亚政府农业项目的转型过程中发挥了至关重要的作用。平德抵达之初，利比里亚农业局还是一个很小的政府机构，每年经费只有 6000 美元。短短 10 年间，得益于他的影响，农业局成为内阁级别的部级单位，年预算接近 40 万美元。这些钱出自利比里亚政府的财政收入与第四点计划的资金。1957 年，平德在利比里亚的农业项目，"不仅欣

---

① 海外经济署成立于 1943 年，旨在协调美国在第二次世界大战期间在世界各地开设的机构。

欣向荣，还产出了上千倍的累累硕果"（用杜伯曼的话说）。当时
农商部已成立了一系列农业服务机构，包括一家实验研究站和82
座遍布全国的苗木养护与示范农场，并配备了逾百人的技术专家与
助手，而且几乎全都是利比里亚人。[63]

平德很了解单一作物的种植园经济对人与土地的灾难性影响。
他的父母经历了巴哈马群岛菠萝种植园的兴衰，并于1895年离开
了伊柳塞拉岛。平德十几岁时在佛罗里达的基韦斯特生活，身边到
处是三K党的暴力活动。他有两个姑姑在迈阿密市郊摆水果摊，
在街边卖橘子和牛油果让平德寻得了慰藉。痴迷于农业与市场的
他进入了佛罗里达农业和机械大学的预科班，这家位于塔拉哈西
（Tallahassee）的学府是一所黑人赠地学院。平德在那里得到了黑人
教师的指导，他们大多与塔斯克基学院关系密切，同时负责推广农
业技术[①]，并精通农业合作与营销。平德大学毕业后的第一份工作
是佛罗里达的阿拉楚阿县当农场技术示范员，负责和黑人农民打交
道。他推行的一个项目大获成功。他把众多农民和他们品种繁多的
农产品，包括猪、牛、羊、橘子、蔬菜等，通过农业合作社整合起
来，使他们能够以有竞争力的价格在东海岸北部的市场出售自家商
品。他主持了关于水土保持、金融知识与房屋所有权的研讨会，并
安排青年进入4H教育俱乐部，还组织了1.6万多户黑人家庭参加
的农业市集。平德的成功引起了巴尼特，以及罗斯福的黑人内阁成

---

① 原文为 Agricultural Extension Service agents，特指美国赠地学院所聘请的
农业技术推广员。推广教育是美国院校针对拥有工作经历的成年人设立的，往往涉
及专业技术培训。平德即以农业技术培训的方式，尝试在利比里亚推行美国的推广
教育。

员和像斯坦斯·E. H. 丹尼尔斯（Constance E. H. Daniels）这样的罗斯福的朋友的关注，丹尼尔斯力挺平德进入农业安全局 ①。64

作为农业安全局调查员，平德足迹遍布南方各州，与黑人佃农交流，并进入移民农场工作。他看到黑人农民被种植园农业体系所困，该体系由联邦与各州共同维持，通过贷款和补贴使种族歧视与压迫延续下去，并常常导致农民背负巨额债务，甚至失去土地。65 在亚拉巴马州的吉斯班 ②，上百个佃户家庭"孤独凄凉，一贫如洗"。他们的祖先曾经是占地 1 万英亩的佩泰棉花种植园的奴隶，而今他们则受制于地主与本地商人。大萧条时期的经济崩溃使他们的生活更加糟糕。1935 年，一个吉斯班家庭的平均资产仅为 28 美元。罗斯福设立的重新安置管理局和后来的农业安全局收购土地，再通过低息贷款向每家每户提供 5 英亩的宅地。农民也可以选择租种更多的土地。平德帮助保持作物种类的多元化，开办社区教育项目，还成立了一家农民合作社，合作社有一台共用的轧棉机和一家合营杂货店。66

同南方黑人佃农打交道的经历启发了平德，帮助他找到了日后改善利比里亚农业的法门。他致力于"鼓励利比里亚政府，改造单一作物的橡胶经济，实现多元生产"，而这种橡胶经济正是在费尔

---

① 农业安全局是 20 世纪 30 年代罗斯福新政的一部分。联邦政府收购经营困难的小块私人土地，将其合并为大型农场，雇用周边难以维生的农民，他们也被称为"重新安置者"或"移民"。农场生产需要参考政府指标，从而间接管控、提高农产品价格，以应对此前因生产过剩而引发的经济危机。

② 吉斯班是位于亚拉巴马州西部、亚拉巴马河沿岸的非洲裔社区，以独具特色的棉被织物著称。

斯通公司特许经营的基础上建立的。[67] 平德穿越利比里亚内陆，与村长和农民交流，了解他们的困难，观察他们的作物。据说他在 7 年间以步行或乘船的方式走过了 3 万英里。平德的推广理念使他有别于第四点计划派驻利比里亚的大部分白人工作人员，后者通常态度傲慢，而且采用自上而下的方法。"年老体衰的'白佬'干不成这些工作。"[68] 平德在给他的友人巴尼特的信中用"白佬"一词来表达他对美国外交人员的种族歧视态度的不满，他们经常妨碍或限制他作为农业专家的工作。[69] 但是，平德在开展工作，以及和利比里亚乡村的农业工作者交流时十分谦卑。他说："我意识到我见到的人有自己独特的技艺，值得最为挚诚的尊重。"他评论道："美国的想法和技术与本土的想法和技术结合，将使产量增加，还能带来一套合适的方案，而无须忍受自以为是的大家长作风。"[70]

平德提倡的合作精神及其成功体现在他在利比里亚参与推进的大量农业项目。抵达利比里亚几个月后，平德就和该国农业局长巴伊·塔米亚·穆尔（Bai Tamia Moore）合作，准备开启一个试点项目，以改善迪迈的小农的生活条件。迪迈是一个属于酋长领地的村子，距蒙罗维亚 20 英里。穆尔就出生在迪迈，父母分别是戈拉人与瓦伊人。迪迈及周边的村落住着戈拉、瓦伊、巴萨和德伊各族，因此穆尔能够流利地使用这些原住民的语言。他熟悉利比里亚的非洲文化与民俗故事，日后凭此成为该国最负盛名的作家与诗人之一。穆尔同样很了解美国。他在弗吉尼亚州的里士满上过公立高中，后来在弗吉尼亚联合大学取得了生物学学士学位。在 1941 年回到利比里亚之前，他还曾在霍华德大学读过研究生课程。[71]

价值观、经济形式，以及人与土地的关系维系着该地区的生活，而穆尔与平德对它们心怀敬意。二人与当地农民合作，制订了一套能为当地社区带来收益的方案。平德了解南方黑人反抗不断演变的垄断种植园的手段，而穆尔熟悉他的族人在土地产权、合作劳动和交换制度方面的习俗。二人共同提出了一套与种植园农业截然相反的多元农业与集体价值观的愿景。[72] 他们努力发展、延续而非取代当地社区珍视的传统作物。他们为农民提供小型农具与经济作物的种子，还鼓励他们扩大稻米的种植面积，以帮助家庭撑过饥饿时期。为了扩大迪迈与周边村落的树木种植面积，他们栽种了 60 万棵可可树、50 万棵橘子树和 500 棵新品种的棕榈树。穆尔与平德还组织了一家合作农场。在道路建好之前，他们用驴将农产品送往蒙罗维亚的市场，这样农民就不需要顶着货物走路。该项目提供的 80 加仑的大锅，使村民能够更快、更高效地批量生产棕榈油。合作农场将收入用于再投资，开办了一个榨油、碾壳的磨坊，从而建立了合作"工厂"。在短短 7 年时间里，当地家庭年收入增长了 4 倍。[73]

像对待阿拉楚阿的农民一样，平德努力帮助利比里亚农产品开拓美国市场，扩大两国的农业贸易。他专注于棕榈仁、棕榈油、可可、棕榈纤维等作物，它们是利比里亚众多本地社区传统生活方式的组成部分。美国肥皂厂商确实需要棕榈油，但主要从英国和法国的殖民地进口。利比里亚的可可品质不佳，很难出口美国。1947 年，平德成功安排将首批 150 吨利比里亚棕榈油运往美国。[74] 一年后，他在给巴尼特的信中写道，首批符合美国标准的利比里亚可可"在美国市场受到热烈欢迎"。[75] 1949 年的消息甚至更令人振奋。平德称赞新型农业实践、省力的机械设备和适宜的天气条件，使"大米不再短缺",农业产量提升 30%。当年是利比里亚 10 多年来"粮食产量最高"的一年。[76]

但并非所有事都让平德欣喜。他向巴尼特透露了自己对"渗入利比里亚的种族偏见"的沮丧。美国政府的项目与杜伯曼的开放政策,通过特许经营与减税政策创造了有利的营商环境,带来了可观的外国直接投资。随之而来的是大批带着反黑人态度的美国白人管理人员与技术员工。平德告诉巴尼特:"我不会被这些带着偏见的'红脖子'吓倒,一定要和这种不公斗争到底。"平德评论道:"美国在这里唯一可以自豪的事情是农业上取得的进步。"[77]许多利比里亚人同意他的说法。蒙罗维亚一家报纸的社论特别提到平德"单枪匹马取得的成就比公共卫生代表团和经济代表团加起来还要多"。[78] 1951 年,平德休假前往康奈尔大学攻读农业经济硕士,他希望能再次获派利比里亚。但被任命为美国驻利比里亚技术合作负责人的是 C. 里德·希尔(C. Reed Hill)。在塔斯克基学院校长、联合黑人大学基金会创办人弗雷德里克·帕特森(Frederick Patterson)看来,这将引来很大的麻烦。希尔的任命对平德和通过第四点计划向利比里亚输送更多非裔美国专家的前景来说都是坏消息。帕特森认为,"费尔斯通显然施加了影响,他要保持控制权,进步越少,对他越有利"。[79]平德帮助小农和推动该国农业经济多元化的努力,削弱了费尔斯通公司对利比里亚政府的经济影响力,并使该公司对种植园劳动力的需求更难满足。平德致信达德利,希望能回到利比里亚,继续跟进由他本人启动的第四点计划相关项目。大使欣喜地回信称:"我们需要你,就像幼崽需要妈妈。"[80]

约翰·戴维斯(John W. Davis)于 1952 年被任命为希尔的继

任者，这改善了平德在利比里亚的处境。戴维斯本人是一位著名的民权领袖，在担任西弗吉尼亚州立大学校长期间，将该校发展成一所杰出的赠地学院。他还是美国全国有色人种协进会的法律辩护与教育基金会的董事，曾经和马歇尔共同对抗非裔美国人在教育、就业方面遇到的种族歧视与不公待遇。最为著名的是，他曾参与具有里程碑意义的 1954 年布朗诉教育局案①。[81] 在戴维斯的领导下，平德的项目规模进一步扩大。他们与利比里亚农商部合作，在苏阿科科附近设立了一个中央农业实验站，该实验站占地上百英亩，拥有苗圃、试验田和示范区，开展有关经济蔬菜与树木培育、稻米种植、牲畜与禽类养殖、适宜的农业科技等研究。通过平德的影响力，8 名利比里亚人在美国的赠地学院完成了兽医学、农学、植物病理学、园艺学、昆虫学、农业推广教育等相关农业领域的学术训练。[82] 平德在多元农业模式下推广的一些作物的产量与出口大幅增加，如棕榈仁。但其他项目则不那么成功，比如在东北部的贝丁沼泽建立水稻产区的尝试。[83] 1953 年 10 月，美国农业部调查员威廉·安德森（Wilhelm Anderson）与平德共同游历了两个星期，他们沿着从费尔斯通种植园通往内陆的主干道抵达苏阿科科，随后又造访了甘塔。安德森对大量种植的树木颇感惊奇，这些树木包括"橡胶、咖啡、可可、油棕、橘子和香蕉"。沼泽地的稻米种植也让他十分惊讶。他认为平德的农业推广项目"非常出色。成本不高，但成果显著"。[84]

---

① 1954 年布朗诉教育局案是美国历史上的重大事件，该案的判决结束了美国教育界的种族隔离，极大地推进了民权事业。

平德（左）与苏阿科科农业站主管梅尔文·哈里斯等会面，以检查准备运往蒙罗维亚的改良品种的番茄，拍摄于 20 世纪 50 年代（佛罗里达农机大学米克－伊顿里人档案馆，弗兰克·平德档案集）

    并非所有人都同意这一点。就在几个月前,代表路易斯安那州的参议员艾伦·埃伦德(Allen Ellender)旋风般地访问了 21 个亚非国家,总行程 4.5 万英里,以评估第四点计划的成效。他在利比里亚逗留了不到 3 天,只是简单参观了蒙罗维亚附近的一家示范农场,未前往内陆地区。示范农场并未打动埃伦德。他认为,"饥饿的连锁反应会引发不满与共产主义的连锁效应",而第四点计划"虽是可能的解决办法,但需要彻底改革"。埃伦德是参议院拨款委员会的成员,他不满美国公民"被要求"缴纳税款以支持"遍布世界各地"的众多项目,还要为"债务远没有我们沉重的国家"提供财政支持。[85] 这位南方民主党人告诉艾森豪威尔总统,"除非官员停止向世界欠发达地区提供经济援助及建议",否则他预计国会将取消该计划。[86]

    多年以后,埃伦德因其骇人听闻的观点而臭名昭著。他在谈及埃塞俄比亚、利比里亚、海地等黑人国家时说,黑人不具备自治能力。这番言论令肯尼迪政府非常尴尬,并激怒了非洲各国。[87] 当他攻击平德在利比里亚的农业推广工作时,类似的种族主义态度暴露无遗。这位参议员声称,"许多利比里亚农民不认可美国方法的长处,反而认为应该避免采用它们"。[88] 平德向巴尼特求援,希望后者发表一篇新闻稿来回击参议员的指控。巴尼特瞄准了费尔斯通。他在联合黑人出版社的一篇新闻稿中写道,这位语出惊人的种族隔离主义者在利比里亚大部分的时间,只是"在费尔斯通橡胶种植园里闲逛,身边净是美国白人随从,活动范围仅限于橡胶树林当中禁止黑人进入的居住区"。[89] 埃伦德倒是对费尔斯通种植园赞不绝口。他在日记中写道:"如果说地球上有天堂,那就是这里。"他指的是费尔斯通经理威尔逊的宅邸。威尔逊的房子盖在一座山丘上，离哈贝尔工厂不远。[90] 埃伦德与费尔斯通联合反对在利比里亚实施第四点计划。例如，费尔斯通种植园公司曾向本地市场倾销剩余的进口大米，直接与平德支持的小农竞争，而后者恰恰代表着平德与根深蒂固的种植园经济斗争的部分努力。[91]

平德尊重且支持传统的人与土地关系，以及原住民粮食作物代表的意义与价值观。迪迈等地的乡村居民也大多如此，而他曾与像穆尔这样的非洲人在这些地区合作过。但"冷战"经济学家与美国的首席执行官们则把经济增长看作成功的标准。价值观与商品交换的体系，若是不符合当时流行的西方线性发展模式，便会遭到他们的忽视。[92] 1954—1960 年，利比里亚的经济增长率位居世界第二。20 世纪 60 年代初，美国西北大学的一个经济学家团队受到美国和利比里亚政府委托，负责评估利比里亚的经济状况并给出政策指导。他们批评了第四点计划和与利比里亚农商部合作开展的农业项目。农业投资额与出口额远不如遭外国商业公司掠夺的橡胶和铁矿。西北大学的团队因此严厉批评平德及其合伙人推行的作物多元化策略。而费尔斯通公司专心研究并扩大橡胶种植的思路被称赞为发展模板。西北大学的经济学家认定，责任出自利比里亚的本地农民。他们认为，如果不对利比里亚原住民群体的经济与生活进行彻底改革，商品农业就不可能成功。他们指责原住民"不识字且落后"。西北大学的经济学家无法理解"不注重生产粮食，而是一套生活方式"的农业体系。[93] 然而，农业就是一套生活方式。这正是平德在利比里亚，在受到穆尔与利比里亚乡村农民的影响后逐渐领悟的。种植园农业的建立与经营都以盈利为目的，它对一些利比里亚人以及他们和土地的共生关系施加了不公正的暴力。意义与价值观塑造了这个国家内陆人民的生命与生活方式，而人与土地的关系恰恰是其中不可或缺的一部分。

||||||||||||||||||||||||

第二次世界大战结束后，杜伯曼及其政府为外国私人投资大量涌入利比里亚打开了大门。1951 年，费尔斯通出口的橡胶占利比里亚出口额的 91%，利比里亚政府将近一半的收入来自种植园的税收。战争时期及战后的橡胶繁荣为费尔斯通公司带来的利润更加丰厚。据估计，1926—1977 年，该公司的利比里亚种植园净利润达 4.1 亿美元。[94] 利比里亚议会于 1956 年通过法案，为杜伯曼竖立一座雕像并配有牌匾，以表彰他提前 4 年还清费尔斯通公司的贷款，这笔贷款"对国家经济造成了窒息的和屈辱的影响"。[95] 但新殖民主义给利比里亚带来的沉重负担，并没有阻止杜伯曼在 20 世纪 50 年代将该国宣传为一个适合外国投资的地方。协助他的是一家公关公司，回到美国的沃尔顿在此供职。[96] 杜伯曼的开放政策以优厚的税收减免、低工资、反工会倾向和长期的土地租约为特征，该政策导致利比里亚境内遍布农业、矿业与伐木特许地。1946—1960 年出让的 22 项特许权当中，有 8 项给予了美国企业，它们还从美国政府的进出口银行获得了 4000 万美元贷款。[97]

百路驰追随费尔斯通的脚步，于 1954 年同利比里亚政府签订了一项特许经营协议，当时是杜伯曼总统任期的第 10 年，是费尔斯通公司进入利比里亚的第 28 年。该协议与费尔斯通协议一样充满争议。和费尔斯通公司一样，百路驰同样有权自主勘察、确定适合建立农业种植园的地区。一些利比里亚官员反对协议的保密性质，也不愿以每年每英亩 6 美分的价格一口气出让 60 万英亩农村土地。[98] 杜伯曼将代表被选定的地区的酋长叫到家中，强迫他们接受协议，让出采矿、伐木和农业方面的权利。[99] 虽然百路驰雄心勃勃，但它在 1954—1985 年间仅仅开垦了 14 013 英亩土地。不过，公司确实调查了 1954 年协议授予的 60 万英亩土地，并用界石标记了特许地的边界。这加剧了土地不安全感，并在随后数十年里影响了当地农民的决策。

另一家跟随费尔斯通来到这个西非国家的美国企业是利比里亚采矿公司。在利比里亚西部的博米希尔斯，戈拉人早已熟悉并利用呈红色的铁矿床。但直到罗斯福于 1943 年底派美国地质调查局的地质学家前来勘测之后，美国的钢铁企业才首次得知这些高品质矿床。1945 年，杜伯曼以 80 年的租约让出了属于戈拉人与瓦伊人的多达 300 万英亩土地的独家采矿权。得到它的人叫兰斯德尔·克里斯蒂（Lansdell Christie），是一名受命建设罗伯茨机场的美国军官。美国钢铁制造商共和钢铁集团和美国进出口银行提供了大部分建设资金。

这份特许权协议遭到了利比里亚法官、记者等多方的严厉谴责，抗议者在《非洲爱国者》（African Nationalist）上刊登了一篇请愿书。请愿者问道，"难道我们现在要拱手让出大片土地，交出控制国家资源的根本权利"，就是为了让人民变成"农奴……受制于不在地主和外国的特权经营者吗"？他们认为，条款过分偏袒美国资本，而租约的年限会危及子孙后代的幸福——"我们只是替他们管理这个国家"。[100] 杜伯曼动用利比里亚的反煽动法，将参与请愿的法官解职，并抓捕了一位名叫阿尔伯特·波特（Albert Porte）的请愿者，他是一名教师和政治记者。此外，杜伯曼还将这一事件列入针对《非洲爱国者报》的出版商 C. 弗雷德里克·泰勒（C. Frederick Taylor）的一系列指控中。1950 年，泰勒因这些指控被判在巴克利军事训练基地服刑 7 年。[101] 但事实证明，这些人的预测是正确的。1951—1977 年，美国公司销售了价值 5.4 亿美元的铁矿石，并从中获得了巨额利润，而利比里亚仅仅得到了 1000 万美元的投资。[102]

巴尼特起初支持这项采矿计划。他说："表面上看起来，我找不到克里斯蒂特许权有什么问题。"[103] 但利比里亚采矿公司很快就像费尔斯通公司一样，开始实施种族隔离的劳工政策。1951 年，当利比里亚的铁矿通过铁路运往已经通航的蒙罗维亚自由港，再送向美国的钢铁厂时，塔斯克基的帕特森告诉巴尼特，他十分担忧克里斯蒂特许权。这位塔斯克基校长在访问利比里亚时，看到克里斯蒂"从欧洲和其他地方带来工头，但没有黑人"。帕特森当面质问克里斯蒂，为何缺少非裔美国工程师，克里斯蒂解释说："采矿合同只是短期的。"这个解释无法让人信服。[104]

以费尔斯通为首的美国公司在利比里亚肆意践行种族隔离政策，这在 20 世纪 50 年代晚期愈发成为杜伯曼的心头之患。利比里亚政府将不断攀升的财政收入转化成教育奖学金，资助越来越多的利比里亚年轻人前往美国院校学习，而他们对种族隔离的认识与厌恶也随之增长。很多人在美国南方的黑人院校学习时，因遭遇种族歧视而"震惊"。[105] 还有很多人见证了席卷美国的民权斗

博米希尔斯矿区成堆的铁矿石，拍摄于 1950 年左右（Griffith J. Davis
Photographs and Films, David M. Rubenstein Rare Book & Manuscript
Library, Duke University. © Griff Davis/Griffith J. Davis Photographs and
Archives）

争。马丁·路德·金博士是蒙哥马利抵制公交车运动①的主要参与者与领导者，他的非暴力抵抗事业鼓舞了全世界争取自由的人士。1957年3月，他和许多美国民权领袖去加纳庆祝该国脱离英国，取得政治独立，并参加加纳首任总理（与总统）克瓦米·恩克鲁玛（Kwame Nkrumah）的就职仪式。在赴加纳首都阿克拉的途中，他在塞内加尔的达喀尔和利比里亚的蒙罗维亚短暂逗留。巴尼特夫妇再次前往阿克拉，埃塔还采访了金博士。金博士告诉她："这个新国家的诞生将激励全世界受压迫的人民。"[106] 金博士已经将美国的民权斗争与亚非的反殖民运动联系在一起。而作为西非第一个独立国家的总统，杜伯曼希望自己能够成为在这个变革时代引领非洲未来发展的政治领袖。因此，他再也不能默许外国白人资本的种族歧视与压迫行为。

蒙罗维亚的媒体愈发猛烈地抨击费尔斯通的种族隔离政策，还声称公司会开除与利比里亚女性通婚的白人员工。它们敦促杜伯曼采取行动。1958年2月，利比里亚总统向利比里亚议会提交了一项反种族隔离法案。利比里亚作为一个黑人国家，居然需要通过立法禁止种族歧视，这足以证明种族歧视在美国企业的飞地根深蒂固，而这些企业的矿场和种植园遍布这个非洲主权国家的各个地方。费尔斯通公司表示抗议，并寻求法律援助。但最终这家固执的企业还是在很大程度上默默接受了该法案，不过它仍然拒绝开放种

---

① 蒙哥马利抵制公交车运动发起于1955年底，源于一起公交车司机要求黑人给白人让座的种族隔离事件。非裔居民集体停止搭乘该市的公交车，最终迫使美国最高法院于1956年宣布蒙哥马利的公交法违宪，判决非裔公民有权选择自己在公交车上的座位。

植园学校。费尔斯通公司辩称，让原住民工人的孩子进入公司外国员工子弟的课堂，不利于白人儿童的教育。杜伯曼让步了，准许学校继续实施种族隔离。但费尔斯通公司的拉勒比仍然大发雷霆。艾森豪威尔的外国经济政策特别顾问向拉勒比表明了美国政府对该公司行为的不满，并警告这位执行副总裁，费尔斯通公司"作为非洲人的老板名声很差"，这"有损美国政府的威信"。[107]

恩克鲁玛等非洲领导人致力于建立一个去殖民化的世界，他们公开批评私人资本的内在危害，正如费尔斯通种植园公司所展示的那样。[108] 耄耋之年的杜波伊斯是泛非主义元老，他也想参加恩克鲁玛的就职仪式，但美国政府拒绝签发护照。加纳独立前夕，杜波伊斯在给恩克鲁玛的信中写道："加纳应当领导黑人实现泛非主义。"他建议，一个联合的非洲必须建立在一种"全新的非洲经济"的基础上，这种经济不能"被外国资本家所有或控制"，而应采取"一种建立在古老的非洲集体生活基础上的社会主义"。[109] 一年后，身体虚弱、无法旅行的杜波伊斯写下一篇讲稿，由他的妻子雪莉·格拉汉姆·杜波伊斯（Shirley Graham Du Bois）在阿克拉的第一届全非人民大会上代为宣读。杜波伊斯在将火炬传递给下一代时呼吁道，不要屈服于"私人资本主义的致命错误。要么所有人都拥有资本，要么所有人都失去权力"。杜波伊斯警告道："本地的私人资本家，哪怕他们是黑人，也永远不能解放非洲。他们只会把非洲卖给海外的旧主人，让奴隶制卷土重来。"[110] 杜波依斯非常熟悉费尔斯通公司在利比里亚的历史，这或许正是他提笔写下这些话时脑中想到的。

在1961年3月的第三届全非人民大会上，来自21个非洲国家的代表齐聚开罗，投票通过了一项"关于新殖民主义的决议"。这项决议是根据恩克鲁玛的泛非主义诉求提出的，恩克鲁玛希望非洲未来能成为独立国家组成的联邦，共同对抗种族与阶级压迫。全非人民大会响应了恩克鲁玛等解放事业领导人的呼吁，谴责"虽然新生国家的政治独立得到正式承认，但殖民体系仍然存在"。西方国家的私人资本、军事援助与技术支持已成为"间接而不易察觉的统治形式"，需要加以警惕。[111] 美国中央情报局非常紧张，声称大会为期三天的发言讨论"响应了莫斯科批评美国的新殖民主义，指控美国操控联合国的政治宣传"。[112] 杜伯曼则领导着另一批独立的非洲国家，它们反对建立一个倾向苏联的非洲联邦。两个月后，这个所谓的"蒙派"在利比里亚首都集会，并阐述了一种关于非洲团结的更为温和的立场。该立场以政治独立的非洲主权国家之间的经济和社会合作为基础，对西方国家与私人资本的态度更加友好。[113]

杜伯曼对外展现的欢迎西方资本的姿态不过是一种假象，他在国内正面对着日益严重的劳工冲突与学生抗议。外国特许经营造成的持续的种族歧视与不断扩大的财富差距引发了动荡。美国驻利比里亚大使注意到，"少数几家美国公司和大约1000名在利比里亚工作的美国人赚的钱，比所有利比里亚人加起来还要多"。[114] 1961年9月，也就是喀麦隆、尼日利亚、塞拉利昂等20个非洲国家的代表在蒙罗维亚集会3个月后，利比里亚首都爆发了一场全行业的总罢工。它始于不久前开业的迪科皇宫酒店。这座8层高的五星级酒店建在城中的一座山丘上，能为客人提供奢华的住宿条件和整个西非最壮丽的大西洋景观。经营这座酒店的以色列投资公司严重歧视利比里亚员工，这引发了全城的抗议与罢工。杜伯曼像往常一样，将罢工归咎于外部煽动者。他以颠覆政府为由，驱逐了加纳大使馆的秘书和阿联酋的一名外交官。[115]

两年后的 1963 年 7 月，该国历史上规模最大的"停工"行动令费尔斯通公司的哈贝尔种植园停摆。抗议的起因是费尔斯通公司在最终同意遵守该国最低工资标准，向采集工人支付 64 美分的日薪后，宣布取消工人的大米和棕榈油补贴，这相当于大幅减少工人的报酬。全部 45 个分区的大约 2 万名采集工人罢工了近两周时间。基记得自己当时正怀着儿子，她的丈夫则加入了"静坐"的队伍。她担心遭到报复。她回忆说，士兵会来"殴打你"。此外，杜河庄园医院也关闭了。她说："没有药物，什么都没有。"费尔斯通公司在罢工期间不再向利比里亚员工提供医疗服务。"上帝保佑了我。"基说，罢工在她分娩前结束了。[116]

费尔斯通公司进行了报复。公司暂停向独立橡胶农场收购乳胶，到 1963 年，利比里亚拥有 2300 多家这样的农场。随着经济陷入困境，罢工升级了。杜伯曼派出谈判代表和安全部队，他们得到了美国军事人员的训练和资金支持。一名采集工人谈到，自己曾经搭乘公交车赶往工厂参加罢工。公交车正要经过入口大门时，士兵向车内投掷了催泪瓦斯。还有人提到，多辆卡车运载荷枪实弹的士兵，驶进分区营房，士兵强行带走拒绝工作的人。有人告诉采集工人，你"不能身处人家的土地，住着人家的房子，然后说你不去干活"。[117] 为了自卫，工人大多手持木棍或铁棍，少数人拿着猎枪。枪声响起，一名在场的工人声称至少有一人遇难。[118] 费尔斯通公司同意恢复大米和棕榈油补贴。当时费尔斯通公司在美国等 24 个

在 1961 年的纽约，小哈维·费尔斯通为杜伯曼总统举行的晚宴上。此时
距小哈维从费尔斯通轮胎橡胶公司总裁的位置上退休还有两年时间。前排
左起分别为：小哈维·费尔斯通、杜伯曼总统、雷蒙德·费尔斯通、罗
杰·费尔斯通（印第安纳大学图书馆藏品）

国家经营75家工厂，年销售额达14亿美元，年利润为6000万美元，老哈维的四个在世的儿子共持有价值2.5亿美元（约合2020年的20亿美元）的股票。对于这家公司和他们来说，这只是一个小小的让步。[119]

　　1963年，65岁的小哈维卸任费尔斯通轮胎橡胶公司总裁之职，一个时代落下了帷幕。他与他的父亲领导公司超过50年。同年，95岁的杜波伊斯（他刚刚加入加纳国籍）逝世了。在美国崛起的几十年里，在一桩非洲国家与美国企业达成的"恶魔的交易"中，杜波伊斯曾经站在费尔斯通一边，也曾与该公司为敌。40年前，卡斯尔将费尔斯通公司进入利比里亚视作一个战略良机，希望借此为美国在西非取得更大的影响力。当非洲成为"冷战"中美国与苏联的战场时，杜伯曼捍卫自由市场资本主义，热情接受美国的军事与技术援助，这都证明了费尔斯通公司作为美国在非洲的第一个立足点的价值，即便该公司的种族歧视行为后来日益成为美国政府的负担。种植园为费尔斯通帝国带来了巨大的回报。得益于利润丰厚的协议与精明的算计，在小哈维执掌公司的年代里，费尔斯通公司在利比里亚获得的利润中，大约四分之三流入了美国的母公司。[120]利比里亚获得的收益则远没有那么明确。

结　语

　　20 世纪 70 年代的蒙罗维亚热闹非凡。杜伯曼总统通过有利于投资者的优惠政策吸引外国资本，这为费尔斯通、百路驰、共和钢铁、伯利恒钢铁等美国公司带来了巨大的利润。外国直接投资还壮大了利比里亚社会的资本家与小资产阶级，包括政府官员、富有的橡胶农场主、房地产投资人、企业家、教授、教师与技术专家等。[1] 新取得的财富、美元与国际旅游贸易都让蒙罗维亚焕发出勃勃生机，大街小巷到处是灯红酒绿的夜总会、舞厅与餐馆。它会聚了世界各地的离散非洲社区的音乐旋律、民权活动家和自由斗士。泛美航空公司每周有四趟航班往返于蒙罗维亚与纽约之间，前者是其在非洲的枢纽。利比里亚首都逐渐以"小美国"之称闻名于西非。在蒙罗维亚市中心一家名为"迷宫"的小型夜总会里，顾客能欣赏到妮娜·西蒙（Nina Simone）① 天籁般的嗓音，这位著名艺术家、活动家于 1974 年迁居利比里亚。她告诉观众，美国一直是她的"牢

---

　　① 妮娜·西蒙，美国歌手、钢琴家、作曲家及民权活动家。

笼"，"现在我回到了家，现在我自由了"。[2] 在爱德华·罗伊礼堂，人们聚集在一起，聆听休·马塞凯拉（Miriam Makeba）与米利亚姆·马凯巴（Hugh Masekela）演奏的非洲流行乐、爵士乐和世界乐。[①] 社交常客则很可能会在名流富商的私人聚会上偶遇马凯巴的丈夫、黑人政治权力的倡导者斯托克利·卡迈克尔［Stokely Carmichael，即夸梅·图雷（Kwame Ture）］[②]。[3]

1971 年，杜伯曼总统在任期内逝世，副总统威廉·托尔伯特（William Tolbert）继任总统。相较于前任，他对非洲解放斗争更加热情。他还与苏联等社会主义国家保持友好关系，这引发了美国政府的恐慌。托尔伯特相信泛非主义必将战胜新殖民主义。他推动重新谈判特许经营协议，以此为利比里亚的工人与产业创造机会。[4]

1974 年，利比里亚财政部长、总统的兄弟斯蒂芬·托尔伯特（Stephen Tolbert）要求修订费尔斯通协议，阿克伦方面予以拒绝。就在上一年，老哈维倒数第二年轻的儿子雷蒙德·费尔斯通（Raymond Firestone）刚刚从公司首席执行官的位置上退休，但仍然担任董事会主席。这将是费尔斯通家族与利比里亚政府之间的最后一场较量。为了推动自己的兄弟提出的将外国产业飞地"利比里

① 休·马塞凯拉，南非音乐家、作曲家及歌手，作品大多抨击南非种族隔离制度，有"南非爵士之父"的美名。米利亚姆·马凯巴，南非歌手、作曲家、演员及民权活动家，同样反对南非种族隔离制度，被称为"非洲母亲"。非洲流行乐、爵士乐、世界乐均是非洲裔音乐家擅长的曲风，其中世界乐泛指英美以外的音乐风格，主要兴起于 20 世纪 80 年代。

② 斯托克利·卡迈克尔，1941 年生于特立尼达，11 岁迁居美国，逐渐成为民权运动领袖。1968 年移居非洲，次年由几内亚前往加纳，改名夸梅·图雷，后成为泛非社会主义领导人。1998 年于几内亚逝世。

亚化"的计划，利比里亚财政部长不断向费尔斯通公司施压。他提出的要求包括实施培养和提拔利比里亚员工的平权措施、强制性的健康与教育福利、优先采买利比里亚的商品与服务，以及根据一套具体的公式购买独立农场主的橡胶等。斯蒂芬还试图平衡 1926 年协议极不公平的财务条款。费尔斯通一如既往地回绝了财政部长的要求。[5] 斯蒂芬是一个精明的商人，投资了利比里亚与尼日利亚的多家公司，名下财产估计达 5000 万美元。他本可以像费尔斯通公司一样采取强硬态度。但在 1975 年 4 月，他在利比里亚东南海岸遭遇空难身亡。[6] 谋杀的传闻四起，尼日利亚媒体认定中情局参与其中。[7] 1976 年 5 月，费尔斯通公司回到谈判桌前，与利比里亚政府签订了一份新合同。相较于 1926 年的协议，这次的条款对利比里亚有利得多。

对费尔斯通公司提出的要求表明，托尔伯特政府上下齐心，想要摆脱新殖民主义对本国的束缚。但利比里亚式的"人道资本主义"无法阻止日益加剧的不平等，这种不平等引发了利比里亚社会的分裂。[8] 马塞凯拉评论道："奢华和庸俗的财富存在于贫穷的各族群当中。"[9] 利比里亚年轻人出现了一场政治觉醒。利比里亚大学和卡廷顿大学的学生成立了争取非洲正义运动、利比里亚进步联盟等组织，并发起抗议活动。按照 H. 博伊玛·法恩布拉（H. Boima Fahnbulleh）的描述，他们"与其他进步的非洲国家一起"，迈向"摆脱剥削、种族歧视与帝国主义统治的有尊严的未来"。利比里亚青年谴责外国资本的橡胶、采矿与林业企业。这些年轻人"与贫苦大众站在一起"，反对他们眼中听命于外国政治寡头的"肆无忌惮的剥削与寄生"。[10]

西非商贸中心蒙罗维亚拥有豪华的酒店、繁忙的港口和世界领先的约翰·肯尼迪纪念医院。这座城市是资本主义成就的象征。然而，在生活着 150 万居民的乡村，只有少数人能从外国特许经营带来的财富与利益中获益。外国矿业企业常常在利比里亚乡村居民的传统保留地采矿，但很少甚至不提供补偿。1979 年 4 月 14 日，进步联盟发起了大规模示威活动，成千上万的人走上蒙罗维亚街头，抗议托尔伯特政府提高稻米价格的提案。政府解释称，涨价是刺激本地稻米生产的必要措施。但很多人认为，这一举措损害了乡村贫困人口的利益，而只会使稻米进口商与大型农场主等富裕阶级（包括总统本人）获利。政府安全部队用子弹、催泪瓦斯与警棍袭击手无寸铁的青年，导致至少 40 人死亡，500 多人受伤。[11]

不平等、压迫与仇恨的火苗聚集成了烈焰。1980 年，在一场血腥的政变中，托尔伯特遇刺身亡。叛乱领导人塞缪尔·卡尼翁·多伊（Samuel Kanyon Doe）宣布自己为军政府首脑。多伊是利比里亚历史上第一位原住民出身（他是克兰人）的国家领导人，这终结了利比里亚移民精英的长期统治。这位前利比里亚军队的军士长在"致国民的讲话"中宣布："一直以来，我们的人民生活在自己的国家，却被像种植园的奴隶一样对待……几大家族统治我们的国家长达 133 年，在尘世建立了他们的天堂；而我们的人民则继续活在地狱之中。"尼日利亚音乐家索尼·奥科森（Sonny Okosun）创作的革命歌曲《父亲之地》（*Papa's Land*）在电台播放。[12] 这首歌提醒人们，土地及其复杂的含义在利比里亚历史上扮演的角色。在这个弱小的移民国家，为了保卫主权和吸引投资，大量土地与劳动力被以特许经营的方式出让给外国公司，而种族资本主义与帝国主义都在阻挠它的成功。

在 21 世纪到来前，利比里亚在世界人民集体意识中的形象是战争，而非希望。多伊总统的统治并不稳定，这为后续的叛乱留下了空间。富有魅力、拥有原住民与移民血统、在美国接受教育的利比里亚人查尔斯·泰勒（Charles Taylor）是反叛势力的领导人。泰勒此前曾于 1985 年从马萨诸塞州的一所监狱秘密出逃，当时他正面临在多伊政府中贪污公款的指控而等待引渡。他随后在利比亚现身，并从利比亚领导人穆阿迈尔·卡扎菲（Muammar Gaddhafi）那里得到了武器与资金。泰勒在邻国科特迪瓦训练了自己的部队——利比里亚全国爱国阵线，并于 1989 年从那里对多伊政府发起了全面突袭。泰勒无法从多伊手中夺走蒙罗维亚，于是在费尔斯通种植园和邦加（利比里亚橡胶走廊的终点）的外围据点统治该国的内陆地区。

利比里亚形势急转直下，陷入了惨烈的内战。泰勒控制着该国的橡胶、采矿与木材特许地，为他日益壮大的叛军提供武器与资金。泰勒坦言，费尔斯通种植园是他反叛活动早期"最为重要的"收入来源。在 1992 年泰勒袭击蒙罗维亚的行动中，种植园被当作"指挥部与神经中枢"。费尔斯通公司为了从内陆向蒙罗维亚港口输送劳动力和橡胶而修建的公共与私人道路，变成了恐怖与暴力的走廊。[13]

费尔斯通公司对泰勒侵犯人权的行为视而不见，继续经营着种植园，还订立了一项合约，向泰勒政府上缴所得税、社会保障金，以及大米、设备等实物援助。由于当时冷战已经结束，利比里亚失去了作为自由世界桥头堡的战略地位，美国政府因而拒绝插手该国事务。

利比里亚的自然资源曾为美国投资人带来利润，满足制造商的需求，此时则为无休止的战争提供资金。泰勒曾于1997年在一份和平协定短暂的生效期内当选利比里亚总统。成为总统后，他再次用利比里亚的橡胶、钻石、木材等自然资源资助利比里亚军队及另一个他支持的势力——革命联合阵线，这是邻国塞拉利昂主要的叛乱力量。2003年，利比里亚终于迎来持久和平，但截至此时，该国23%的森林已经被砍伐，由此获得的资金被用于维持泰勒的战争机器。超过25万人在内战中丧生，超过100万人（约占利比里亚总人口的三分之一）背井离乡，大约70万难民逃离该国。

泰勒在塞拉利昂内战中的角色导致他下台。他于2003年被塞拉利昂特别法庭判处反人类罪。迫于压力，他在同年辞去了利比里亚总统之职，逃往尼日利亚。利比里亚则饱经创伤，满目疮痍。全球发展援助减少到每年3000万美元，不及内战前的三分之二。人均预期寿命跌至47岁。国家所有基础设施，包括道路、电力、医院、学校、供水、医疗卫生体系均被破坏。

利比里亚从战争的灰烬与鲜血中崛起。2005年，埃伦·约翰逊·瑟利夫（Ellen Johnson Sirleaf）在利比里亚总统选举中胜出，成为非洲第一位女性元首。由于需要资本重建崩溃的基础设施和刺激经济，瑟利夫政府再次在自然资源领域寻求外国直接投资。

今天的利比里亚遍布油棕、木材与铁矿的外国特许地。森尼是一座小村庄，它的周边新近种满了呈棋盘格分布的油棕。在这里，一位中年男性愤怒地告诉我，一切都被毁了。他祖母钓鱼的沼泽、妇女为了挣钱供孩子上学而辛勤耕种的农田，都在他们族人失去传统保留地时被夺走了。这些土地的新主人是森那美公司,这是一家马来西亚的油棕公司。2009 年,它从利比里亚政府手中取得了 50 多万英亩土地为期 63 年的租约。那名中年男子告诉我,这并不是什么新鲜事。他用当地的一句谚语提醒身边的听众:"我们坐在旧垫子上编织新垫子。"这句话表达了过去与当下是交织在一起的,以及新想法或新情况是建立在旧事物之上的。人们坐在酒椰草编制的旧坐垫上,为将来编织新垫子。那个人说:"费尔斯通就是这里的旧垫子,旧垫子编织得非常糟糕,新垫子也是如此。"[14]

在利比里亚,土地掠夺、农业特许地、外国直接投资与未能兑现的发展诺言反复出现,相互纠缠,彼此堆叠。特许经营协议就像在旧垫子上编织新垫子一样,一个接一个累积。透过一份特许经营协议的表象,可以看到利比里亚种植园经济层层堆叠的全部历史。

费尔斯通公司的特许地只有一部分建立在前人特许地的基础上。它忽视并抹除了乡村居民对传统保留地的所有权,而当时走投无路的利比里亚政府正竭尽所能地偿还债务和维护利比里亚主权。森那美种植园同样是一系列土地掠夺、种族资本主义、商业贪婪、腐败与内战的层层堆叠的历史的产物。它们曾经并仍然决定着人民获得(或无法获得)种植园经济的土地与工资的状况。2009 年出让给森那美公司的土地,包括了一部分曾于 1954 年出让给百路驰公司的土地。这家美国橡胶制造商在 1987 年将特许地转卖给了英国的牙直利公司。牙直利公司在内战期间继续经营种植园,其间经历过几次停业,并最终于 2001 年 10 月彻底停业。2003 年,反对泰勒的反叛武装利比里亚人和解与民主联盟(以下简称"利民联")占领了牙直利种植园。叛军组建了自己的管理队伍,强迫征召来的熟练采集工人在种植园劳作。[15] 2003—2006 年，叛军与费尔斯通公司非法谈判，达成协议，并用出售橡胶得到的利润巩固对原来的牙直利种植园的控制。[16] 内战结束后，占领种植园的利民联成员拒绝解除武装，复员，融入社会和返回自己的国家。联合国驻利比里亚代表团与利比里亚警察付出了相当大的努力，才驱逐了叛军。但在内战结束近 20 年后，森那美公司租用的原牙直利种植园仍有曾经的叛军成员，他们仍然能够决定谁能在这片新的油棕特许地谋得工作。这种偏好前利民联叛军的雇工标准就源于土地掠夺与暴力沉淀的历史层次。当地的乡村居民自古以来就与土地建立了社会、文化纽带，但正是那些过往阻碍着他们走向自决。

||||||||||||||||||||||||||

2018 年 5 月刚进入雨季的一天，低沉的乌云为新近种下的作物带来了水分，妇女们聚集在蒙罗维亚的议会大厦前，抗议《土地权利法案》迟迟没有通过。她们的标语和横幅表达了土地问题与乡村妇女的重大利害关系。一条标语写道："女性个人与集体都应享有土地所有权。"另一条写道："女性应当享有平等的土地所有权及平等地参与政府事务的权利。"第三条写道："已有 4 万人签名支持一项贫困社区土地所有权法案。"在大楼内，参议院土地与自然资源委员会正在举行听证会，一名年轻女性宣读了一份由来自利比里亚全部 15 个州以及世界各地的 7 万多人联署的请愿书，他们要求通过《土地权利法案》。该法案最初起草于 2014 年，但由于有史以来最为严重的埃博拉疫情席卷利比里亚与邻近的几内亚和塞拉利昂，它一直被议会搁置。经过 4 年的延迟和争论，法案最终

于 2018 年 9 月通过，并由在同年早些时候就职的利比里亚总统乔治·维阿（George Weah）签署为法律。《土地权利法案》使住在乡村地区且"根据习惯法集体拥有土地"的利比里亚大部分国民获得了法律权益和司法保护的权利。[17] 该法案是利比里亚乡村人民的一次历史性的胜利，他们曾世代见证着政府为了出让外国特许地而夺走他们的传统保留地。如果执行到位，并且按照要求征求社区意见，取得社区的知情同意，那么这项法律将避免此后的不公与错误行为。

围绕这项法案展开的旷日持久的争论表明，受益于土地与劳动力的特许经营的利比里亚精英的势力根深蒂固。2008 年，真相与和解委员会发布的一篇报告将土地所有权与使用权的不平等视为引发该国 1989—2003 年内战的主要原因之一。[18] 同年，一个治理委员会的报告得出结论，利比里亚的土地不安全问题就像一颗定时炸弹，如果这个问题得不到解决，国家很可能再次陷入内战。[19]

在一个世纪的时间里，利比里亚的种植园经济重塑了当地的生活，随之而来的是层层的掠夺与暴力构成的历史，而作为农民的乡村妇女或许经历了最多的苦难。大部分利比里亚女性无法得到橡胶与油棕种植园的工作机会，又无法获得传统保留地，这些土地本来可能帮助她们实现粮食安全与经济独立。土地改革承诺将赋予利比里亚妇女平等的土地使用权与所有权，她们因此获益最大，这就是为什么她们如此积极地要求通过《土地权利法案》。[20]

||||||||||||||||||||||||||

2018 年，我沿着从卡卡塔到邦加的利比里亚橡胶走廊的高速

公路（这条路在内战中被毁，后由中国的建筑公司重建），前往利比里亚与几内亚边境的一个偏远的村庄——戈穆。我们走在 1926 年哈佛大学考察队走过的路线上。与我同行的是伊曼纽尔·尤里·雅克帕沃洛（Emmanuel Urey Yarkpawolo）。在他还年轻时，他的家庭被迫迁出戈穆，因为当时泰勒的叛军占领了这个村子以及世代属于他的家族的传统保留地。伊曼纽尔和他的家人逃到几内亚的一个难民营，求知若渴的他在那里学会了读书和写字。内战结束后，他和家人回到故乡，年轻的伊曼纽尔开始为自己的社区构想未来。随着时间流逝，他的想法逐渐成熟，并被戈穆及邻近的基廷安、马朗安与贝莱拉村的居民一致接受。在这些村子中，上百名儿童无法接受教育。在威斯康星大学麦迪逊分校取得博士学位后，伊曼纽尔带着我于 2018 年造访了戈穆。这个村子大约有 60 名居民，不过当时那里聚集了 400 人。所有人都是赶来庆祝村中动工修建了一所专为附近儿童开办的学校。

　　我于 2013 年初次来到戈穆，当时正值利比里亚酷热的旱季。在那次旅行中，伊曼纽尔和我开车经过邦加之后，道路就变成了土路。在好几个小时的车程中，伊曼纽尔不断躲避着大到能吞下整个轮胎的土坑。我们还小心翼翼地驶过了用圆木与木板搭建的桥梁，过桥需要最高超的驾驶技术。我们随后沿小路步行穿越沼泽、渡过小溪，爬上高地，还经过了新近开垦、尚待栽种的次生林。走了一个小时后，我们抵达了周边种着香蕉树与橙子树的村庄，还得到了伊曼纽尔大家族的热情迎接。众人聚集在村子中央，山羊和鸡就在人群间漫步。伊曼纽尔的父亲曾在多年以前参与修筑过我们来时走过的政府道路，我们坐下同这位村中最年长的老人聊天，他倚着拐

杖，坐在酒椰垫子上，身边围着一圈村民。不久后，我们被穿着 T
恤、头戴棒球帽的男子和身着艳丽长裙的女性，还有年轻的男孩和
女孩（有的孩子拿着短刀）领着，沿小路去参观村子的油棕苗圃。

这个苗圃凝结着戈穆的集体愿景、希望和未来。伊曼纽尔押注
这些从加纳引进的高产油棕树，想通过它们来保护社区的土地所有
权，并建立一座小型农场。种树是一项长远投资，能够支持整个社
区的发展。伊曼纽尔的兄弟曾经为费尔斯通种植园工作，他一度想
种植橡胶树。但伊曼纽尔认为，橡胶只具有金钱价值。在这个社区
习惯的经济形式中，劳动可以交换，人际关系的形成、加强与修复
都是通过物品与礼物的交换，因此橡胶的用途有限。除了经济效益，
油棕在本地经济中的作用则不止金钱。在我参观苗圃一年后，许多
男性齐心协力，用传统方式有选择性地开垦了 30 英亩林地，并保
留了野生棕榈树、木棉树等拥有特殊意义和价值的树木。女性则从
苗圃中取来油棕榈树苗，种下它们，同时种植稻米作为间作物。事
实证明那是一个幸运的决定，那一年种下的稻米帮助社区挺过了
2014 年的埃博拉疫情，当时米价飞涨，各地普遍经历了粮食短缺。

2018 年，社区开始修建自己的学校，从成熟的棕榈树榨取的
棕榈油则支持着一桩劳动交易——为戈穆修建一条通往主干道的道
路。未来的油棕贸易和收入将支持学校的运作。学校花两年时间建
成，主要依靠捐款。当地还计划兴建一座棕榈油加工磨坊，预计这
将大幅提高生产率，进一步增加交易价值与金钱收入。间作的菠萝
既为社区提供了食物，也可以出售以换取现金。根据新的《土地权
利法案》，社区能够获得约 1000 英亩传统保留地的合法所有权，
目前社区已经启动相关的法律程序。走在这片土地上，你看到的不

是油棕种植园，而是种着各种粮食作物和经济作物的丰饶之角，就像这个乡村地区的人世世代代赖以维生的正式与非正式经济一样。戈穆的生活或许无法用西方的经济成功标准来评判，但它不失价值与意义。

沿着利比里亚仍然活跃的橡胶走廊驾车返回蒙罗维亚，随处可见小块土地上盖了一半的煤渣砖房，花园里种着胡椒、菠萝或番薯叶，或种着棕榈树、番木瓜树、香蕉树、椰子树等树木。这些小块土地与种植园形成了鲜明的对比。[21] 土地的使用（由土地上的建筑物或作物证明）是传统的土地所有权的标志。这样的使用权旨在确保土地的保有权，与最初由利比里亚早期移民带来，后来由为了换取收入而向外国企业出让特许经营权的利比里亚政府强加的私有财产的定义相悖。我们尚不清楚，利比里亚法律将在多大程度上支持在传统土地上耕种的权利。但无论如何，不管政府是否支持，在能够占有的小块土地上种植粮食作物和经济作物的做法将继续下去。这一点是可以肯定的。土地在利比里亚意味着生命。使用土地的权利从前不曾，今后也不会被轻易放弃。

致　谢

　　本项目的研究与写作花费了逾 10 年时间，其间我欠了数不清的人情。许多学者、档案保管员、科研助理、学生、政府官员、非政府组织员工、长者、利比里亚的乡村居民和曾经的费尔斯通公司工人与我分享了他们的时间、知识和观点。我无法一一列出他们的名字，但正是我们共同的努力才写就了这本书。我感谢你们所有人。

　　我必须对一些人致以特殊的谢意，不过这份名单并不完整。凯特·阿尔芬、阿苏道武、保罗·埃里克森、梅根·雷比、阿姆里斯·威廉姆斯、安娜·塞德曾在项目初期通过他们的研究工作给予我极大的帮助。本书大纲确定之后，布赖恩·汉密尔顿凭借其出色的侦探技巧帮助我让人物与事件鲜活起来。在最后阶段，阿约德吉·阿德比特对西非历史与典故的深入理解，以及他批判的眼光，都使本书获益良多。

　　一些机构的资助使这项研究成为可能，我万分感谢它们。威斯康星大学麦迪逊分校的威廉·V. 维拉斯信托基金慷慨地资助我的工作。美国国家科学基金会（SES-1331078）和卡耐基基金会（我被该基金会任命为安德鲁·卡耐基研究员）为我在利比里亚为期 8 年的档案研究与田野调查提供了资助。本书的言论与观点仅代表作者本人。

哈佛大学的查尔斯·沃伦美国史研究中心和德国的蕾切尔·卡逊环境与社会研究中心提供了轻松友好的智识环境，使我得以在本书创作的关键阶段思考、交流与写作。在蕾切尔·卡逊环境与社会研究中心，汤姆·格里菲思、阿丽尔·赫尔米克、伊丽莎白·亨尼西、克里斯托夫·毛赫、乌尔苏拉·明斯特尔、阿齐兹·奥拉尼扬、利比·罗宾、赫尔穆特·特里施勒、莫妮卡·瓦西里、葆拉·翁加尔等提供了友谊与支持。美国国家人文研究中心的会员身份使我能够及时完成书稿的最终修改。

很少有机构能像威斯康星大学麦迪逊分校这样推崇跨学科研究与学者的公共参与。本人非常荣幸，能够得到非洲研究项目、霍尔茨科技研究中心、纳尔逊文化、历史与环境学院、医学史与生物伦理学系、历史系及其研究生项目的培养与支持。

安德鲁·梅隆基金会资助的以"审视'种植园世'"为主题的索耶研讨班，改变了本书的知识框架。我衷心感谢与我共同组织研讨班的莫妮克·阿利韦特、巴勃罗·戈麦斯、索菲·萨普·穆尔，以及许多参与研讨的研究生和客座发言人，这些丰富的对话与交流大大加深了我对过去与当下种植园世界的理解。我还要感谢我的同事莫妮卡·怀特，感谢她与我分享关于社区参与，以及黑人通过农业实现抵抗和解放的知识。

我最深的谢意要献给许许多多与我分享了他们的故事的利比里亚人，他们挑战我的理解，照顾我，还质疑我的国家的过去。在我初次造访利比里亚时，史蒂芬·科利森好心地陪伴我，还为我打开了参访费尔斯通种植园的大门，他就是在那里长大的。鲁弗斯·卡尔莫安排了参观种植园的行程，还陪我一同去寻找其物质遗迹。前利比里亚信息、文化与旅游部部长刘易斯·布朗，为我提供了许可与权限，它们被证明是极为宝贵的。

菲洛米纳·布洛·萨耶赫曾任利比里亚国家档案与记录管理中心负责人，与她的合作以及她对利比里亚历史的热情让我深受鼓舞。我还要感谢维尔隆·斯通，他毕生致力于保护利比里亚的过去。我们合作推动了一个旨在帮助整理政府档案文件的大型项目，该项目得到了卡耐基基金会的资助。我真心感谢查尔斯·弗里曼，穆罕默德·努阿，丽塔·普朔尔，科菲·威利·约翰逊，以及约翰·萨基、约翰·永格、哈沃特·佩恩等中心员工，他们花费大量时间爬梳尘封的箱子和文件夹，整理了利比里亚过往部分政府留下的档案文件。我要感谢参与了我们的口述史工作坊并协助采访的利比里亚学生，包括罗伯特·卡斯尔、哈瓦·坎内、查尔斯·麦科伊、塞缪尔·麦金托什、西尔维斯特·帕耶、伊曼纽尔·桑坎、贾迈·史密斯、霍穆·索尼，以及协助组织了相关活动的比尔·艾伦与蒂姆·内万，本书同样得益于你们的工作。兰道尔·惠特曼逐渐理解了他父亲拍摄的照片与影像对保存利比里亚历史的特殊价值，并将它们慷慨地捐赠给了利比里亚国家档案与记录管理中心及印第安纳大学的利比里亚收藏项目。它们都上传到了 liberianhistory.org。

利比里亚土地局的前任局长塞西尔·布朗迪博士，告诉了我许多关于费尔斯通公司的历史和利比里亚土地权利变迁的知识。约瑟夫·塞伊·关努慷慨地同意为我们的纪录片《我们脚下的土地》

（*The Land Beneath Our Feet*）接受一次采访。他从历史照片中看到了我自己绝不可能看出或理解的东西。对于已故的弗洛莫·巴尔沃洛与其他酋长和长者（他们中的一些人已经离世了），我非常感谢他们为帮助我这个异乡人理解利比里亚而花费的时间与耐心。对棉花树、邦加、基桑、塞尼镇、苏阿科科等多个利比里亚村镇的居民，你们向我们的团队分享了自己对利比里亚历史的见解，谢谢你们。如果阿里·卡巴、赛拉斯·希阿科尔、可持续发展研究院等在利比里亚关注土地权益的非政府组织的努力，本书的结语将完全不同。罗贝特尔·奈贾伊·佩利友好地批评了我之前的作品中的一些术语的使用问题，并敦促我更加严谨地核对本书的信息。

我和我们摄制组的那些不可思议的成员，包括亚历山大（乌什）·维亚普拉、詹姆斯·巴约加尔、萨里塔·韦斯特，共同经历了很多。我们建立了跨越大洋的长期联系。米娅塔·法恩布拉的友谊和她的声音令人感到幸福，我只希望我公正地评价了她了解的且与我分享的过往。

在最后的修订过程中，本书极大地受益于一群出色的读者的无私帮助。我真诚地感谢埃尔伍德·邓恩、露思·威尔逊·吉尔摩、卡桑德拉·马克-蒂森、帕特里夏·贾贝·韦斯利、巴勃罗·戈麦斯，谢谢你们对整份书稿提出的友好细心的评论。尼尔·马厄在早期的草稿阶段提出过宝贵的建议。希瑟·斯旺帮助我尝试了不同的写作方法。罗布·尼克松鼓励我根据自己的直觉来决定在定稿中保留哪些内容。在我写作遇到困难时，萨默尔·阿拉图总是愿意倾听并提供帮助。萨拉·弗林提供了编辑意见，帮助我完成了倒数第二个版本。我要感谢我的编辑、新出版社的马克·法夫罗和我的经纪人丽萨·亚当斯，谢谢你们相信这个项目，并在整个过程中给予指导、鼓励和必要的编辑干预。新出版社的艾米莉·阿尔瓦里略在本书付梓的最终阶段表现出了非凡的细致与用心。

这些年来，我的家人一直用各种方式支持着这个项目。能与家人陪着母亲度过她生命的最后一年真是无比幸运。在我每天早上动笔写作时，我还能听见她鼓励的话语："愿灵感源源不断。"我想很少有写作者能像我一样幸运，不仅有一位爱我、鼓励我的伴侣，还有一位不会厌倦的读者与编辑，绝不容忍平淡无奇的文字。谢谢你，黛，谢谢你在这趟旅途中给予我的全部支持。

伊曼纽尔·尤里·雅克帕沃洛指引着我完成了这个项目。我们在 2012 年的相遇不仅改变了这个项目的方向，也改变了我的生活。伊曼纽尔以及他的家人在美国与利比里亚为我提供的帮助，需要我用一生来报答。我希望这本书是一个起点。

注 释

前 言

1. 我们的团队此前摄制的影片包括 *The Land Beneath Our Feet,* directed by Sarita Siegel and Gregg Mitman (Warren, NJ: Passion River Films, 2016), and *In the Shadow of Ebola,* directed by Sarita Siegel and Gregg Mitman (New York: Films Media Group, 2015)。

2. See, e. g., Robtel Neajai Pailey, "Slavery Ain't Dead, It's Manufactured in Liberia's Rubber," in *From the Slave Trade to "Free" Trade: How Trade Undermines Democracy and Justice in Africa,* ed. Patrick Burnett and Firoze Manji (Oxford: Pambazuka Press, 2007), pp. 77–83; Save My Future Foundation, *The Heavy Load: A Demand for Fundamental Changes at the Bridgestone/Firestone Rubber Plantation in Liberia* (June 2008); Uwagbale Edward-Ekpu, "The World's Largest Rubber Company Is Blamed Again for Pollution in a Liberian River," *Quartz Africa,* February 25, 2020, qz.com/africa/1807681/bridgestone-tires-firestone-liberia-blamed-for-river-pollution.

3. Harvey Firestone Jr. to President William Tubman, August 5, 1946, WTP-CNDRA.

4. 关于帝国的残余，见 Ann Laura Stoler, ed., *Imperial Debris: On Ruins and Ruination* (Durham, NC: Duke University Press, 2013)。

5. 在此我要提及一篇经典文章：James Fairhead & Melissa Leach, *Misreading the African Landscape: Society and Ecology in a Forest-Savanna Mosaic* (Cambridge: Cambridge University Press, 1996)。

6. 这一数字在 25%—60% 波动，有时甚至更高，这取决于计算方法。而 50% 的数字出自 Chelsea Keyser, *Good Laws, Weak Implementation,* Police Brief #1, U. S.

Agency for International Development (Nov. 2013), http://pdf.usaid.gov/pdfdocs/PA00M7RK.pdf, and Allard K. Lowenstein, *Governance of Agricultural Concessions in Liberia: Analysis and Discussion of Possible Reforms* (International Human Rights Clinic at Yale Law School, 2017), https://law.yale.edu/sites/default/files/area/center/schell/document/liberiafinal2017.pdf, as well as personal communication with Ali Kaba of the Sustainable Development Institute, Monrovia, Liberia。

7. GRAIN,"The Global Farmland Grab in 2016: How Big, How Bad?," June 14, 2016, www.grain.org/article/entries/5492-the-global-farmland-grab-in-2016-how-big-how-bad. 关于将土地争夺作为长期过程的视角，见 Sharlene Mollet, "The Power to Plunder: Rethinking Land Grabbing in Latin America," *Antipode* 48, no. 2 (2016): 412–432。

8. 关于种植园终结之后的未来，见 Katherine McKittrick, "Plantation Futures," *Small Axe* 17, no. 3 (2013): 1–15; Clyde Woods, *Development Arrested: The Blues and Plantation Power in the Mississippi Delta* (New York: Verso Books, 2017)。

9. *Roe v. Bridgestone Corp.*, 492 F. Supp. 2d 988 (S.D. Ind. 2007).

第一章 "美国应该生产自己的橡胶"

1. "Rubber Club of America Annual Meeting and Banquet," *India Rubber Review* (January 15, 1917), p. 17.

2. Quoted in John Tully, *The Devil's Milk: A Social History of Rubber* (New York: Monthly Review Press, 2011), p. 17.

3. Warren Dean, *Brazil and the Struggle for Rubber: A Study in Environmental History* (Cambridge: Cambridge University Press, 1987).

4. Susanna Hecht, *The Scramble for the Amazon and the "Lost Paradise" of Euclides da Cunha* (Chicago: University of Chicago Press, 2013); Richard P. Tucker, *Insatiable Appetite: The United States and the Ecological Degradation of the Tropical World* (Berkeley: University of California Press, 2000).

5. James Cooper Lawrence, *The World's Struggle with Rubber, 1905–1931* (New York: Harper & Bros., 1931), p. 12.

6. Joe Jackson, *The Thief at the End of the World: Rubber, Power, and the Seeds of Empire* (New York: Viking, 2008). 关于胡克，见 Jim Endersby, *Imperial Nature: Joseph Hooker and the Practices of Victorian Science* (Chicago: University of Chicago Press, 2008)。

7. Greg Grandin, *Fordlandia: The Rise and Fall of Henry Ford's Forgotten Jungle City* (New

York: Metropolitan Books, 2009), and Dean, *Brazil and the Struggle for Rubber*.

8. See Stuart McCook, *Coffee Is Not Forever: A Global History of the Coffee Leaf Rust* (Athens: Ohio University Press, 2019).

9. Charles S. Braddock, "The Future of Rubber in the Far East," *Scientific American* (December 10, 1910), p. 459.

10. Lawrence, *The World's Struggle with Rubber*, p. 16.

11. Austin Coates, *The Commerce in Rubber: The First 250 Years* (New York: Oxford University Press, 1987), pp.178–204. 关于罗斯，见 K. G. McIndoe, *The Rubber Tree in Liberia: A Story of the Introduction of Hevea brasiliensis to Liberia* (Dunedin, New Zealand: John McIndoe Limited, 1968)。

12. "Rubber in Singapore," *New Orleans Times-Picayune* (September 16, 1917), 67. 关于费尔斯通的节流问题，see "British Lead in Rubber," *Kansas City Star* (September 12, 1916), p. 3。

13. "Far East Attracts Capable Americans," *New Orleans Times-Picayune* (April 18, 1920), p. 68.

14. "Warning from Mr. Taft, Failure to Protect Americans Abroad Would Be Fatal to Enterprise," *New York Times* (January 9, 1917), p. 3. 费尔斯通已于 1916 年 4 月询问华盛顿，是否可能绕开菲律宾的土地法。See Frank R. Chalk, "The United States and the International Struggle for Rubber, 1914–1941" (doctoral dissertation, University of Wisconsin-Madison, 1970), p. 18.

15. See Ann Laura Stoler, *Capitalism and Confrontation in Sumatra's Plantation Belt, 1870–1979* (New Haven, CT: Yale University Press, 1985).

16. Riley Froh, *Edgar B. Davis and Sequences in Business Capitalism: From Shoes to Rubber to Oil* (New York: Garland, 1993), p. 45. 关于美国橡胶公司，see Shakila Yacob, "Model of Welfare Capitalism? The United States Rubber Company in Southeast Asia," *Enterprise and Society* 8, no. 1 (2007): 136–174。See also H. Stuart Hotchkiss, "Operations of an American Rubber Company in Sumatra and the Malay Peninsula," *Annals of the American Academy of Political and Social Science* 112, no. 1 (1924): 154–162。

17. Harvey S. Firestone, in collaboration with Samuel Crowther, *Men and Rubber: The Story of Business* (Garden City, NY: Doubleday, Page, & Cp., 1926), p. 14.

18. Firestone, *Men and Rubber*, p. 23.

19. Alfred Lief, *Harvey Firestone: Free Man of Enterprise* (New York: McGraw-Hill Book Co., 1951).

20. 关于芝加哥作为商品市场交易中心的历史，见 William Cronon, *Nature's Metropolis: Chicago and the Great West* (New York: W. W. Norton, 1992)。

21. Lief, *Harvey Firestone*, pp. 58–62; Michael French, "Harvey Samuel Firestone," in *American National Biography*, ed. John A. Garraty and Mark C. Carnes (New York: Oxford University Press, 1999).

22. 关于阿克伦的景观和气味，见 Tully, *The Devil's Milk*, pp. 134–147; Steve Love and David Giffels, *Wheels of Fortune: The Story of Rubber in Akron* (Akron, OH: University of Akron Press, 1999)。

23. 关于费尔斯通的桌椅，见 James D. Newton, *Uncommon Friends: Life with Thomas Edison, Henry Ford, Harvey Firestone, Alexis Carrel, & Charles Lindbergh* (New York: Harcourt, 1987), p. 39。

24. Lief, *Harvey Firestone*; Firestone, *Men and Rubber*.

25. Lief, *Harvey Firestone*, p. 11.

26. Information gathered from U. S. Department of Labor, Bureau of Labor Statistics, *Industrial Poisons Used in the Rubber Industry*, Industrial Accidents and Hygiene Series, No. 7 (Washington, DC: Government Printing Office, 1915); Daniel Nelson, *American Rubber Workers & Organized Labor, 1900–1941* (Princeton, NJ: Princeton University Press, 2014); Love and Giffels, *Wheels of Fortune*.

27. 关于流水线的历史与福特在这一过程中的地位，见 David Nye, *America's Assembly Line* (Cambridge, MA: MIT Press, 2013)。关于 T 型车的产量，见 Bruce W. McCalley, *Model T. Ford: The Car That Changed the World* (Iola, WI: Motorbooks International, 1994)。

28. Nelson, *American Rubber Workers*; Lief, *Harvey Firestone*; Firestone, *Men and Rubber*.

29. Firestone, *Men and Rubber*, p. 137.

30. Lief, *Harvey Firestone*, pp. 112–113.

31. Lief, *Harvey Firestone*, p. 219.

32. Firestone, *Men and Rubber*, p. 136.

33. U. S. Census Bureau, *Fourteenth Census of the United States Taken in the Year 1920, Volume 3: Population, Composition and Characteristics of the Population by States* (Washington: GPO, 1922), p. 784.

34. 关于阿克伦的人口变化，见 Nelson, *American Rubber Workers*, pp. 50–55。On car registration, see Federal Highway Administration, Ohio Division, www.fhwa.dot.gov/ohim/summary95/mv200.pdf.

35. Harvey Firestone, "Shall Half the Potatoes Grown Be Lost?," *Fort Wayne Journal-*

Gazette, March 2, 1919, Automobile Section, p. 4.

36. Tully, *The Devil's Milk*, p. 138.

37. Lief, *Harvey Firestone*, p. 196; Firestone, *Men and Rubber*, p. 245.

38. Nelson, *American Rubber Workers*, pp. 23–43; Tully, *The Devil's Milk*, pp. 149–158.

39. Lief, *Harvey Firestone*, p. 117.

40. Firestone, *Men and Rubber*, p. 138. 关于橡胶产业与福利资本主义，见 Nelson, *American Rubber Workers*, pp. 56–61。关于费尔斯通家园，见 Love and Giffels, *Wheels of Fortune*, pp. 52–53。

41. 关于阿克伦住房市场中的种族主义排外现象，见 Kevan Delany Frazier, "Model Industrial Subdivisions: Goodyear Heights and Firestone Park and the Town Planning Movement in Akron, Ohio, 1910–1920" (master's thesis, Kent State University, 1994)。

42. Tully, *The Devil's Milk*, pp. 145–146.

43. Joyce Shaw Peterson, "Black Automobile Workers in Detroit, 1910–1930," *Journal of Negro History* 64, no. 3 (1979): 177–190.

44. Nelson, *American Rubber Workers*, 54; Love and Giffels, *Wheels of Fortune*, pp. 114–117. See, also, Stephen L. Harp, *A World History of Rubber: Empire, Industry, and the Everyday* (West Sussex, UK: John Wiley & Sons, 2016) . 关于橡胶生产者与制造商在全球各地控制土地与劳动力时产生的种族问题，这篇文章有着出色的历史分析。

45. See collection of Harvey Firestone Jr.'s Asheville School yearbooks in EPFP, Box 49. 在这套藏品的 52 号箱中还有一张全家福，它记录了黑人仆从在哈贝尔庄园中的地位。

46. Firestone, *Men and Rubber*, p. 137.

47. Firestone, *Men and Rubber*, p. 237.

48. Charles E. Sorensen, *My Forty Years with Ford*, with Samuel Williamson (Detroit: Wayne State University Press, 2006), 18. On the camping trips, see Paul Sutter, *Driven Wild: How the Fight Against Automobiles Launched the Modern Wilderness Movement* (Seattle: University of Washington Press, 2005).

49. 关于小哈维和爱迪生的关系以及他们的露营旅程，见 "Harvey S. Firestone, Jr.," *Nation's Business* (August 1969): 54–59。

50. Mark R. Finlay, *Growing American Rubber: Strategic Plants and the Politics of National Security* (New Brunswick, NJ: Rutgers University Press, 2009), pp. 75–76.

51. "War Aids Rubber Trade: Manufacturers Now Able to Get Larger Supplies," *New York*

Times (April 20, 1917), p. 15.

52. Firestone, *Men and Rubber*, p. 234.

53. Harvey S. Firestone Jr., *The Romance and Drama of the Rubber Industry* (Akron, OH: Firestone Tire and Rubber Company, 1932), p. 72.

54. See Lief, *Harvey Firestone*, pp. 155–163; Chalk, "The United States and the International Struggle for Rubber," pp. 35–43.

55. Chalk,"The United States and the International Struggle for Rubber," pp. 31–32.

56. Harvey Firestone Jr., "What About Rubber After the War?," in *Rubber Production and Importation Policy: Hearing Before U. S. Senate, Committee on Banking and Currency, Subcommittee on Rubber*, 80th Congress, March 11, 1947, p. 178.

57. "Firestone Tire Company Makes Good Showing," *The Pioche Record* (December 29, 1922), p. 1, 6.

58. Quoted in Lawrence, *The World's Struggle with Rubber*, p. 46.

59. David M. Figart, *The Plantation Rubber Industry in the Middle East*, Department of Commerce, Trade Promotion Series No. 2, Crude Rubber Survey (Washington, DC: Government Printing Office, 1925).

60. See Finlay, *Growing American Rubber*, pp. 55–57; Chalk, "The United States and the International Struggle for Rubber," pp. 44–57; Lawrence, *The World's Struggle with Rubber*, pp. 45–51.

61. "Rubber Men Record Protest to Britain," *New York Times* (February 28, 1923), 9. See also Chalk, "The United States and the International Struggle for Rubber," pp. 55–59.

62. "Firestone Says Rubber Assn. Refused Help," *Syracuse Herald* (May 27, 1923), 3rd sec., 6. Firestone's resignation letter is reproduced in Lawrence, *The World's Struggle with Rubber*, pp. 120–121.

63. "Firestone Urges Rubber Growing," *San Antonio Express* (May 21, 1923), 1.

64. "Harvey Firestone, The American Motorists Should Acquaint Themselves with This Fact and Be as Loyal to Mr. Firestone as Mr. Firestone Has Been to Them," *Standard Sentinel*, August 2, 1923.

65. "An American Crude Rubber Industry," *Steubenville Herald Star*, January 31, 1923.

66. "Explorations for Rubber," *Science* 58 (August 10, 1923), p. 103.

67. Quoted in Chalk, "The United States and the International Struggle for Rubber," 65.

68. See Firestone testimony in *Crude Rubber, Coffee, etc., Hearings Before the Committee on Interstate and Foreign Commerce, House of Representatives on H.R. 59*, 69th Cong., 1st sess., January 6–22, 1926, p. 252; 他们遭遇的反叛势力很可能是德拉维尔塔

叛　军。See Sarah Olston, *The Mexican Revolution's Wake: The Making of a Political System, 1920–1929* (Cambridge: University of Cambridge Press, 2018).

69. McIndoe, *The Rubber Tree in Liberia*, p. 18.

第二章　回溯

1. 关于巴克利山种植园的历史，见 McIndoe, *The Rubber Tree in Liberia*；关于利比里亚橡胶集团的早期历史，见 Sir Harry Johnston, *Liberia* (London: Hutchison & Co., 1906), pp. 416–425。

2. Hood to Firestone, November 17, 1923, 882.6176 F51/218, 1910–1929, CDF.

3. W. E. B. Du Bois, "Liberia and Rubber," *The New Republic* (November 18, 1925), p. 326.

4. W. E. B. Du Bois, "Sensitive Liberia," *The Crisis* 28 (May 1924): 10–11.

5. See, e. g., Philip D. Curtin, *The Rise and Fall of the Plantation Complex: Essays in Atlantic History*, 2nd ed. (Cambridge: Cambridge University Press, 1998).

6. Nicholas A. Robins, *Mercury, Mining, and Empire: The Human and Ecological Cost of Silver Mining in the Andes* (Bloomington: Indiana University Press, 2011); Kris Lane, *Potosí: The Silver City That Changed the World* (Berkeley: University of California Press, 2019).

7. 种植园奴隶制在资本主义崛起过程中的作用已经得到了历史学界的许多讨论。这一主张的基本观点出自 C. L. R. 詹姆斯 in *The Black Jacobins: Toussaint L'Ouverture and the San Domingo Revolution*, 2nd ed. (1938; repr., New York: Vintage, 1989), 以及他的学生 Eric Williams in *Capitalism & Slavery* (1944; repr., Chapel Hill: University of North Carolina Press, 1994). In Sidney W. Mintz, *Sweetness and Power: The Place of Sugar in Modern History* (New York: Penguin Books, 1985), 明茨发展了这一传统，主张种植园充当了工业工厂的重要模板。近期对这一观点的复兴出现在 Sven Beckert, *Empire of Cotton: A Global History* (New York: Vintage, 2015), and Walter Johnson, *River of Dark Dreams: Slavery and Empire in the Cotton Kingdom* (Cambridge, MA: Belknap Press of Harvard University Press, 2013). 这些近期文献发扬了此前黑人的激进传统，另有一篇文章对它们做出了精彩的评述，见 Peter James Hudson, "The Racist Dawn of Capitalism," *Boston Review*, March 14, 2016。

8. W. E. B. Du Bois, *The Souls of Black Folk*, 8th ed. (1903; repr., Chicago: A.C. McClurg & Co., 1909), p. 123, 162.

9. *Constitution of the Republic of Liberia* (1847), reprinted in George W. Brown, *The*

Economic History of Liberia (Washington, DC: The Associated Publishers, Inc., 1941), p. 256. 关于离开奉行奴隶制的土地、追求自由的复杂性，以及美国的种植园主政治对利比里亚生产过程中劳动制度的决定性作用，见 Lisa A. Lindsay, *Atlantic Bonds: A Nineteenth-Century Odyssey from America to Africa* (Chapel Hill: University of North Carolina Press, 2017)。

10. Daniel Webster, "Plymouth Oration," in *The Speeches of Daniel Webster and His Masterpieces*, ed. B.F. Tefft (Philadelphia: Porter & Coates, 1854), pp. 59–111, on 89. 关于韦伯斯特和殖民问题，见 Nicholas Guyatt, "'The Outskirts of Our Happiness': Race and the Lure of Colonization in the Early Republic," *Journal of American History* 95, no. 4 (2009): 986–1011。

11. See, e. g., Bronwen Everill, *Abolition and Empire in Sierra Leone and Liberia* (New York: Palgrave Macmillan, 2013); Tom W. Shick, *Behold the Promised Land: A History of Afro-American Settler Society in Nineteenth-Century Liberia* (Baltimore: Johns Hopkins University Press, 1977); Charles S. Johnson, *Bitter Canaan: The Story of the Negro Republic* (New Brunswick, NJ: Transactions, 1987).

12. 关于对利比里亚历史多种解读的"道德辩证法"，有一篇历史学分析颇有见地，见 Clarence E. Zamba Liberty, *Growth of the Liberian State: An Analysis of Its Historiography (Northridge, CA: New World African Press, 2002)*。赞巴·利伯蒂的重要见解对我自己的分析很有启发，他认为在利比里亚的国家发展过程中"移民必须打好一场双重势力的比赛：在保证自身领导地位的同时避开欧洲列强。"（p. 34）关于移民殖民主义，见 Patrick Wolfe, "Settler Colonialism and the Elimination of the Native," *Journal of Genocide Research* 8, no. 4 (2006): 387–409。

13. 对这些有待商榷的争议有一篇精彩的分析，见 Brandon Mills, "Situating African Colonization Within the History of U. S. Expansion," in *New Directions in the Study of African American Recolonization*, ed. Beverly C. Tomek and Matthew J. Hetrick (Gainesville: University Press of Florida, 2017), pp. 166–183, and Brandon Mills, *The World Colonization Made: The Racial Geography of Early American Empire* (Philadelphia: University of Pennsylvania Press, 2020)。

14. 关于利比里亚在移民到来前的历史，见 C. Patrick Burrowes, *Between the Kola Forest and the Salty Sea: A History of the Liberian People Before 1800* (Bomi County, Liberia: Know Your Self Press, 2016)。

15. 关于桑·博索，见 James Fairhead, Tim Geysbeck, Svend E. Holsoe, and Melissa Leach, eds., *African-American Explorations in West Africa: Four Nineteenth-Century*

Diaries (Bloomington: Indiana University Press, 2003), pp. 285–287; Warren d'Azevedo, "Phantoms of the Hinterland: The 'Mandingo' Presence in Early Liberian Accounts, Part 1," *Liberian Studies Journal* 20, no. 1 (1994): 197–242。

16. 关于利比里亚早期历史中移民与原住民之间的冲突，见 Svend E. Holsoe, "A Study of Relations Between Settlers and Indigenous Peoples in Western Liberia, 1821–1847," *African Historical Studies* 4, no. 2 (1971): 331–362。关于最初的土地协议，见 Eric Burin, "The Cape Mesurado Contract: A Reconsideration," in *New Directions in the Study of African American Recolonization* (Gainesville: University Press of Florida, 2017), pp. 229–248。See, also, E. Bacon, *Abstract of a Journal of E. Bacon to Africa: With an Appendix Containing Extracts from Proceedings of the Church Missionary Society in England, for the Years 1819–20 to Which It Printed and Abstract of the Journal of the Rev. J.B. Cates* (Philadelphia: S. Potter & Co., 1821), p. 14.

17. 关于自由的非裔美国人在内战爆发前争取完整公民权利的斗争，见 Stephen Kantrowitz, *Fighting for Black Citizenship in a White Republic* (New York: Penguin Books, 2012); Martha Jones, *Birthright Citizens: A History of Race and Rights in Antebellum America* (Cambridge: Cambridge University Press, 2018)。

18. Tom W. Shick, "A Quantitative Analysis of Liberian Colonization from 1820 to 1840, with Special Reference to Mortality," *Journal of African History* 12 (1971): 45–59. See also Svend E. Holsoe and Bernard L. Herman, *A Land and Life Remembered: Americo-Liberian Folk Architecture* (Athens: University of Georgia Press, 1988).

19. Eric Burin, *Slavery and the Peculiar Solution: A History of the American Colonization Society* (Gainesville: University Press of Florida, 2005).

20. Augustus Washington, "Thoughts on the American Colonization Society, 1851," in *Liberian Dreams: Back-to-Africa Narratives from the 1850s*, ed. Wilson Jeremiah Moses (University Park: Pennsylvania State University Press, 1998), p. 187, 185. 关于华盛顿，见 Wilson Jeremiah Moses, "Biographical Sketch of Augustus Washington, in *Liberian Dreams*, pp. 181–183;" Shawn Michelle Smith, "Augustus Washington and the Civil Contract of Photography," in *At the Edge of Sight: Photography and the Unseen* (Durham, NC: Duke University Press, 2013), pp. 165–192。

21. Washington, "Thoughts on the American Colonization Society, 1851," p. 192.

22. Washington, "Thoughts on the American Colonization Society," pp. 187–188.

23. Augustus Washington, "Liberia as It Is, 1854," in *Liberian Dreams*, p. 204. 关于利比里亚的商人阶级，见 Dwight N. Syfert, "The Liberian Coasting Trade, 1822–1900,"

Journal of African History 18 (1977): 217–235。

24. Washington, "Liberia as It Is, 1854," p. 204. 关于圣保罗河定居点等利比里亚 19 世纪农业状况的历史记录，见 William E. Allen, "Sugar and Coffee: A History of Settler Agriculture in Nineteenth-Century Liberia" (doctoral dissertation, Florida International University, 2002)。

25. Augustus Washington, "Six Thousand Dollars Better, 1863," in *Liberian Dreams*, p. 223.

26. Edward W. Blyden, "Travels in Liberia, no. 2," *African Repository* 49 (December 1873): 374.

27. H. W. Johnson, "Letter from Liberia," *African Repository* 43 (June 1867): 172.

28. Augustus Washington, "Letter from Augustus Washington from the *Colonization Herald*," in *Liberian Dreams*, p. 217.

29. 关于利比里亚在全球咖啡贸易中的重要地位，见 Stuart McCook, "Ephemeral Plantations: The Rise and Fall of Liberian Coffee, 1870–1900," in *Comparing Apples, Oranges, and Cotton: Environmental Histories of the Global Plantation*, ed. Frank Uekötter (Frankfurt: Campus Verlag, 2014), pp. 85–112。 See also Allen, "Sugar and Coffee," pp. 124–160.

30. Washington, "Letter from Augustus Washington from the *Colonization Herald*," p. 220.

31. 关于利比里亚商品的崩溃，见 Allen, "Sugar and Coffee," pp. 180–201；Du Bois, "Liberia and Rubber"; McCook, "Ephemeral Plantations," pp. 106–110；Syfert, "The Liberian Coasting Trade," pp. 230–234。

32. See David Kilroy, "Extending the American Sphere to West Africa: Dollar Diplomacy in Liberia, 1908–1926" (doctoral dissertation, University of Iowa, 1995). Cassandra Mark-Thiesen and Moritz A. Mihatsch, "Liberia an(d) Empire? Sovereignty, 'Civilization' and Commerce in Nineteenth-Century West Africa," *Journal of Imperial and Commonwealth History* 47, no. 5 (2019): 884–911.

33. Washington to Roosevelt, September 19, 1907, in *The Booker T. Washington Papers*, vol. 9, *1906–1908*, ed. K. Harlan and R.W. Smock (Urbana: University of Illinois Press, 1980), p. 337. 关于布克·华盛顿对罗斯福的利比里亚政策产生的影响，见 Louis R. Harlan, "Booker T. Washington and the White Man's Burden," *American Historical Review* 71, no. 2 (1966): 441–467; Kilroy, "Extending the American Sphere to West Africa," pp. 13–49。

34. "The Liberian Envoys, 'Commissioners from Black Republic Cordially Received by

President Roosevelt and Secretary Taft,'" *Washington Bee* (June 20, 1908), p. 4.

35. Report of the American Commission to the Republic of Liberia, "Affairs in Liberia," Senate Document no. 457, 61st Congress, 2nd Session (1910), p. 16, 25–26.

36. "The Republic of Liberia," *Washington Bee* (November 27, 1909), pp. 1–2.

37. 关于查尔斯·杨，见 Brian G. Shellum, *African American Officers in Liberia: A Pestiferous Rotation, 1910–1942* (Lincoln, NE: Potomac Books, 2018), pp. 55–88。关于查尔斯·杨与杜波伊斯的友谊，见 David Levering Lewis, *W. E. B. Du Bois: A Biography* (New York: Henry Holt, 2009), pp. 124–126；关于 1912 年的贷款，见 Kilroy, "Extending the American Sphere," pp. 50–91；George Brown, *The Economic History of Liberia* (Washington, DC: The Associated Publishers, 1941), pp. 167–170。关于金元外交，见 Emily S. Rosenberg, *Financial Missionaries to the World: The Politics and Culture of Dollar Diplomacy, 1900–1930* (Durham, NC: Duke University Press, 2004)。

38. Quoted in Harlan, "Booker T. Washington and the White Man's Burden," 458.

39. See W. E. B. Du Bois, *Dusk of Dawn: An Essay Toward an Autobiography of a Race Concept* (1940; New York: Oxford University Press, 2007), pp. 61–62.

40. 关于一战对利比里亚经济的影响，见 Brown, *The Economic History of Liberia*, pp. 171–174。

41. George Finch to Huntington Wilson, November 20, 1911, 882.51/273.5, 1910–1929, CDF.

42. Du Bois to Hughes, January 5, 1923, in *The Correspondence of W. E. B. Du Bois*, vol. 1, ed. Herbert Aptheker (Amherst: University of Massachusetts Press, 1973), pp. 160–161.

43. Lewis to President, October 4, 1923, in *The Correspondence of W. E. B. Du Bois*, vol. 1, pp. 278–279.

44. 关于经迎风海岸送出奴隶的估算人数，see C. Patrick Burrowes, *Between the Kola Forest and the Salty Sea*, pp. 269–270。

45. 杜波伊斯访利比里亚的第一印象收录在 Du Bois, *Dusk of Dawn*, pp. 59–67. See also Lewis, *W. E. B. Du Bois: A Biography*, pp. 453–459; Hood to Secretary of State, January 17, 1924, 882.00/738, 1910–1929, CDF.

46. Du Bois, *Dusk of Dawn*, p. 60.

47. See Du Bois, *Dusk of Dawn*, pp. 62–65; Hood to Secretary of State, January 17, 1924.

48. Du Bois to Secretary of State, March 24, 1924, pp. 4, 7, 882.00/737, 1910–1929, CDF.

49. W. E. B. Du Bois, "The Talented Tenth," in *The Negro Problem: A Series of Articles by*

Representative American Negroes of Today, ed. Booker T. Washington (New York: James Pott and Co., 1903).

50. Edward W. Blyden, *Liberia's Offering* (New York: John A. Gray, 1862), p. 74. 关于布莱登，见 Hollis R. Lynch, ed., *Selected Letters of Edward Wilmot Blyden* (Millwood, NY: KTO Press, 1978); Teshale Tibebu, *Edward Wilmot Blyden and the Racial Nationalist Imagination* (Rochester, NY: University of Rochester Press, 2012)。

51. Blyden, *Liberia's Offering*, pp. 69–70.

52. Edward W. Blyden to Sir Samuel Rowe, October 22, 1885, in *Selected Letters of Edward Wilmot Blyden*, p. 353.

53. Edward W. Blyden, *The Three Needs of Liberia* (London: C.M. Phillips, 1908), p. 35.

54. Blyden, *Three Needs of Liberia*, p. 2, 34, 14.

55. 非裔美国人与加勒比移民各自在利比里亚形成了不同的泛非主义愿景，对此有一篇精彩的分析，见 Caree A. Banton, *More Auspicious Shores: Barbadian Migration to Liberia, Blackness, and the Making of an African Republic* (Cambridge: Cambridge University Press, 2020)。

56. Hood to Du Bois, May 7, 1923, WEBDP.

57. Hood to Secretary of State, January 17, 1924, p. 27a.

58. Hood to Du Bois, May 7, 1923.

59. Hood to Du Bois, May 7, 1923.

60. Ronald Harpelle, "Cross Currents in the Western Caribbean: Marcus Garvey and the UNIA in Central America," *Caribbean Studies* 31 (2003): 35–73.

61. "Cheering Negroes Hail Black Nation," *New York Times*, August 3, 1920.

62. "Marcus Garvey (1887–1940): 'Explanation of the Objects of the Universal Negro Improvement Association,'" http://americanradioworks.publicradio.org/features/sayitplain/mgarvey.html.

63. 关于伊利亚·约翰逊，见 Johnson, *Bitter Canaan*, pp. 47–50。

64. Garcia to Honorable President, June 8, 1920, *The Marcus Garvey and Universal Negro Improvement Association Papers*, vol. 2, ed. Robert A. Hill (Berkeley: University of California Press, 1983), pp. 345–347.

65. *The Marcus Garvey and Universal Negro Improvement Association Papers*, vol. 2, ed. Robert A. Hill (Berkeley: University of California Press, 1983–2011), p. 667, 672.

66. *The Marcus Garvey and Universal Negro Improvement Association Papers*, vol. 2, p. 667, 672.

67. Open letter from C. D. B. King, *The Crisis*, 22 (June 1921): 53. 关于杜波伊斯与马

库斯·加维，见 Lewis, *W. E. B. Du Bois: A Biography*, pp. 416–434；M.B. Akpan, "Liberia and the Universal Negro Improvement Association: The Background of Garvey's Scheme for African Colonization," *Journal of African History* 14, no. 1 (1973): 105–127；Frank Chalk, "Du Bois and Garvey Confront Liberia: Two Incidents of the Coolidge Years," *Canadian Journal of African Studies* 1, no. 2 (1967): 135–142；Ibrahim Sundiata, *Brothers and Strangers: Black Zion, Black Slavery, 1914–1940* (Durham, NC: Duke University Press, 2003), pp. 48–78。

68.　*The Marcus Garvey and Universal Negro Improvement Association Papers*, vol. 9, ed. Robert A. Hill (Berkeley: University of California Press, 1983–2011), p. 76.

69.　"Interview with the Acting President of Liberia . . . by the Commissions of the Universal Negro Improvement Association," March 22, 1921, 882.00/705, 1910–1929, CDF. Quoted in Tony Martin, *Race First: The Ideological and Organizational Struggles of Marcus Garvey and the United Negro Improvement Association* (Westport, CT: Greenwood Press, 1976), p. 124.

70.　W. E. B. Du Bois, "Back to Africa," *Century Magazine* 105 (February 1923): 539.

71.　Du Bois to Hughes, January 5, 1923, in *The Correspondence of W. E. B. Du Bois*, vol. 1, pp. 160–161.

72.　Marcus Garvey, "The Negro Is Dying Out," in *Selected Writings and Speeches of Marcus Garvey*, ed. Bob Blaisdell (Mineola, NY: Dover Publications, 2004), 182; "The Twelve Greatest Negroes," *Negro World* (August 26, 1922), p. 4.

73.　*The Marcus Garvey and Universal Negro Improvement Association Papers*, vol. 10, ed. Robert A. Hill (Berkeley: University of California Press, 1983–2011), pp. 246–255.

74.　"Garvey Followers Barred by Liberia," *New York Times* (August 5, 1924), 21.

75.　Elwood Dunn, ed., *The Annual Messages of the Presidents of Liberia, 1848–2010: State of the Nation Addresses to the National Legislature: From Joseph Jenkins Roberts to Ellen Johnson Sirleaf* (New York: De Gruyter, 2011), p. 664.

76.　"Liberia: Black Messiah's Aim," *African World* (August 30, 1924), p. 198.

77.　*The Marcus Garvey and Universal Negro Improvement Association Papers*, vol. 10, p. 256.

78.　"Petition of Four Million Negroes of the United States of America to His Excellency The President of the United States," September 2, 1924, p. 4, 882.5511/10, 1910–1929, CDF.

79.　McIndoe, *The Rubber Tree in Liberia*, p. 21.

80.　De La Rue to Castle, March 25, 1924, 882.6176F51/74,1910–1929, CDF.

81. See Hood to Du Bois, November 16, 1925, WEBDP.

82. See Bussell to Castle, June 22, 1924, 882.6176F51/2, 1910–1929, CDF.

83. Dunn, ed., *The Annual Messages of the Presidents of Liberia, 1848–2010*, p. 667.

84. Copies of the initial agreements are available in Bussell to Castle, June 22, 1924.

85. Hood to Du Bois, November 16, 1925.

86. Du Bois to Firestone, October 16, 1925, in *The Correspondence of W. E. B. Du Bois*, vol. 1, pp. 320–323.

87. W. E. B. Du Bois, "Liberia and Rubber," 329. 一些学者指出，杜波伊斯关于利比里亚与费尔斯通的思想最初存在盲点，而这一问题并未出现在他对非洲以及全球各地的批评当中。锡德里克·鲁宾逊认为它根植于"杜波伊斯的知识分子阶级不断展现出的阶级傲慢"。Cedric Robinson, "DuBois and Black Sovereignty: The Case of Liberia," *Race & Class* 32, no. 2 (1990): 39–50. A similar view is expressed by Ibrahim Sundiata in *Brothers and Strangers*.

88. Castle to Harrison, July 1, 1924, p. 2, 882.6176F51/1, 1910–1929, CDF.

89. Petition to the Senate and House of Representatives of Liberia, 5, 882.5511/15, 1910–1929, CDF.

90. *Philosophy and Opinions of Marcus Garvey, or Africa for the Africans*, vol. 2, ed. Amy Jacques-Garvey (New York: Universal Publishing House, 1925), p. 397.

91. *The Marcus Garvey and Universal Negro Improvement Association Papers*, vol. 10, 229.

92. "Marcus Garvey and Liberia," p. 10, n.d., Box 9, Executive, Executive Mansion, Subject Files: Garveyism, n.d., LGA-II.

93. Du Bois to President C. D. B. King, July 29, 1924, WEBDP

第三章 资本的传教士

1. W.E. Burghardt Du Bois, *The World and Africa*, enlarged edition (1946; New York: International Publishers, 2015), pp. 227–228. 关于种族资本主义，见 Cedric Robinson, *Black Marxism: The Making of the Black Radical Tradition* (Chapel Hill: University of North Carolina Press, 2000); Walter Johnson et al., "Race, Capitalism, Justice," Forum 1, *Boston Review* (2017); Ruth Wilson Gilmore, "Abolition Geography and the Problem of Innocence," in *Futures of Black Radicalism*, ed. Gaye Theresa Johnson and Alex Lubin (New York: Verso Press, 2017)。

2. "资本主义需要不平等，而种族主义则将它奉为圭臬。"出自地理学家 Ruth Wilson Gilmore in "Abolition Geography and the Problem of Innocence," 240.

3. James C. Young, "An American Rubber Empire Rises in Africa," *New York Times*

(December 9, 1926), XX3.

4. 关于斯特朗在菲律宾的职业生涯，见 Warwick Anderson, *Colonial Pathologies: American Tropical Medicine, Race, and Hygiene in the Philippines* (Durham, NC: Duke University Press, 2006)。关于他在中国东北地区肺炎疫情中的参与，见 Eli Chernin, "Richard Pearson Strong and the Manchurian Epidemic of Pneumonic Plague, 1910–1911," *Journal of the History of Medicine and Allied Sciences* 44 (1989): 296–319；William C. Summers, *The Great Manchurian Plague of 1910–1911: The Geopolitics of an Epidemic Disease* (New Haven, CT: Yale University Press, 2012)。

5. 关于哈佛考察队，见 Gregg Mitman, "Forgotten Paths of Empire: Ecology, Disease, and Commerce in the Making of Liberia's Plantation Economy," *Environmental History* 22, no. 1 (2017): 1–22；Richard P. Strong, ed., *The African Republic of Liberia and the Belgian Congo, Based on the Observations Made and Materials Collected During the Harvard African Expedition, 1926–1927*, 2 vols. (Cambridge, MA: Harvard University Press, 1930)。

6. Lady Dorothy Mills, *Through Liberia* (London: Duckworth, 1926), pp. 30–31.

7. LWD, p. 8.

8. Harold Coolidge Diary, Harvard African Expedition, Vol. II, August 30th-October 14th, 1926-1927, pp. 168-70, Box 1. Diaries, Journals, Notebooks and Other Papers, ca. 1922-1965, HJCP.

9. Strong to Honorable Reed Paige Clark, November 7, 1926, RPSD, 151. See also LWD, pp. 98–99.

10. LWD, p. 99; RPSD, p. 146.

11. Firestone to Castle, February 17, 1926, 882.6716F51/146, 1910–1929, CDF.

12. 关于费尔斯通贷款，见 Frank Chalk, "The Anatomy of an Investment: Firestone's 1927 Loan to Liberia," *Canadian Journal of African Studies* 1 (1967): 12–32, and Kilroy, "Extending the American Sphere to West Africa"。

13. Barclay to Minister, May 28, 1925, p. 5, 882.6716F51/43, 1910–1929, CDF.

14. Liberian Secretary of State to American Legation, April 18, 1925, in "A Report on the Relations Between the United States and Liberia," p. 679, 711.82/4½, 1910–1929, CDF.

15. Clifton R. Wharton, February 12, 1926, FRUS, 1926, Volume II, p. 522.

16. 关于德拉鲁，见 Emily Rosenberg, "Ordering Others: US Financial Advisers in the Early Twentieth Century," in *Haunted by Empire: Geographies of Intimacy in North American History*, ed. Ann Laura Stoler (Durham, NC: Duke University Press, 2006), pp. 405–426。关于联合果品公司，见 Jason Colby, *The Business of Empire: United*

Fruit, Race, and U. S. *Expansion in Central America* (Ithaca, NY: Cornell University Press, 2011)。

17. Rosenberg, *Financial Missionaries to the World*.

18. De La Rue to Castle, December 21, 1924, pp. 2–3, 882.6176F51/79, 1910–1929, CDF.

19. De La Rue to Castle, July 22, 1924, p. 6, 882.6176F51/11, 1910–1929, CDF.

20. Tredwell to Harrison, January 15, 1925, pp. 6, 1. 882.6176F51/73, 1910–1929, CDF.

21. Castle to Richardson, March 5, 1926, NA, RG 59, 882.6176F51/149, 1910–1929, CDF.

22. Memorandum of a Conversation with Mr. Hines, Secretary to Mr. Firestone, 13 November 1924, p. 2, 882.6176F51/13, 1910–1929, CDF.

23. "Statement of Harvey S. Firestone," January 15, 1926, in *Crude Rubber, Coffee, Etc.*, p. 254. 大量有关贷款磋商的细节收录于 Kilroy, "Extending the American Sphere to West Africa"; Chalk, "The United States and the International Struggle for Rubber."

24. Harvey Firestone to Elmer Firestone, October 1, 1925, Folder 2 of 5, 1926–1940, FA-SHC.

25. "Americans to Found Vast Rubber Empire," *New York Times* (October 15, 1925), p. 1.

26. See, e. g., Memorandum, William Castle, December 14, 1926, 882.6176F51 /144, 1910–1929, CDF.

27. "Situation Already Causes Concern Abroad," *Firestone Non-Skid* (December 1925), p. 2.

28. Firestone to Castle, February 18, 1926, NA, RG59, 882.6176F51/147, 1910–1929, CDF.

29. Firestone to Ross, February 16, 1926, NA RG59, 882.6176F51/146; Harvey Firestone to Harvey Firestone Jr., February 16, 1926; Firestone to Firestone Jr., February 13, 1926, 882.6176F51/146, 1910–1929, CDF.

30. De La Rue to Hoffman, February 11, 1926, 882.6176F51/159, 1910–1929, CDF.

31. Harvey Firestone Jr. to Secretary of State, October 16, 1926, 882.6176F51/142, 1910–1929, CDF.

32. "Excerpts from the President's Annual Message delivered 20th October 1926 to the Liberian Legislature," 882.6176F51/142, 1910–1929, CDF.

33. See Chalk, "The United States and the International Struggle for Rubber," pp. 135–138.

34. Harvey Firestone Jr. to Harvey S. Firestone, November 22, 1926, 882.6176F51 /142, 1910–1929, CDF.

35. 关于卡斯尔的观点，见 Kilroy, "Extending the American Sphere to West Africa,"

pp. 364–365。

36. RPSD, p. 147.

37. Castle to Strong, January 3, 1927, African Expedition—Correspondence, State Department & White House Folder, Box 2, RPSP.

38. RPSD, p. 146.

39. Secretary to the President to Secretary of Treasury, November 11, 1926, CDBKP.

40. C.L. Simpson, *The Memoirs of C.L. Simpson: The Symbol of Liberia* (London: Diplomatic Press & Publishing Co., 1961), p. 141.

41. Mills, *Through Liberia*, p. 28.

42. Wolo to Dickerson, January 9, 1927; Wolo to Dickerson, October 14, 1928, Folder 7, PGWP.

43. "Liberia's National Debt Paid. May the Lone Star Wave Forever . . ." *Liberia Express and Agricultural World* (July 1927), p. 4; "Firestone Plantation Dompany [sic]," *Liberia Express and Agricultural World* (November 1927), p. 7.

44. Young, "An American Rubber Empire Rises in Africa," XX3.

45. "Firestone's Project," *Chicago Defender* (January 1, 1927), A1.

46. "Morgan Debaters Lose to Union," *Pittsburgh Courier* (May 4, 1929), p. 5.

47. "Harvard Expedition off to Africa with Cure for Tropical Diseases," *Boston Traveler*, May 15, 1926, Box 64, RPSP.

48. RPSD, p. 4.

49. 关于比利彼得事件的调查，见 Eli Chernin, "Richard Pearson Strong and the Iatrogenic Plague Disaster in Bilibid Prison, Manila, 1906," *Review of Infectious Diseases* 11, no. 6 (1989): 996–1004；Kristine A. Campbell, "Knots in the Fabric: Richard Pearson Strong and the Bilibid Prison Vaccine Trials, 1905–1906," *Bulletin of the History of Medicine* 68, no. 4 (1994): 600–638。关于美国科学与医学在菲律宾的殖民过程中的地位，见 Anderson, *Colonial Pathologies*。

50. Paul A. Kramer, *The Blood of Government: Race, Empire, the United States, & the Philippines* (Chapel Hill: University of North Carolina Press, 2006), p. 309; Anderson, *Colonial Pathologies*; on Forbes's conception of "material development," see Michael Adas, *Dominance by Design: Technological Imperatives and America's Civilizing Mission* (Cambridge, MA: Belknap Press of Harvard University Press, 2006), especially pp. 48–50. 关于菲律宾的货币改革，见 Rosenberg, *Financial Missionaries to the World*；关于根除麻风病的过程，见 Michelle T. Moran, *Colonizing Leprosy: Imperialism and the Politics of Public Health in the United States*

(Chapel Hill: University of North Carolina Press, 2007)。

51. Ellsworth Huntington, *Civilization and Climate* (New Haven, CT: Yale University Press, 1915). 关于西方对热带环境的想象史以及种族差异观点的建构史，见 Paul Sutter, "The Tropics: A Brief History of an Environmental Imaginary," in *Oxford Handbook of Environmental History*, edited by Andrew C. Isenberg (Oxford: Oxford University Press, 2014), pp. 162–184。

52. 关于斯特朗与拉丁美洲的关系，见 Marcos Cueto, "Tropical Medicine and Bacteriology in Boston and Peru: Studies of Carrión's Disease in the Early Twentieth Century," *Medical History* 40, no. 3 (1996): 344–364。

53. Thomas Barbour, "Institute for Research in Tropical America," 1, Barbour, Thomas Folder, Box 20, RPSP; Richard P. Strong, "The Modern Period of Tropical Medicine," *American Journal of Tropical Medicine* 17 (1937): 2.

54. 金元外交与美利坚帝国的主题最早是由威斯康星大学的威廉·阿普尔曼·威廉姆斯与他的学生在 20 世纪的 60 与 70 年代提出的，可参见其经典作品 William Appleman Williams, *The Tragedy of American Diplomacy*, rev. ed. (New York: Delta, 1962). 威廉姆斯的一位学生，弗朗克·查克最早借由这一视角探索美国在利比里亚的对外关系史。By Chalk, see "The Anatomy of an Investment," and "The United States and the International Struggle for Rubber." See also by Rosenberg: *Financial Missionaries to the World*, and *Spreading the American Dream: American Economic and Cultural Expansion, 1890–1945* (New York: Hill & Wang, 1982).

55. Lovejoy to Strong, February 20, 1925, Office Files: Series 2, Fe—Fo, Firestone Tire & Rubber Co., 1925–1929, RPSP. On the Firestone meeting, see Strong to Firestone, January 2, 1926, Office Files: Series 2, Fe—Fo, Firestone Tire & Rubber Co., 1925–1929, Box 43, RPSP.

56. Shattuck to Strong, June 4, 1926, Office Files: Persons, Colleagues, Staff Continued (Sandground—Shattuck, G.C.), Shattuck, Frederick, Box 23, RPSP.

57. Shattuck to Strong, August 26, 1926; Shattuck to Strong, March 14, 1927, Office Files: Persons, Colleagues, Staff Continued (Sandground—Shattuck, G.C.), Shattuck, Frederick Box 23, RPSP.

58. Young, "An American Rubber Empire Rises in Africa," XX3.

59. Graham Greene, *Journey without Maps* (New York: Penguin Classics, 2007), p. 42.

60. Young, "An American Rubber Empire Rises in Africa," XX3.

61. Quoted in Mark-Thiesen and Mihatsch, "Liberia an(d) Empire?," p. 890.

62. Blyden, *Three Needs of Liberia*, p. 14.

63. 关于柏林会议，见 Matthew Craven, "Between Law and History: The Berlin Conference of 1884–1885 and the Logic of Free Trade," *London Review of International Law* 3, no. 1 (2015): 31–59；Antony Anghie, *Imperialism, Sovereignty and the Making of International Law* (Cambridge: Cambridge University Press, 2007)。关于柏林会议对利比里亚国内政策的重要性，见 Mark-Thiesen and Mihatsch, "Liberia an(d) Empire?"。

64. 凯瑞·邦东（Caree Banton）也指出，非裔美国人与巴巴多斯裔移民对泛非主义与黑人民族主义的多种观点，或许也使得巴克利更能接受将利比里亚的原住民群体纳入初具雏形的现代国家。See Banton, *More Auspicious Shores*.

65. 关于棚屋税与绥靖政策，见 Augustine Konneh, "The Hut Tax in Liberia: The High Costs of Integration," *Journal of the GAH* 16 (1996): 41–60；Yekutiel Gershoni, *Black Colonialism: The Americo-Liberian Scramble for the Hinterland* (Boulder, CO: Westview Press, 1985)。关于利比里亚边防部队，见 Harrison Oladunjoye Akingbade, "The Role of the Military in the History of Liberia, 1822–1977" (PhD dissertation, Howard University, 1977)；Timothy D. Nevin, "The Uncontrollable Force: A Brief History of the Liberian Frontier Force, 1908–1944," *International Journal of African Historical Studies* 44, no. 2 (2011): 275–297。Mark-Thiesen and Mihatsch, "Liberia an(d) Empire?," 一文提出了一种重要的观点，柏林会议驱使利比里亚政府重新制定了内陆政策。

66. Jo Sullivan, "The Kru Coast Revolt of 1915–1916," *Liberian Studies Journal* 14, no. 1 (1989): 59. See also Ibrahim B. Sundiata, *Black Scandal: America and the Liberian Labor Crisis, 1929–1936* (Philadelphia: Institute for the Study of Human Issues, 1980), pp. 18–19.

67. Strong, *The African Republic of Liberia and the Belgian Congo*, vol. 1, 530.

68. 关于巴萨人的历史，见 William Siegmann, *Ethnographic Survey of Southeastern Liberia* (Robertsport, Liberia: Tubman Center of African Culture, 1969); Burrowes, *Between the Kola Forest and the Salty Sea*。

69. Strong, *The African Republic of Liberia and the Belgian Congo*, vol. 1, p. 50.

70. RPSD, p. 160.

71. 参见 1926 与 1935 年的种植协议，它们作为附录出现在 George Brown, *The Economic History of Liberia* (Washington, DC: The Associated Publishers, 1941), p. 275.

72. *The Land Beneath Our Feet*, directed by Sarita Siegel and Gregg Mitman (Warren, NJ:

Passion River Films, 2016).

73. Porter to Clerks and Overseers, December 30, 1929, Folder 4 of 5, 1926–1940, FA-SHC.

74. Interview with Will-ta D., February 1, 2018.

75. 关于生态暴行，见 Kyle Powys Whyte, "Settler Colonialism, Ecology, and Environmental Injustice," *Environment and Society: Advances in Research* 9 (2018): 125–144。

76. LWD, p. 12.

77. Harvard African Expedition, 1926–1927 Diary, Vol. 1, June 9-August 30, 106, Box 1, Diaries, Journals, Notebooks and Other Papers, ca. 1922–1965, HJCP.

78. 费尔斯通的公关宣传曾多次提及哈佛考察队的医学工作，以此证明"文明之手发挥了作用"。See, for example, James C. Young, *Liberia Rediscovered* (Garden City, NY: Doubleday, Doran & Company, 1934), pp. 57–64.

79. See, e. g., Fairhead, Geysbeek, Holsoe, and Leach, *African-American Explorations in West Africa*.

80. 关于对内陆的征服，见 Gershoni, *Black Colonialism*。

81. See Timothy D. Nevin, "In Search of the Historical Madam Suakoko: Liberia's Renowned Female Kpelle Chief," *Journal of West African History* 3, no. 2 (2017): 1–38.

82. President Charles D. B. King, "Annual Message from December 22, 1927," in Dunn, ed., *The Annual Messages of the Presidents of Liberia, 1848–2010*, p. 590.

83. LWD, p. 91.

84. Strong, *The African Republic of Liberia and the Belgian Congo*, vol. 1, p. 11.

85. Strong, *African Republic of Liberia*, p. 57.

86. Sean Foley, "Mount Hermon's African Students, 1898–1918," *Northfield Mount Hermon Journal for the Humanities* 1 (2013): 19–56.

87. See Wolo to Dickerson, June 11, 1919; June 25, 1919; July 29, 1919, Folder 2, PGWP.

88. Wolo to Moody, August 6, 1922; Ross to Dickerson, June 15, 1922; Stokes to Dickerson, May 27, 1922; Folder 4, PGWP.

89. Plenyono Gbe Wolo, "Dr. T.J. Jones' Report on African Education," Folder 1, PGWP.

90. 关于这间学校，见 Wolo to Dickerson, May 25, 1923, Folder 4；Wolo to Dickerson, June 10, 1923；Wolo to Dickerson, July 6, 1923, Folder 5; PGWP。On Hampton and Tuskegee, see Wolo to Dickerson, April 7, 1915, Folder 2; Wolo to Dickerson, August 26, 1921, Folder 3; PGWP.

91. Wolo to Dickerson, June 30, 1924, Folder 5, PGWP.

92. Wolo to Dickerson, September 19, 1924; Wolo to Dickerson, October 24, 1926; Wolo

to Walter, January 12, 1927, Folder 6; Wolo to Dickerson, May 16, 1921, Folder 3, PGWP.

93. Wolo to Dickerson, October 24, 1926; Wolo to Walter, January 12, 1927, Folder 6, PGWP.

94. Strong, *The African Republic of Liberia and the Belgian Congo*, p. 50.

95. Strong, *African Republic of Liberia*, p. 56.

96. Strong, *African Republic of Liberia*, p. 40, 46.

97. James Sibley to George Schwab, August 25, 1927, Box 1, Folder "Correspondence Relating to the Liberian Expedition," GSP.

98. 关于施瓦布，见 John Lardas Modern, "Introduction: Duty Now for the Future," *Journal of Nineteenth-Century Americanists* 3, no. 1 (2015): 165–173；David L. Browman and Stephen Williams, *Anthropology at Harvard: A Biographical History, 1790–1940* (Cambridge, MA: Peabody Museum Press, 2013), pp. 357–358。

99. George Schwab, "Bo Zieko Fahtow," Folder "Bo Zieko Fahtow," 23, Box 1, GSP.

100. See, for example, Walter Johnson, *River of Dark Dreams: Slavery and Empire in the Cotton Kingdom* (Cambridge, MA: Belknap Press of Harvard University Press, 2013); Jennifer Morgan, *Laboring Women: Reproduction and Gender in New World Slavery* (Philadelphia: University of Pennsylvania Press, 2004); Caitlin Rosenthal, *Accounting for Slavery: Masters and Management* (Cambridge, MA: Harvard University Press, 2018).

101. Schwab, "Bo Zieko Fahtow," p. 41.

102. RPSD, 48; Strong, *African Republic of Liberia*, p. 64.

103. 关于苏阿科科夫人，见 Nevin, "In Search of the Historical Madam Suakoko"。

104. Strong, *African Republic of Liberia*, p. 60.

105. Strong to Lowell, November 30, 1926, Office Files, Expeditions Continued, African Expedition—Clippings, Box 30, RPSP.

106. Strong to Lowell, November 30, 1926.

107. Strong to Castle, November 1926, RPSD, p. 159.

108. See Strong to Taft, January 11, 1928; Taft to Strong, February 3, 1928, Office Files: Congresses, A–Z, Expeditions, African Expeditions—Correspondence, Box 2, RPSP.

109. Strong to the President, February 21, 1928, African Expedition—Correspondence, State Department & White House Folder, Box 2, RPSP; Strong to Forbes, February 4, 1928, Folder 280, bMS Am1364, WCFP.

110. Castle to Strong, February 24, 1928, African Expedition—Correspondence, State

Department & White House Folder, Box 2, RPSP.

111. Richard Strong, "Conditions in Liberia," *Boston Herald*, January 14, 1928.

112. LWD, p. 84.

113. Sundiata, *Brothers and Strangers*, pp. 97–139.

第四章　一个美国保护领？

1. James Kilgallen, "Edison Observes Birthday," *Times Herald* (February 11, 1929), p. 1.

2. "Edisoniana," *Time*, February 25, 1929; L.C. Speers, "Prepared to Honor Hoover with Edison," *New York Times* (February 11, 1929), p. 8.

3. 关于突破斯蒂文森法案，见 Chalk, "The United States and the International Struggle for Rubber," p. 162。

4. James Kilgallen, "Discusses Situation in Rubber," *Olean Evening Times* (February 26, 1929), 15.

5. "American Interests in Rubber Planting Projects Are Going into Many Corners of the World," *Rubber Age* (July 25, 1930), pp. 416–420.

6. James Kilgallen, "Harvey S. Firestone Offers His Opinions on Business, Success," *Olean Evening Times* (February 25, 1929), p. 1.

7. Kilgallen, "Discusses Situation in Rubber," p. 15.

8. John Loomis to His Excellency, September 30, 1929, 882.51A/74, 1910–1929, CDF.

9. 关于裁员，见 William Francis to Secretary of State, December 27, 1928, 882.6176F51/270, 1910–1929, CDF。关于利润的下跌，见 "Firestone Tire and Rubber," *Rubber Age* (December 25, 1929), pp. 308–309。

10. Harvey Firestone Sr. to Harvey Firestone Jr., October 27, 1928, Folder 2, FA-SHC.

11. Francis to Secretary of State, December 27, 1928.

12. See Mariola Espinosa, *Epidemic Invasions: Yellow Fever and the Limits of Cuban Independence, 1878–1930* (Chicago: University of Chicago Press, 2009).

13. Sidney De La Rue to Henry Carter, June 24, 1927, 882.6176F51/238½, 1910–1929, CDF. 关于致死率的差异，见 George H. Ramsey, "Yellow Fever in Senegal with Special Reference to the 1926 and 1927 Epidemics," *American Journal of Epidemiology* 13, no. 1 (1931): 129–163。

14. Andrew Sellards to Dr. Strong, October 21, 1927, Folder 2, Sellards, A. W., Box 23, RPSP.

15. Francis to State Department, Extract of Dispatch No. 278 of April 17, 1929, from the American Legation at Monrovia, Liberia, in Clifton Wharton to Secretary of State,

September 23, 1929, 882.124A/64, 1910–1929, CDF.

16. Francis to State Department, Extract of Dispatch No. 278 of April 17, 1929; John Loomis to Henry Carter, July 12, 1929, 882.124A/64; Justus Rice to Yellow Fever Commission, May 3, 1929, 882.124A/64, 1910–1929, CDF.

17. Richard Strong to Harvey Firestone Jr., February 7, 1929, Office Files: Series 2, Fe—Fo, Firestone Tire & Rubber Co., 1925–1929, RPSP. 关于欣德尔的疫苗，见 Edward Hindle, "A Yellow Fever Vaccine," *British Medical Journal* 1, no. 3518 (1928): 976–977。

18. See Corwin to Martin, April 10, 1929, Monrovia Radiogram, Office Files: Series 2, Fe–Fo; Firestone Tire & Rubber Co., 1925–1929, RPSP; Francis to State Department, Extract of Dispatch No. 278 of April 17, 1929; Rice to Yellow Fever Commission, May 3, 1929.

19. Memorandum of Telephone Conversation Between Mr. Marriner and Mr. Harvey Firestone Jr., June 29, 1929, 882.124A/48, 1910–1929, CDF.

20. Esme Howard to Henry Stimson, July 3, 1929, 882.124A/37, 1910–1929, CDF.

21. See Espinosa, *Epidemic Invasions*.

22. Clifton Wharton to Secretary of State, August 19, 1929, p. 5, 882.124A/56, 1910–1929, CDF. 23.

23. 关于身体健康的隐喻如何影响美国财政顾问的工作，见 Rosenberg, *Financial Missionaries to the World*。

24. See, e. g., Adell Patton, "Liberia and Containment Policy Against Colonial Take-Over: Public Health and Sanitation Reform," *Liberian Studies Journal* 30, no. 2 (2005): 40–65.

25. Porter to Ross, January 16, 1930, Folder 4, FA-SHC.

26. McIndoe, *The Rubber Tree in Liberia*, p. 24.

27. Reber Jr. to Secretary of State, February 3, 1931, 882.6176F51/298, 1910–1929, CDF.

28. Chalk, "The United States and the International Struggle for Rubber," pp. 163–175.

29. "Firestone Tire and Rubber Earns $7,726,870 in Year," *Rubber Age* (December 25, 1929), pp. 308–309; Lief, *Harvey Firestone*, pp. 268–273; Newton, *Uncommon Friends*, pp. 52–57.

30. 关于葛根的引入，见 McIndoe, *The Rubber Tree in Liberia*, p. 27。

31. McIndoe, *The Rubber Tree in Liberia*, p. 38.

32. "Americans to Found Vast Rubber Empire," *New York Times* (October 15, 1925), p. 1, 4.

33. William Castle to William Francis, June 21, 1928, 882.5048/1, 1910–1929, CDF.

34. Castle to Francis, June 21, 1928.

35. Raymond Buell, "Liberia," August 29, 1928, p. 29, 882.5048/9, 1910–1929, CDF.

36. Raymond Leslie Buell, *The Native Problem in Africa*, vol. 2, 2nd ed. (1928; Hamden, CT: Archon Books, 1965), 831.

37. Buell, "Liberia," p. 32.

38. Strong to Castle, September 26, 1928, African Expedition—Correspondence, State Department & White House Folder, Box 2, RPSP.

39. President C. D. B. King to Secretary of State, August 30, 1928, 882.5048/7, 1910–1929, CDF.

40. Francis to Castle, March 7, 1929, p. 82.

41. 关于这一事件的信息收集自 William Francis to William Castle, March 7, 1929, 882.5048/19, 1910–1929, CDF; Johnson, *Bitter Canaan*, 179.

42. Adam Hochschild, *King Leopold's Ghost* (Boston: Houghton Mifflin, 1998).

43. 美国国务院抓住奴隶制度与强迫劳动问题、出面质问利比里亚政府，关于这一决定背后的动机是否涉及费尔斯通的问题存在多种观点，见 Ibrahim Sundiata, *Black Scandal*; Sundiata, *Brothers and Strangers*; and Arthur J. Knoll, "Firestone's Labor Policy, 1924–1939," *Liberian Studies Journal* 16, no. 2 (1991): 49–75。关于利比里亚的强迫劳动危机，我自己的分析与松迪亚塔（Sundiata）的权威解读观点一致。

44. Buell, *The Native Problem in Africa*, vol. 2, p. 834.

45. Morris to Walker, December 4, 1925, 882.6176F51/140, 1910–1929, CDF.

46. De La Rue to Castle, December 10, 1925, 882.6176F51/136, 1910–1929, CDF.

47. Morris to Walker, December 4, 1925. 关于沃克的权力、统治范围与妻子数量的传闻，见 Richard P. Strong Diary, pp. 56–57, typescript, 1926–1927, RPSP。

48. Charles S. Johnson to Assistant Secretary of State, October 1, 1930, p. 17, 882.5048/349, 1910–1929, CDF.

49. Circular Number 7, June 17, 1927, Executive, Interior Department, General Records, Central Province, 1927–1941, n.d., Box 9, LGA-II.

50. Francis to Castle, March 22, 1929.

51. 关于迪霍·特维，见 Johnson, *Bitter Canaan*, pp. 166–167; E. Elwood Dunn, Amos J. Beyan, and Carl Patrick Burrowes, *Historical Dictionary of Liberia*, 2nd ed. (Lanham, MD: Scarecrow Press, 2001), pp. 339–440。关于迪霍·特维与弗朗西斯，见 Francis to Castle, March 22, 1929。

52. Francis to Castle, March 22, 1929.

53. William Francis to His Excellency, June 8, 1929, Diplomatic No. 311, 882.5048/41, 1910-1929, CDF. 关于弗朗西斯的生平，见 Douglas R. Heindrich, "A Citizen of Fine Spirit," *William Mitchell Magazine* 18, no. 2 (2000): 2-6；Paul D. Nelson, "William T. Francis, at Home and Abroad," *Ramsey County History* 51, no. 4 (2017): 3-12。

54. "W. T. Francis Recovering in Liberia," *New York Times* (July 4, 1929), p. 15; "W. T. Francis Dies of Yellow Fever," *New York Times* (July 16, 1929), p. 18.

55. "Wm. T. Francis, Minister to Liberia, Taken by Death: Fever Claims W.T. Francis in Liberia," *Chicago Defender* (July 20, 1929), 1. See also "W.T. Francis Laid to Rest in Nashville," *Chicago Defender* (August 24, 1929), p. 3.

56. Strong to Castle, July 11, 1929, 882.124A/41, 1910–1929, CDF.

57. Castle to Strong, July 15, 1929, p. 3, 882.124A/41, 1910–1929, CDF. 关于利比里亚的劳工丑闻、国际联盟的调查及其在利比里亚等非洲群体中造成的影响，有一部权威记录，Sundiata's *Black Scandal* and *Brothers and Strangers*。

58. See, e. g., Castle to Harvey Firestone Jr., November 9, 1929, 882.5048/114, 1910–1929, CDF.

59. Castle to Stimson, September 18, 1930, 882.00/820, 1910–1929, CDF. Quoted in Sundiata, *Brothers and Strangers*, p. 143.

60. Francis to Castle, May 17, 1929, 882.5048/36, 1910–1929, CDF.

61. Faulkner to His Excellency the President, July 6, 1925, CDBKP.

62. See, e. g., "Candidate for President in Liberia, Here," *Afro-American*, July 20, 1929. Charles S. Johnson wrote sympathetically about Faulkner in his *Bitter Canaan*, pp. 161–163. See also Nnamdi Azikiwe, *Liberia in World Politics* (1934; Westport, CT: Negro University Press, 1970), pp. 184–187; Simpson, *The Memoirs of C.L. Simpson*, pp. 150–152.

63. Francis to Wilson, May 17, 1929, 882.5048/36, 1910–1929, CDF.

64. Stimson to AM Legation, June 5, 1929, 882.5048/20, 1910–1929, CDF. 弗朗西斯证实，斯廷森发来的电报是在 1929 年 6 月 7 日收到的。See Francis to Secretary of State, June 14, 1929, 882.5048/41, 1910–1929, CDF. 关于致巴克利的信，见 Francis to Excellency, June 8, 1929, Diplomatic No. 311, 882.5048/41, 1910–1929, CDF。

65. Barclay to Minister, June 11, 1929, p. 2, 882.5048/41, 1910–1929, CDF.

66. Renee Colette Redman, "The League of Nations and the Right to Be Free from Enslavement: The First Human Right to Be Recognized as Customary International

Law—Freedom: Beyond the United States," *Chicago-Kent Law Review* 70 (1994): 759–800.

67. Barclay to Minister, June 11, 1929, p. 2.

68. *Report of the International Commission of Enquiry into the Existence of Slavery and Forced Labour in the Republic of Liberia* (Monrovia, Liberia, August 1930), p. 6.

69. Henry L. Stimson to Mr. President, October 24, 1929, p. 3, 882.5048/105A; Castle to Carter, November 18, 1929, 1910–1929, CDF.

70. Scott to Mr. Secretary, November 5, 1929, 882.5048/123, 1910–1929, CDF.

71. Memorandum to Castle, November 18, 1929, 882.5048/130, 1910–1929, CDF.

72. Charles S. Johnson, "Famous Sociologist Asks, Answers Some Key Questions for Negroes," *Chicago Defender* (September 26, 1942), A32.

73. Richard Robbins, *Sidelines Activist: Charles S. Johnson and the Struggle for Civil Rights* (Jackson: University Press of Mississippi, 1996), 209. 关于杜波伊斯的批评，见 also Marybeth Gasman, "W. E. B. DuBois and Charles S. Johnson: Differing Roles of Philanthropy in Higher Education," *History of Higher Education Quarterly* 42 (2002): 493–516; Lewis, *W. E. B. Du Bois: A Biography*, pp. 471–472。

74. Charles S. Johnson to James P. Moffitt, December 30, 1929, 882.5048/204, 1910–1929, CDF.

75. Quoted in John Stanfield, "Introductory Essay," in Johnson, *Bitter Canaan*, xxvi.

76. Johnson to Assistant Secretary of State, October 1, 1930, p. 37, 882.5048/349, 1930–1939, CDF.

77. Johnson to Assistant Secretary of State, October 1, 1930, pp. 20–22.

78. Quoted in Phillip James Johnson, "Season in Hell: Charles S. Johnson and the 1930 Liberian Labor Crisis" (doctoral dissertation, Louisiana State University, 2004), p. 265.

79. *Report of the International Commission of Enquiry into the Existence of Slavery and Forced Labour.*

80. *Report of the International Commission of Enquiry*, pp. 83–84.

81. *Report of the International Commission of Enquiry*, p. 84.

82. Simpson, *The Memoirs of C.L. Simpson*, p. 154.

83. Johnson, *Bitter Canaan*, p. 95.

84. Johnson, *Bitter Canaan*, p. 130.

85. Charles S. Johnson, "Myth Makers and Mobs," *Opportunity* 1 (April 1923): 3. 关于约翰逊对种族关系的学术研究有一部出色的分析，见 Patrick J. Gilpin and

Marybeth Gasman, *Charles S. Johnson: Leadership Beyond the Veil in the Age of Jim Crow* (Albany: State University of New York Press, 2003)。

86.　Quoted in Johnson, "Season in Hell," p. 248.

87.　*Report of the International Commission of Enquiry*, pp. 84–85.

88.　Reber to the Secretary of State, September 11, 1930, 882.5048/300, FRUS, 1930, vol. 3, p. 350.

89.　Reber to the Secretary of State, September 25, 1930, 882.5048/308, FRUS, 1930, vol. 3, 352. See also Reber to the Secretary of State, September 21, 1930, 882.00/844, FRUS, 1930, vol. 3, 351.

90.　Memorandum of telephone conversation with Harvey Firestone Jr., May 26, 1931, 882.01/24, 1930–1939, CDF.

91.　"King Must Quit: Liberia Aflame; Slavery Exposé Stirs Citizens," *Afro-American* (November 15, 1930), 1. See also Azikiwe, *Liberia in World Politics*, pp. 201–206.

92.　Reber Jr. to the Secretary of State, October 13, 1930, 882.00/850, FRUS, 1930, vol. 3, p. 361.

93.　Quoted in Azikiwe, *Liberia in World Politics*, pp. 199–200.

94.　Secretary of State to the Chargé in Liberia (Reber), November 3, 1930, 882.5048/321, FRUS, 1930, vol. 3, p. 365.

95.　The Department of State to the Liberian Consulate General at Baltimore, November 17, 1930, 882.5048/347, FRUS, 1930, vol. 3, p. 371.

96.　Azikiwe, *Liberia in World Politics*, p. 206.

97.　Memorandum of telephone conversation with Harvey Firestone Jr., May 26, 1931.

98.　Simpson, *The Memoirs of C.L. Simpson*, p. 158.

99.　Reber to Secretary of State, January 21, 1931, 882.01, Foreign Control/16, FRUS, 1931, vol. 2, p. 661.

100.　Reber to Secretary of State, January 23, 1931, 882.01, Foreign Control/16, FRUS, 1931, vol. 2, p. 667.

101.　Quoted in Azikiwe, *Liberia in World Politics*, p. 249.

102.　Secretary of State to the Minister in Switzerland, February 21, 1931, FRUS, 1931, vol. 2, p. 671.

103.　The Minister in Liberia (Mitchell) to the Acting Secretary of State, July 24, 1931, FRUS, 1931, vol. 2, pp. 689–690.

104.　Memorandum of the Government of Liberia on the Report of the Experts Appointed by the Council of the League of Nations, Annex I (a), in *Request for Assistance*

Submitted by the Liberian Government, League of Nations, C469.M.238, 1932, VII, p. 58.

105. Report of the Experts Designated by the Committee of the Council, Annex I, in *Request for Assistance Submitted by the Liberian Government*, League of Nations, C469.M.238, 1932, VII, p. 14.

106. Report of the Experts Designated by the Committee of the Council, p. 14.

107. The Consul at Geneva (Gilbert) to the Secretary of State, February 6, 1932, 882.01 Foreign Control/207, FRUS, 1932, vol. 2, p. 700.

108. The Secretary of State to the Consul at Geneva (Gilbert), January 13, 1932, 882.01 Foreign Control/185a, FRUS, 1932, vol. 2, p. 687.

109. Radio Address by the Honorable Henry L. Stimson, Secretary of State, May 9, 1931 (Washington, DC: U. S. Government Printing Office, 1931), p. 7.

110. Memorandum by the Chief of the Division of Western European Affairs, 882.01 Foreign Control/187, FRUS, 1932, vol. 2, p. 690.

111. Draft of Detailed Plan of Assistance Prepared by the Experts, Annex II, in *Request for Assistance Submitted by the Liberian Government*, League of Nations, C469.M.238, 1932. VII, pp. 62–67.

112. Harvey Firestone to Honorable Herbert Hoover, September 26, 1932, 882.6176 F51/356½; MacVeagh to Secretary of State, July 10, 1934, 882.6176 F51/411, 1930–1939, CDF.

113. Quoted in Chalk, "The United States and the International Struggle for Rubber," p. 194.

114. Memorandum: Liberia, November 23, 1933, 882.6176 F51/398½, 1930–1939, CDF. 关于巴克利通过利比里亚议会的这一法案实现的关键一步，见 Simpson, *The Memoirs of C.L. Simpson*, pp. 178–183。

115. Memorandum by the Chief of the Division of Western European Affairs (Moffat) of a Conversation Between the Secretary of State and Mr. Everett Sanders, January 26, 1933, FRUS, vol. 2, p. 886.

116. The Ambassador in Great Britain (Mellon) to the Secretary of State, January 25, 1933, 882.01 Foreign Control/476, FRUS, vol. 2, pp. 884–885.

117. The Secretary of State to the Minister in Switzerland (Wilson) at Geneva, January 31, 1933, FRUS, vol. 2, p. 892.

118. Firestone to Honorable Herbert Hoover, February 10, 1933, 882.6176 F51/ 356½, 1930–1939, CDF.

119. Firestone to Secretary of State, February 9, 1933, 882.6176 F51/356½, 1930–1939, CDF, p. 120.

120. Memorandum: Liberia, November 23, 1933, 882.6176 F51/398½, 1930–1939, CDF. See also "Conspiracy to Oust Barclay Heard in Court," *Afro-American* (April 9, 1932), p. 21.

第五章　发展竞赛

1. Minutes of the Joint Meeting of the Advisory Committee on Education in Liberia and the Trustees of the Booker Washington Agricultural and Industrial Institute of Liberia, December 17, 1932, p. 2, 882.421/108, 1930–1939, CDF.

2. Minutes of the Joint Meeting of the Advisory Committee, pp. 3–4.

3. Minutes of the Joint Meeting of the Advisory Committee, p. 3.

4. 关于菲尔普斯·斯托克斯基金会，见 Eric Yellin, "The (White) Search for (Black) Order: The Phelps-Stokes Fund's First Twenty Years, 1911–1931," *The Historian* 65, no. 2 (2002): 319–352; Sarah Dunitz, "Expanding Educational Empires: The USA, Great Britain, and British Africa, circa 1902–1944" (doctoral dissertation, Columbia University, 2017)。关于安森·菲尔普斯与利比里亚学院的建立，见 Thomas W. Livingston, "The Exportation of American Higher Education to West Africa: Liberia College, 1850–1900," *Journal of Negro Education* 45, no. 3 (1976): 246–262。

5. W. E. B. Du Bois, "Negro Education," *The Crisis* (February 1919), p. 173, 177–178. 关于杜波伊斯与琼斯，见 Donald Johnson, "W. E. B. Du Bois, Thomas Jesse Jones, and the Struggle for Social Education, 1900–1930," *Journal of African American History* 85, no. 3 (2000): 71–95。See also Mark Ellis, *Race Harmony and Black Progress: Jack Woofter and the Interracial Cooperation Movement* (Bloomington: Indiana University Press, 2013), pp. 38–61.

6. 琼斯的想法与费尔斯通在利比里亚的需求高度一致，对这一问题有一篇精彩的分析，见 Donald Spivey, "The African Crusade for Black Industrial Schooling," *Journal of Negro History* 63, no. 1 (1978): 1–17。

7. Carter Woodson, "Whites Plan to Exterminate Tribes and Make Africa White Man's Country," *Afro-American* (April 11, 1931), p. 12.

8. Carter Woodson, "Thomas Jesse Jones," *Journal of Negro History* 35 (1950): 107. See also Pero Gaglo Dagbovie, *"Willing to Sacrifice": Carter G. Woodson, the Father of Black History, and the Carter G. Woodson Home* (Washington, DC: National Park Service, 2012).

9.   Edward H. Berman, "Tuskegee-in-Africa," *Journal of Negro Education* 41, no. 2 (1972): 99–112; Donald Spivey, *The Politics of Miseducation: The Booker Washington Institute of Liberia, 1929–1984* (Lexington: University Press of Kentucky, 1986). 关于在非洲模仿塔斯克基学院的输出尝试，见 Andrew Zimmerman, *Alabama in Africa: Booker T. Washington, the German Empire, and the Globalization of the New South* (Princeton, NJ: Princeton University Press, 2010)。

10. Minutes of the Meeting of the Members of the Board of the Booker Washington Industrial and Agricultural Institute, November 10, 1928, 882.42/Washington, Booker/1, 1930–1939, CDF.

11. James Sibley to Anson Phelps Stokes, June 1, 1929, 882.32/Washington, Booker T./9, 1930–1939, CDF.

12. Address of W.T. Francis, U. S. Minister, Liberia, at the Founder's Day Exercise of the Booker Washington Industrial and Agricultural Institute, Kakatown, Liberia, March 17, 1929, 882.42/Washington, Booker/1, 1930–1939, CDF.

13. Sibley to Walkins, December 27, 1926, PEML.

14. Report of R.R. Taylor upon the Booker Washington and Agricultural and Industrial Institute at Kakata, Republic of Liberia, October 1929, 882.42/Washington, Booker/13, 1930–1939, CDF.

15. Harvey Firestone Jr., *The Romance and Drama of the Rubber Industry* (Akron, OH: Firestone Tire & Rubber Co., 1932), p. 110.

16. Booker Washington Agricultural & Industrial Institute of Liberia, Report of Principal Paul W. Rupel, Covering the Three Years of His Administration, September 1935 to September 1938, p. 7, 882.42/Washington, Booker/31,1930–1939, CDF. 共有 120 名学生在 1938 年入学，其中有两个女孩。这些人中仅有 11 位入选了农业项目。

17. Lester A. Walton, "Liberia's New Industrial Development," *Current History* 30 (April 1929): 108–114, on 109, 108, 113.

18. 关于沃尔顿的生平，见 Susan Curtis, *Colored Memoires: A Biographer's Quest for the Elusive Lester A. Walton* (Columbia: University of Missouri Press, 2008)。

19. 关于穆尔，见 Arthur Johnson and Ronald M. Johnson, "Away from Accommodation: Racial Editors and Protest Journalism, 1900–1910," *Journal of Negro History* 62, no. 4 (1977): 325–338。

20. Quoted in Sundiata, *Brothers and Strangers*, p. 207.

21. Lester A. Walton, "Lester Walton Affirms Its Title to a Capital 'N,'" *New York Times* (May 10, 1913), 10. See also Walton, "Appeal for the Negro: Lester A. Walton Asks

the Dignity of a Capital for His Race," *New York Times* (April 26, 1913), p. 10.

22. Walton to Barnett, January 23, 1933, Folder 7, Box 187, CABP.

23. Walton to Barnett, February 15, 1933, Folder 7, Box 187, CABP.

24. Barnett to Walton, February 22, 1933, Folder 7, Box 187, CABP.

25. 关于他们暗中开展的宣传活动，见，e. g., Barnett to Walton, February 22, 1933; Walton to Barnett, March 2, 1933; Barnett to Walton, March 16, 1933; Barnett to Walton, May 9, 1933; Barnett to Walton, June 28, 1933; Folder 7, Box 187, CABP。

26. Walton to Barnett, March 14, 1933, Folder 7, Box 187, CABP. See also Barnett to Walton, March 16, 1933, Folder 7, Box 187, CABP.

27. 流散世界的非洲裔对国联的调查与指控存在诸多分歧，对这一问题有一部精彩的分析，见 Sundiata, *Brothers and Strangers*; Rodney A. Ross, "Black Americans and Haiti, Liberia, the Virgin Islands, and Ethiopia" (doctoral dissertation, University of Chicago, 1975)。

28. 关于斯凯勒，见，e. g., Danzy Senna, "George Schuyler: An Afrofuturist Before His Time," *New York Review of Books Daily*, January 19, 2019. www.nybooks.com /daily/2018/01/19/george-schuyler-an-afrofuturist-before-his-time/; Oscar R. Williams, *George S. Schuyler: Portrait of a Black Conservative* (Knoxville: University of Tennessee Press, 2007)。

29. George Schuyler, "Views and Reviews," *Pittsburgh Courier* (February 3, 1934), p. 10.

30. William N. Jones, "Day by Day," *Baltimore Afro-American*, June 23, 1934.

31. George Schuyler, *Black and Conservative* (New Rochelle, NY: Arlington House, 1966), p. 110.

32. Schuyler, *Black and Conservative*, p. 160.

33. George Schuyler, "Views and Reviews," *Pittsburgh Courier* (January 20, 1934), p. 10.

34. See, e. g., Lester Walton, "America, Save Liberia!," *New York Age* (June 2, 1934), p. 6.

35. Chiefs to Hon. Secretary of the League of Nations, August 6, 1932, Folder Executive Mansion, Domestic Correspondence—Departmental Central Province, Gbanga District Commissioner, 1931–1943, Box 1, LGA-II. 在利比里亚，palava 是解决争议的传统会议。

36. Barnett to Walton, February 22, 1933, Folder 7, Box 187, CABP.

37. W. E. B. Du Bois, *The Crisis* (October 1932), reprinted as "Du Bois Takes Pointed Issue with President," *Pittsburgh Courier* (October 29, 1932), A1.

38. Dorothy Detzer, *Appointment on the Hill* (New York: Henry Holt & Co., 1948), pp. 130–131.

39. Quoted in Ross, "Black Americans and Haiti, Liberia, the Virgin Islands, and Ethiopia," p. 115.

40. Du Bois to Harvey S. Firestone, October 26, 1925, WEBDP.

41. W. E. B. Du Bois, "Liberia, the League, and the United States," *Foreign Affairs* 11, no. 4 (1933): 682–695, on 684.

42. W. E. B. Du Bois, "The African Roots of War," *The Atlantic* (May 1915): 707–714, on 713. See also Walter Rodney's classic work, *How Europe Underdeveloped Africa* (1972; repr., Baltimore: Black Classic Press, 2011).

43. "Winship Is Named Envoy to Liberia," *New York Times* (February 28, 1933), p. 10.

44. Detzer to White, June 8, 1933, WEBDP.

45. The Special Commissioner for Liberia (Winship) to the Secretary of State, May 12, 1933, FRUS, 1933, vol. 2, pp. 912–913.

46. The Special Commissioner for Liberia (Winship) to the Acting Secretary of State, June 9, 1933, 882.01 Foreign Control/573, FRUS, 1933, vol. 2, p. 915. 关于费尔斯通对这份小册子的支持，见 Ross, "Black Americans and Haiti, Liberia, the Virgin Islands, and Ethiopia," pp. 132–134。

47. Henry L. West, *The Liberian Crisis* (Washington, DC: American Colonization Society, 1933), pp. 13–14, 29, 22, 34.

48. The Special Commissioner for Liberia (Winship) to the Acting Secretary of State, p. 915.

49. White to Roosevelt, Telegram, June 7, 1933, WEBDP.

50. Du Bois, "Liberia, the League, and the United States," p. 695.

51. Louis Grimes to Walter White, June 23, 1933, NAACP Branch Files (Foreign), Liberia, July 1933 Folder, Papers of the NAACP, Part 11: Special Subject Files, 1912–1939, Series B: Harding, Warren G. through YWCA.

52. Du Bois, "Liberia, the League, and the United States," p. 682.

53. Statement of Du Bois at State Department on July 31, 1933, pp. 1–2, NAACP Branch Files (Foreign), Liberia, August 1933 Folder, Part 11: Special Subject Files, 1912–1939, Series B: Harding, Warren G. through YWCA. 关于协进会与妇女联盟达成联合、应对利比里亚危机有几篇出色的记录，见 Sundiata, *Brothers and Strangers*, pp. 173–179, and Ross, "Black Americans and Haiti, Liberia, the Virgin Islands, and Ethiopia," pp. 115–197。

54. Statement of Du Bois at State Department on July 31, 1933, pp. 5–6.

55. Du Bois to Detzer, August 28, 1933, WEBDP.

56. The Under Secretary of State (Phillips) to President Roosevelt, August 16, 1933, 882.01 Foreign Control/620a, FRUS, 1933, vol, 2, pp. 924–925.

57. The Acting Secretary of State to the Chargé in Liberia (Werlich), August 22, 1933, 882.01 Foreign Control/625a, FRUS, 1933, vol. 2, p. 928.

58. Barnett to Roy, August 5, 1933, Folder 7, Box 187, CABP.

59. Walton to Barnett, July 31, 1933, Folder 7, Box 187, CABP.

60. Walton to Mr. President, September 24, 1933, Folder 2, Box 8, LAWP.

61. Roy to Barnett, September 9, 1933, Folder 7, Box 187, CABP.

62. Firestone to the Secretary of State, September 22, 1933, 882.01 Foreign Control/657, FRUS, 1933, vol. 2, pp. 934–936.

63. Walton to Barnett, February 14, 1934, Folder 7, Box 187, CABP.

64. Christy Jo Snider, "The Influence of Transnational Peace Groups on U. S. Foreign Policy Decision-Makers During the 1930s: Incorporating NGSO into the UN," *Diplomatic History* 27, no. 3 (2003): 377–404; Sundiata, *Brothers and Strangers*, pp. 173–184.

65. "Joint Resolution Authorizing the President of Liberia to Complete Negotiations in Connection with the League Plan of Assistance to Liberia," January 14, 1934, Folder 2, Box 8, LAWP.

66. Walton to Barnett, January 18, 1934, Folder 7, Box 187, CABP.

67. George Arthur Padmore, *The Memoirs of a Liberian Ambassador: George Arthur Padmore* (Lewiston, ME: Edwin Mellen Press, 1996), p. 42.

68. Walton to Barnett, May 7, 1934, Folder 7, Box 187, CABP.

69. Lester Walton, "America, Save Liberia!," *New York Age* (June 2, 1934), 6.

70. Du Bois to Walton, June 14, 1934, WEBDP.

71. See Chalk, "The United States and the Internal Struggle for Rubber," pp. 209–211.

72. The Secretary of State to the Chargé in Liberia (MacVeagh), July 20, 1934, FRUS, 1934, vol. 2, pp. 802–803.

73. Report by Mr. Harry A. McBride, Special Assistant to the Secretary of State, "Upon Conditions in Liberia," October 3, 1934, 882.01 Foreign Control/915, FRUS, 1934, vol. 2, pp. 806–815, on 812–813.

74. The President of Liberia (Barclay) to Mr. Harry A. McBride, Special Assistant to the Secretary of State, August 28, 1934, 882.01 Foreign Control/915, FRUS, 1934, vol. 2, pp. 815–821.

75. John MacVeagh to Secretary of State, July 10, 1934, p. 2, 882.6176 F51/411, 1930–

1939, CDF.

76. Quoted in Chalk, "The United States and the Internal Struggle for Rubber," p. 211.

77. March 23, 1935 Evening Conference, Folder 3, Box 1, FA-SHC.

78. 关于最终的协议，见 "Agreement Between the Government of Liberia and the Finance Corporation of America, Signed, March 16, 1935," 882.6176F51/4115/11, pp. 925–934；"Agreement Between the Government of Liberia and the Firestone Plantations Company, Signed March 20, 1935," 882.6176F51/41110/11, FRUS, 1935, vol. 1, pp. 940–943。

79. The Secretary of State to the Chargé in Liberia (Hibbard), June 8, 1935, 882.01/48a: Telegram, FRUS, 1935, vol. 1, pp. 949–950.

80. Walton to Barnett, June 20, 1935, Folder 7, Box 187, CABP.

81. See, e. g., "Indorsers of Lester A. Walton for Post of United States Minister to Liberia," Box 7, Folder 187, CABP.

82. Walton to Barnett, July 13, 1937, Folder 7, Box 187, CABP.

83. "Walton to Seek Conciliation of Liberian Groups," *New York Herald Tribune*, July 4, 1935.

84. Du Bois to Walton, July 9, 1935, WEBDP.

85. Walton to Barnett, January 20, 1936, Folder 7, Box 187, CABP.

86. Firestone Plantations Company, *Views in Liberia* (Chicago: Lakeside Press, R.R. Donnelley & Sons, 1937).

87. Walton to Barnett, March 3, 1936, Folder 7, Box 187, CABP.

88. Walton to Foster, November 21, 1937, Folder 10 "Correspondence, 1937," Box 8, LAWP.

89. Walton to Barnett, November 26, 1935, Folder 7, Box 187, CABP.

90. Amos Sawyer, *The Emergence of Autocracy in Liberia: Tragedy and Challenge* (San Francisco: Institute for Contemporary Studies, 1992) 同样指出，在利比里亚的精英当中，费尔斯通对独立橡胶农场主的支持是财富和政治权力集中过程中的重要因素。

91. See Interoffice Memo from D.A. Ross to HSF Jr., May 11, 1933, Firestone Papers, Folder 4, Box 1, FA-SHC.

92. Twe to Faulkner, November 19, 1931, 882.6176F51/310, 1930–1939, CDF. See also Dr. F. W. M. Morais, "The Firestone Plantations and Their Meaning to the Aborigines of Liberia," *Voice of the People* (October 1931), 1, 4. On Twe, see Tuan Wreh,

93. See Interoffice Memo from D. A. Ross to HSF Jr., May 11, 1933, Firestone Papers,

Folder 4, Box 1, FA-SHC.

94. Edwin James Barclay, "Second Inaugural, January 6, 1936," in *The Inaugural Addresses of the Presidents of Liberia: From Joseph Jenkins Roberts to William Richard Tolbert, Jr., 1848 to 1976*, comp. and ed. Joseph Saye Guannu (Hicksville, NY: Exposition Press, 1980), pp. 300–304.

95. Minutes of November 10, 1937 Conference Incl Barclay, Cooper, HSFJr, Folder 4, Box 1, FA-SHC.

96. Padmore, *The Memoirs of a Liberian Ambassador*, pp. 26–27.

97. See "Excerpts of Memorandum of Meeting w. Pres. Barclay, Feb. 20, 1936," Folder 3, Box 1, FA-SHC.

98. "Firestone Development in Liberia," 882.6176 F51/439, April 28, 1937, 1930–1939, CDF.

99. See "Harbel Bridge Officially Opened," July 12, 1937, 882.6176 F51/441; Walton to Secretary of State, "Firestone Makes Marked Progress in Liberia," January 5, 1938, 882.6176 F51/450, 1930–1939, CDF.

100. McIndoe, *The Rubber Tree in Liberia*, pp. 59–60.

101. "Republic of Liberia, Export Data, 9-26-40," Folder 2, Box 1, FA-SHC; "Liberia Balances Budget, Envoy Reports on Return," *New York Herald Tribune*, February 10, 1938.

102. Walton to Du Bois, April 12, 1937; Du Bois to Walton, May 28, 1937, WEBDP.

103. Brown, *The Economic History of Liberia*, p. 205.

104. Brown, *The Economic History of Liberia*, pp. vii–viii.

105. Interview with Loma Flowers, October 28, 2017; George Brown, "Biographical Essay," April 20, 1965, courtesy of Loma Flowers.

106. 关于布朗在伦敦置身的社会环境有一部精彩的著作，见 Marc Matera, *Black London: The Imperial Metropolis and Decolonization in the Twentieth Century* (Berkeley: University of California Press, 2015). See also Robinson, *Black Marxism*; Minkah Makalani, *In the Cause of Free: Radical Black Internationalism from Harlem to London, 1917–1939* (Chapel Hill: University of North Carolina Press, 2011)。

107. Quoted in Matera, *Black London*, p. 250.

108. Azikiwe, *Liberia in World Politics*, p. 396.

109. Brown, *An Economic History of Liberia*, p. 76.

110. Brown, *An Economic History of Liberia*, pp. 69–106.

111. Brown, *An Economic History of Liberia*, pp. 102–103.

112. Brown, *An Economic History of Liberia*, p. 103, 106, 216.

113. Brown, *An Economic History of Liberia*, pp. 218–219.

114. Brown, *An Economic History of Liberia*, 231. For reference to the original title of his book, see "Historians to Discuss the Negro in the International Situation," *New York Age*, August 24, 1940, p. 10.

115. Brown, *The Economic History of Liberia*, p. 227, 207.

116. Brown, *The Economic History of Liberia*, p. 231.

第六章　种植园生活

1. "Cruiser Boise Visits Monrovia," *Weekly Mirror* (November 4, 1938), p. 1.

2. Villard to Secretary of State, November 6, 1938, pp. 6–7, 811.3382/54, 1930–1939, CDF.

3. Walton to Murray, January 25, 1941, Folder 16, Correspondence, 1939–1943, Box 8; Hon. Lester A. Walton, United States Minister to Liberia, *Remarks on the Occasion of the Formal Opening of the American Legation Building*, March 31, 1941, Folder 11, Box 13, LAWP.

4. "U. S., Liberia Sign Friendship Treaty," *New York Amsterdam News*, September 10, 1938.

5. Villard to Secretary of State, November 6, 1938, pp. 3–4.

6. "Harvey Firestone Dies in Florida," *Evening Star* (February 7, 1938), p. 3. See also "Harvey Firestone Is Dead in Florida," *New York Times* (February 8, 1938), p. 21.

7. Harvey Firestone Jr., "The American Way," *India Rubber World* 103 (November 1, 1940): 31–32.

8. Figures are from "Crude Rubber," Rubber Manufacturers Association, Inc., May 10, 1943, p. 3, Folder Crude Rubber, 1943, Box 90 (JF-1), BFGR.

9. 关于美国努力在二战中确保橡胶供应的历史，见 Mark R. Finlay, *Growing American Rubber: Strategic Plants and the Politics of National Security* (New Brunswick, NJ: Rutgers University Press, 2009); Paul Wendt, "The Control of Rubber in World War II," *Southern Economic Journal* 13, no. 3 (1947): 203–227。关于企业方面的记录，见 Harvey Firestone Jr., "What About Rubber After the War?," *Saturday Evening Post* (March 4, 1944), pp. 12–13, 60, 63, 65; Otto Scott, Bill Mulligan, Joseph Del Gatto, and Ken Allison, "The Division of Rubber Chemistry: Catalyst of an Industry, Part III," *Rubber World* (December 1966), pp. 83–96。

10. "Firestone's Total Sales Reach New High Record," *Rubber Age* (January 1941), p. 264.

橡胶树的数量估算自面积数据，每英亩种植 110—125 棵树是最为理想的种植标准。

11. Walton to Hull, May 22, 1941, Folder 16, Correspondence, 1939–1943, Box 8, LAWP.

12. See Joint Strategical Planning Committee to Joint Planning Committee, May 7, 1941, Safe File: West Africa, Series: Safe Files, 1933–1945, FDRPSF.

13. Guy Richards, "U. S. to Establish Bases in Liberia to Block Nazi Menace in Africa," *Daily News*, September 13, 1941.

14. Scott et al., "The Division of Rubber Chemistry," p. 90.

15. Figures are from "Africa," *India Rubber World*, April 1944, pp. 103–104.

16. Firestone Jr., "What About Rubber After the War?," p. 63.

17. American Chemical Society, *United States Synthetic Rubber Program, 1939–1949* (Washington, DC: ACS Office of Communication, 1998).

18. 这部影片题为《利比里亚——非洲唯一的共和国》（*Liberia-Africa's Only Republic*），导演是查尔斯·莫罗·威尔逊（Charles Morrow Wilson），他当时还出版了一本书，读起来就像给费尔斯通在利比里亚的活动打广告：*Liberia* (New York: William Sloane Associates, 1947)。关于影片的宣传，见 "Firestone Liberian Film Preview," *India Rubber World* (January 1948), p. 520. Parts of the film are available at www.youtube.com/watch?v=H1sMNvzDEV0。

19. W. E. B. Du Bois, "The Wind of Time: Lester Walton's Resignation," *Chicago Defender* (August 4, 1945), p. 13. 在 20 世纪 40 年代至 50 年代，利比里亚工人的数量在 2.5 万人到 3 万人之间波动，白人管理者则在 125—175 人之间。关于数据，见 Wilson, *Liberia*, pp. 133–134; Wayne Chatfield Taylor, *The Firestone Operations in Liberia* (Washington, DC: National Planning Association, 1956), p. 65; Robert M. Clower, George Dalton, Mitchell Harwitz, and A. A. Walters, *Growth Without Development: An Economic Survey of Liberia* (Evanston, IL: Northwestern University Press, 1966)。

20. Gene Manis to Mother and Beth, January 1940, pp. 16–18, WEMC.

21. 利比里亚学者很早就对利比里亚境内的费尔斯通种植园、外国特许地以及广义的飞地做出过有力的批判，见 Dew Tuan-Wleh Mayson and Amos Sawyer, "Capitalism and the Struggle of the Working Class in Liberia," *Review of Black Political Economy*, 1979, pp. 140–158。关于对飞地与外国特许地更为晚近的理论探讨，见, e. g., Ann Laura Stoler, *Carnal Knowledge and Imperial Power: Race and the Intimate in Colonial Rule* (Berkeley: University of California Press, 2010); Hannah Appel, *The Licit Life of Capitalism: US Oil in Equatorial Guinea* (Durham, NC: Duke

University Press, 2019)。

22. Employment Contract, November 20, 1939, WEMC. 关于美国人的平均工资，见 Diane Petro, "Brother, Can You Spare a Dime? The 1940s Census: Employment and Income," *Prologue Magazine* 44, no. 1 (2012), www .archives.gov/publications/prologue/2012/spring/1940.html。

23. Manis to Mother and Beth, January 1940, p. 20. 对费尔斯通小屋的描述整理自马尼斯的信件；Taylor, *The Firestone Operations in Liberia*, pp. 81–82；以及我本人参观利比亚这些房屋的经历。

24. William I. Vass, "Special Pamphlet #1, Plantation, Rubber: General Information, New Development, Maintenance Work," Firestone Plantations Company, 1956, Box 1, FA-SHC.

25. Manis to Mother and Beth, January 1940, p. 21.

26. See., e. g., *Planter's Punch*, January-February 1946, v. 7, no. 1, Folder 2, Correspondence, 1945–1946, Box 13, LWP; *Planter's Punch*, March 1 and 15, 1941, and "Minstrel Show" program: "Firestone Overseas Club Presents the Greater Minstrel Shows, 9:30 p.m., Sept. 27, 1941. Clubhouse," WEMC.

27. Kenneth McIndoe, *Planter's Punch*, January-February 1946, v. 7, no. 1, p. 9, Folder 2, Correspondence, 1945–1946, Box 13, LAWP.

28. Walton's archive contains evidence of invitations to events on the plantations. See, e. g., H.W. Hirlman to Walton, July 29, 1938, Folder: Correspondence, July 1938, Box 9; "Program: Inspection and Entertainment for Legislature and Invited Guests, Firestone Plantations, Saturday, December 7, 1940," Folder 4: News clippings re Liberia, 1938–1945, Box 15, LAWP.

29. See, e. g., Taylor, *The Firestone Operations in Liberia*, p. 82.

30. "Preliminary Survey of Liberia, November 1953," Box D3-3. Not catalogued. Folder Liberia 1953–1955, BFGR.

31. Elza Schallert, "West Africa Patterns Inspire Work of Woman Ceramist," *Los Angeles Times* (February 26, 1955), p. 10.

32. Esther Warner, *New Song in a Strange Land* (Boston: Houghton Mifflin Co., 1948), p. 20.

33. Esther Warner, *Seven Days to Lomaland* (Boston: Houghton Mifflin, 1954), p. 82.

34. Warner, *New Song in a Strange Land*, p. 41.

35. 信任遭到背叛的观点出自 Dr. Joseph Saye Guannu, interview, June 25, 2012。关于哈莱，见 Winifred J. Harley, *A Third of a Century with George Way Harley in Liberia*

(Newark, DE: Liberian Studies Association in America, 1973)；George Way Harley, *Native African Medicine, With Special Reference to Its Practice in the Mano Tribe of Liberia* (Cambridge, MA: Harvard University Press, 1941)。

36. Arthur I. Hayman and Harold Preece, *Lighting Up Liberia* (New York: Creative Age Press, 1943), p. 182.

37. Hayman and Preece, *Lighting Up Liberia*, p. 65, 99, 239.

38. Harry McAlpin, "Engineer's Attack on Liberia Policy Draws Fire of U. S. State Department," *Chicago Defender* (January 23, 1943), p. 6.

39. Hayman and Preece, *Lighting Up Liberia*, p. 56.

40. Hayman and Preece, *Lighting Up Liberia*, p. 62.

41. Hayman and Preece, *Lighting Up Liberia*, p. 55.

42. See *General Information for the Information and Guidance of Staff and Families of Firestone Plantations Company and Affiliated Companies in Liberia,* June 15, 1941, p. 25, WEMC (hereafter referred to as *General Information for the Information*).

43. Hayman and Preece, *Lighting Up Liberia*, p. 57.

44. Wolo to Dickerson, January 9, 1927, PGWP.

45. Kpelle was confirmed the lingua franca of the plantations in numerous interviews I did with retired Firestone workers and management.

46. Wilson, *Liberia*, p. 152.

47. Wilson, *Liberia*, p. 116.

48. 赫尔姆的生平信息出自 *Planter's Punch*, January–February 1946, v. 7.

49. Harvey Firestone Jr., "Dedication of Liberian Institute," p. 3, January 11, 1952, Box 11, Folder 19, Texts of Walton's addresses re Liberia, 1939–1952, LAWP.

50. See, e. g., G. P. Spangler and K.G. McIndoe, "Full-Spiral Tapping of Hevea brasiliensis—II," *India Rubber World* 2 (March 1949), 723.

51. 可供对照的工资标准可见 Jules Charles Horwitz, "A Case Study of the Firestone Tire and Rubber Company in Liberia" (master's dissertation, University of Chicago, 1959), p. 72。关于阿克伦的工资，见 "Firestone Grants Wage Increase," *Rubber Age* (June 1948), p. 352。

52. Gbe R. interview, January 30, 2018. 我使用了虚构的克佩尔名字作为化名，以保护我们所采访的费尔斯通工人。

53. Gwi B. interview, January 30, 2018.

54. Manis to Mother and Beth, January 1940, p. 21.

55. 关于树林地图的细节，见 William Vass, "Special Pamphlet #3, Plantation, Rubber:

Bringing a Plantation into Production," pp. 2–3, Box 1, FA-SHC。

56. William Vass, "Special Pamphlet #1, Plantation, Rubber: General Information, New Development, Maintenance Work," p. 11, FA-SHC.

57. 作为管理手段的任务分配普遍存在于种植园奴隶制与工业劳动当中，关于类似的案例，见 Rosenthal, *Accounting for Slavery*, pp. 201–203。

58. Jaweh-the M. interview, February 12, 2018.

59. 与我交谈的一些采集工都谈到了氨水在防止"乳胶不要睡着"过程中的重要性。要了解氨水及其在橡胶工业生态当中的重要性，见 A. T. Edgar, *Manual of Rubber Planting (Malaya), 1958* (Kuala Lumpur: The Incorporated Society of Planters, 1958), pp. 470–475。

60. "Firestone's Liberia Production," *Rubber Age* (December 1945), p. 413.

61. 关于天然乳胶进口的数据，见 "U. S. Imported 660,386 Tons of Natural Rubber in 1949," *Rubber Age* (February 1950), p. 556。

62. Namolu D. interview, February 1, 2018

63. 最高工资标准取自 *General Information for the Information*, June 15, 1941, 31, EMP.

64. Key S. interview, January 31, 2018.

65. Lomalon F. interview, February 1, 2018.

66. Siawa-Geh S. interview, January 30, 2018.

67. John Payne Mitchell, "Firestone in Liberia" (master's dissertation, Boston University, 1951), p. 47.

68. Firestone promotional film, www.youtube.com/watch?v=H1sMNvzDEV0.

69. Firestone promotional film.

70. Pa S. interview, June 20, 2012.

71. Frederick Helm, "The Tom Tom Times," *Planter's Punch*, January–February 1946, v. 7, p. 3.

72. U. S. Department of Labor, *Summary of the Labor Situation in Liberia* (Washington, DC: Bureau of Labor Statistics, 1959), p. 9. 葡萄牙于 1963 年对费尔斯通与利比里亚政府提起控诉，其中引用了国际劳工组织（International Labor Organization）关于禁止利用强制或强迫劳动为个人或私有企业谋利的条款。See *Report of the Commission Appointed Under Article 26 of the Constitution of the International Labour Organisation to Examine the Complaint Filed by the Government of Portugal Concerning the Observance by the Government of Liberia of the Forced Labour Convention, 1930* (No. 29), *Official Bulletin* (Geneva, April 1963). See also Christine Whyte, "A State of Underdevelopment: Sovereignty, Nation-Building and

Labor in Liberia, 1898–1961," *International Labor and Working-Class History* 92 (2017): 24–46. 关于强迫劳动在杜伯曼政府时期的延续，见 Cassandra Mark-Thiesen, "Of Vagrants and Volunteers During Liberia's Operation Production, 1963–1969," *African Economic History* 46, no. 2 (2018): 147–172。

73. Na-Fallon T. interview, February 12, 2018.

74. Settlement figure is from Clower et al., *Growth Without Development*, p. 160.

75. On Firestone's school system, see Clower et al., *Growth Without Development*, pp. 160–167; Taylor, *The Firestone Operations in Liberia*, pp. 104–107; Jaweh-the M. interview, February 1, 2018.

76. Gwi S. interview, January 30, 2018.

77. 《福布斯》杂志于 1963 年报告称，费尔斯通在利比里亚的种植园获取的毛利能够"达到成本的 150%"，并且能为公司提供净收入总额的 10%。在理想情况下，公司在利比里亚的种植园可以实现 200% 的收益。See "Firestone's Bid for the Top," *Forbes* (February 15, 1963), pp. 22–25, and "Firestone's Lively Corpse," *Forbes* (February 15, 1963), pp. 24–25.

78. See, e. g., *History of the Firestone Health Services, Liberia* (n.d.), Box 1, FA-SHC; Clower et al., *Growth Without Development*, p. 160; Taylor, *The Firestone Operations in Liberia*, pp. 73–75; *Medicine in the Tropics* (Firestone Plantations Company, 1948, 23 minutes), www.youtube.com/watch?v=RgPYyhmM85Q&index =95&list =PL7dF9e2qSW0bv--6anMWu-gq7LlVpUhBX&app=desktop

79. Siawa-Geh S. interview, January 30, 2018.

80. *Medicine in the Tropics.*

81. Comments, *African Nationalist* 4 (December 20, 1941): 2.

82. Marshall A. Barber, Justus B. Rice, and James Y. Brown, "Malaria Studies on the Firestone Rubber Plantation in Liberia, West Africa," *American Journal of Hygiene* 15, no. 3 (1932): 601–633, on 623–624.

83. See, e. g., Justus B. Rice, *My Number Two Wife* (New York: Meredith Press, 1968), p. 12.

84. Barber et al., "Malaria Studies on the Firestone Rubber Plantation," p. 602.

85. See, e. g., H.B.F. Dixon, "A Report on Six Hundred Cases of Malaria Treated with Plasmoquine and Quinine," *Journal of the Royal Army Medical Corps* 60, no. 6 (1933): 431–439; Paul F. Russell, "Plasmochin, Plasmochin with Quinine Salts and Atrabine in Malaria Therapy," *Archives of Internal Medicine* 53, no. 2 (1934): 309–320.

86. 关于帕马喹的发展历程，见 David Greenwood, "Conflicts of Interest: The Genesis

of Synthetic Antimalarial Agents in Peace and War," *Journal of Antimicrobial Chemotherapy* 36, no. 5 (1995): 857–872。

87. Barber et al., "Malaria Studies on the Firestone Rubber Plantation."

88. *General Information for the Information*, p. 4.

89. Office of the Surgeon General of the Army, "The Drug Treatment of Malaria, Suppressive and Clinical," *Journal of the American Medical Association* 123 (September 25, 1943): 205–208.

90. See Manis to Mother and Beth, 20. Manis's description was consistent with the protocol outlined in Firestone's 1941 operations manual.

91. *General Information for the Information*, pp. 26–28.

92. Manis to Mother and Beth, p. 21. 天花疫苗接种项目在《热带医学》（*Medicine in the Tropics*）视频中有所探讨。

93. See George C. Shattuck, *Tropical Medicine at Harvard, 1909–1954* (Boston: Harvard School of Public Health, 1954), pp. 54–56; Everett Veatch, Joseph C. Bequaert, and David Weinman, "Human Trypanosomiasis and Tsetse-flies in Liberia," *American Journal of Tropical Medicine and Hygiene* 26, Suppl. 5 (1946): 1–105; David Weinman and Karl Franz, "Early Results of the Treatment of African Trypanosomiasis with Two New Arsenical Preparations (Melarsen Oxide and 70A) Preliminary Report," *American Journal of Tropical Medicine* 25 (1945): 343–344; David Weinman, "The Treatment of African Sleeping Sickness with Two New Trivalent Arsenical Preparations (Melarsen Oxide and 70A)," *American Journal of Tropical Medicine* 26, Suppl. 5 (1946): 95–105.

94. Firestone Jr. to Tubman, August 5, 1946, WTP-CNDRA.

95. R.S. Bray, "The Susceptibility of Liberians to the Madagascar Strain of *Plasmodium Vivax*," *Journal of Parasitology* 44, no. 4 (1958): 371–373. See also R.S. Bray, A.E. Gunders, R.W. Burgess, J.B. Freeman, E. Etzel, C. Guttuso, and B. Colussa, "The Induced Infection of Semi-Immune Africans with Sporozoites of *Lavernia Falcipara* (-*Plasmodium Falciparum*) in Liberia (Preliminary Report)," WHO/Mal/349, July 27, 1962, WHO Library. 缺少对利比里亚员工的训练问题是在一次访谈中提及的，参与对话的是利比里亚生物医学研究院的前任与现任院长，法图马·博拉伊（Fatorma Bolay）博士与埃米特·丹尼斯（Emmet Dennis）博士。他们的机构于 1971 年接管了利比里亚热带医学研究院。关于热带医学研究院历史的简单介绍可见 David McBride, *Missions for Science: U. S. Technology and Medicine in America's African World* (New Brunswick, NJ: Rutgers University Press, 2002),

pp. 180–182, and Patton, "Liberia and Containment Policy Against Colonial Take-Over"。

96. See, e. g., Rana A. Hogarth, *Medicalizing Blackness: Making Racial Difference in the Atlantic World, 1780–1840* (Chapel Hill: University of North Carolina Press, 2017); Harriet A. Washington, *Medical Apartheid: The Dark History of Medical Experimentation on Black Americans from Colonial Times to the Present* (New York: Doubleday, 2006).

97. Milan Trpis, "Consequences of Vector Behavior in Epidemiology of Onchocerciasis on the Firestone Rubber Plantations in Liberia," *American Journal of Tropical Medicine and Hygiene* 74, no. 5 (2006): 833–840; Victor K. Barbiero and Milan Trpis, "The Prevalence of Onchocerciasis on Selected Divisions of the Firestone Rubber Plantation, Harbel, Liberia," *American Journal of Tropical Medicine and Hygiene* 33, no. 3 (1984): 403–409; Victor K. Barbiero and Milan Trpis, "Transmission of Onchocerciasis by Local Black Flies on the Firestone Rubber Plantation, Harbel, Liberia," *American Journal of Tropical Medicine and Hygiene* 33, no. 4 (1984): 586–594.

98. Na-Fallon T. interview, February 12, 2018.

99. Gbe R. interview, January 30, 2018.

100. Edmund Russell, *War and Nature: Fighting Humans and Insects with Chemicals from World War I to Silent Spring* (Cambridge: Cambridge University Press, 2001); Nick Cullather, *The Hungry World: America's Cold War Battle Against Poverty in Asia* (Cambridge, MA: Harvard University Press, 2010).

101. 关于 2,4,5–T 除草剂等化学品在哈贝尔种植园中的使用情况，见 J. Schreurs, *Black Thread Disease, Control Measures and Yield Stimulation in Hevea Brasiliensis in Liberia* (Wagenigen, Netherlands: H. Veeman & Zonen N. V., 1982)。关于橙剂，见 Institute of Medicine (US) Committee to Review the Health Effects in Vietnam Veterans of Exposure to Herbicides, *Veterans and Agent Orange: Health Effects of Herbicides Used in Vietnam* (Washington, DC: National Academies Press, 1994)。关于种植园的污染暴行，见 Malcom Ferdinand, "Bridging the Divide to Face the Plantationocene: The Chlordecone Contamination and the 2009 Social Events in Martinique and Guadeloupe," in *Neoliberalism in the Caribbean and French Antillean Uprisings of 2009*, ed. Adlaï Murdoch (New Brunswick, NJ: Rutgers University Press, 2019); Vanessa Agard-Jones, "Bodies in the System," *Small Axe: A Caribbean Journal of Criticism* 17, no. 3 (2013): 182–192。

102. Schreurs, *Black Thread Disease*; J. M. interview, February 2, 2018.

103. Dupigny-Leigh to Brownell, November 16, 1946, WTP-CNDRA.

104. Larabee to Cassell, June 11, 1946; Firestone Plantation Company Workers' Compensation Policy, June 27. 1946; WTP-CNDRA.

第七章　"冷战"特许权

1. John A. Dunaway, *Republic of Liberia, Annual Report of the Financial Adviser, 1944*, Folder 5, Box 11, LAWP.

2. 如需简要了解沃尔顿作为美国驻利比里亚公使而取得的成就，见 Lester A. Walton, "Negroes in the U. S. Diplomatic Service," *New York Amsterdam News* (December 10, 1949), p. 33, 46; "Liberia Loses Great Friend in Walton's Resignation," *African Nationalist*, February 23, 1946。关于经济和公共卫生代表团，见 McBride, *Missions for Science*。

3. Walton to Villard, May 19, 1945, Correspondence 1944–1945, Folder 7, Box 11, LAWP.

4. Walton to Villard, May 19, 1945.

5. "Lester Walton Recalled," *Weekly Mirror*, August 17, 1945. Reprinted from Alfred Smith, "GI Howl on Liberia Ousted Diplomat," *Chicago Defender*, June 16, 1945.

6. Walton to Nan, July 6, 1945, Correspondence, 1944–1945, Folder 7, Box 11, LAWP.

7. "What Is a False Accusation? And Who Is Unfair?," *Weekly Mirror*, September 14, 1945.

8. Ossie Davis and Ruby Dee, *With Ossie and Ruby: In This Life Together* (New York: William Morrow, 1998), pp. 129–130, 133.

9. W. E. B. Du Bois, "Lester Walter's Resignation," *Chicago Defender*, August 4, 1945.

10. "Edward R. Dudley, p. 93, Civil Rights Advocate and Judge, Dies," *New York Times* (February 11, 2005), C14; John Kirk, "The NAACP Campaign for Teachers'Salary Equalization: African American Women Educators and the Early Civil Rights Struggle," *Journal of African American History* 94, no. 4 (2009): 529–552.

11. "Secret, Memorandum of Conversation," Participants: Byron H. Larabee, Firestone; MM. Feld and Farmer, AF, November 29, 1951, Folder 10, Box 1, RG 59, Lot 56D 418, ROAA. 关于对费尔斯通种植园中种族隔离政策的反抗史，见 Adell Patton Jr., "Civil Rights in America's African Diaspora: Firestone Rubber and Segregation in Liberia," *Canadian Journal of African Studies* 49, no. 2 (2015): 319–338。

12. 关于巴尼特和联合黑人出版社的关系，有一部出色的研究专著。see Gerald

Horne, *The Rise and Fall of the Associated Negro Press: Claude Barnett's Pan-African News and the Jim Crow Paradox* (Urbana: University of Illinois Press, 2017).

13. Claude A. Barnett, "Tourist in Africa," *Negro Digest* (September 1948), pp. 72–76, on 72, 75.

14. Barnett to Wilson, July 18, 1950, Folder 1, Firestone Plantations Company, 1925–1958, Box 190, CABP.

15. Pinder to Barnett, October 18, 1947, Folder 1, Frank Pinder, 1938–1951, Box 186, CABP.

16. Emory Ross, "A 3-Way Venture by the Stettinius Associates-Liberia, the Liberia Company, and the Liberia Foundation," p. 2, November 15, 1948, Folder 2, Liberia Company, November 1948–January 1949, Box 191, CABP.

17. "Plans Announced for the Liberia Company," Telegram, September 26, 1947, Folder 3, Liberia Company, 1946–1947, Box 190, CABP.

18. "The Liberia Company," October 28, 1947, Folder 3, Liberia Company, 1946–1947, Box 190, CABP.

19. See, e. g., "The Liberia Company," *Chicago Defender*, October 11, 1947; A. M. Wendell Malliet, "World Fronts," *New York Amsterdam News*, May 1, 1948.

20. Lillian Scott, "U. S. Company to Exploit Liberian Resources in Deal with Government," *Chicago Defender*, October 4, 1947.

21. Barnett to Embree, November 30, 1948, Folder 2, November 1948–January 1949, Box 191, CABP. See also Blackwell Smith, February 14, 1948, Folder 4, Liberia Company, January–April 1948, Box 190, CABP.

22. Stettinius to Barnett, December 6, 1948, Folder 2, Liberia Company, November 1948–January 1949, Box 191, CABP.

23. "Liberia Company," *Ebony*, September 1, 1948, pp. 56–57.

24. Edward Stettinius, "The Untapped Potential," June 5, 1948, 20, Folder 5, Liberia Company, May–June 1948, CABP.

25. "Tax Agreement Entered into by the Government of the Republic of Liberia, Liberia Development Corporation, and the Liberia Company," 1962; "Statement of Income and Earned Surplus for the Year Ended December 31, 1961," Folder 5, Liberian Company, 1952–1966, Box 191, CABP. See also F.P.M. van der Kraaij, *The Open Door Policy of Liberia: An Economic History of Modern Liberia* (Bremen, Germany: Selbstverlag des Museums, 1983), pp. 84–99.

26. ANE—Mr. Berry, Mr. Sims, "Strikes of Firestone Plantations, Liberia," January 10,

1950, Liberia 1950, p. 4, Firestone, Box 1, Lot 56D 418, ROAA.

27. "Labour Strike Hits Raymond Concrete Pile Company, Is Orderly Conducted," *Weekly Mirror* (December 21, 1945), p. 1, 3.

28. ANE—Mr. Berry, Mr. Sims, "Strikes of Firestone Plantations, Liberia."

29. Wilson to Hon. C. Abayomi Cassell, December 17, 1949, Folder Firestone Plantations Company Correspondence (1944–1970), WVSTP.

30. Mitchell, "Firestone in Liberia," pp. 50–55. Mitchell was the secretary on the investigating commission appointed by Tubman.

31. Mitchell, "Firestone in Liberia," p. 52, 54, 58. See also The Ambassador in Liberia (Dudley) to the Secretary of State, January 13, 1950, p. 5886, 876.062/1-1350L Telegram, FRUS, 1950, vol. 5.

32. Mitchell, "Firestone in Liberia," 58. See also Conger-Thompson to Tubman, February 5, 1950, Folder Firestone Plantations Company Correspondence (1944–1970), WVSTP.

33. "Liberia's Gov't in Hot Spot," *New York Amsterdam News* (February 18, 1950), p. 1.

34. "Liberia Proclaims State of Emergency," *New York Times* (February 15, 1950), p. 14.

35. "Liberia Asks U. S. for Army Adviser," *New York Times*, March 2, 1950.

36. 关于杜伯曼的托托塔农场的规模，见 Wreh, *The Love of Liberty*, p. 25. On the acreage holdings of independent rubber farmers, see Clower et al., *Growth Without Development*, pp. 285–287。

37. Progress Report for May and June 1967, Folder Farm Account Reports and Statements, 1946–1990, WVSTP.

38. 关于 20 世纪 50 年代愈发频繁的工人暴动，见 Dew Tuan-Wleh Mayson and Amos Sawyer, "Labour in Liberia," *Review of African Political Economy* 6, no. 14 (1979): 3–15。

39. Tubman to Mr. Secretary, September 22, 1961, WTP-CNDRA.

40. Mayson and Sawyer, "Labour in Liberia," p. 11.

41. Memorandum of Conversation, by Mr. Harold Sims of the Office of African and Near Eastern Affairs, April 14, 1950, 110.15 MC/4-1450, p. 1718, FRUS, 1950, vol. 5.

42. Kraaij, *The Open Door Policy of Liberia*, 64. 费尔斯通于 1956—1960 年期间在利比里亚的经营活动每年产生的税后利润约为 1300 万美元。See Clower et al., *Growth Without Development*, p. 169.

43. See, e. g., *Firestone Non-Skid*, August 15, 1950; Edward S. Babcox, "The Harvey S. Firestone Memorial," *Tire Review* (August 1950), p. 29, 32–33.

44. Joyce Dyer, *Gum-Dipped: A Daughter Remembers Rubber Town* (Akron, OH: University of Akron Press, 2003), pp. 89–90.

45. Department of State Policy Statement, Liberia, January 10, 1951, p. 1276, FRUS, 1951, vol. 5.

46. Memorandum of Conversation, by Mr. Harold Sims of the Office of African and Near Eastern Affairs, April 14, 1950, 110.15 MC/4-1450, pp. 1718–1719, FRUS, 1950, vol. 5.

47. Memorandum of Conversation, by Mr. Harold Sims (April 14, 1950), 5917.

48. Department of State Policy Statement, Liberia (January 10, 1951), 1276.

49. President Harry S. Truman, Inaugural Address, January 20, 1949, Harry S. Turman Library and Museum, www.trumanlibrar .gov/library/public-papers/19/inaugural-address.

50. Truman to Rockefeller, with Related Material, November 24, 1950, The Point Four Program Collection, Official File Series, Harry S. Truman Library & Museum, www.trumanlibrary.gov/library/research-files/harry-s-truman-nelson-rockefeller-related-material.

51. 关于美国的冷战发展战略，见 , e. g., David Ekbladh, *The Great American Mission: Modernization and the Construction of an American World Order* (Princeton, NJ: Princeton University Press, 2009); Nick Cullather, *The Hungry World: America's Cold War Battle Against Poverty in Asia* (Cambridge, MA: Harvard University Press, 2010)。

52. See, e. g., Barnett to King, September 21, 1949, Barnett to Meier and Pinder, August 20, 1950, Folder 1, Point 4 Program (Liberia), Box 192, CABP.

53. "Firestone Plantations—Angel or Devil to Liberia," *Chicago World* (1950), Folder 1, Firestone Plantations Company, 1925–1958, Box 190, CABP.

54. McGhee to Wilbur, July 28, 1949, Folder 10, 1949, General Economic Reports, Liberia, RG59, Lot 56D 418, Box 1, ROAA.

55. Barnett to Rose, September 19, 1950, Folder 1, Point 4 Program (Liberia), Box 192, CABP. 利比里亚作为第四点计划的模板的重要意义始终未能得到美国历史学者的重视。

56. 数据出自 Clower et al., *Growth Without Development*, pp. 360–361; McBride, *Missions for Science*, p. 186。

57. Oscar W. Meier, "Liberia's Expanding Economy," *Foreign Agriculture* 15 (February 1951): 31.

58. 关于杜伯曼的政策，见 Elwood Dunn, *Liberia and the United States During the*

Cold War: Limits of Reciprocity (New York: Palgrave Macmillan, 2009)。

59. See McBride, *Missions for Science*, p. 173.

60. Republic of Liberia, Annual Report of the Financial Adviser, 1944, pp. 17–18, Folder 5, Box 11, LAWP.

61. Harvey Firestone Jr., "Private Enterprise and Point Four," *Vital Speeches of the Day* (1952), pp. 92–94.

62. *Liberia and Firestone* (Harbel, Liberia / Akron, OH: The Firestone Plantations Company, 1954[?]), p. 21.

63. "A Tribute from the President of Liberia to Mr. Frank E. Pinder," October 9, 1957, Folder 2, Frank Pinder, 1952–1959, Box 186, CABP. 如需简要了解平德在利比里亚取得的成果，见 *Point Four Pioneers: Reports from a New Frontier* (Washington, DC: U. S. Government Printing Office, 1951); "Agricultural Outlook," *Liberia Today* 7 (December 1958), pp. 69–73；International Cooperation Administration News, December 2, 1957, Folder 2, Frank Pinder, 1952–1959, Box 186, CABP。

64. Frank E. Pinder II, *Pinder: From Little Acorns* (Tallahassee: Florida Agricultural and Mechanical University Foundation, 1986).

65. Pete Daniel, *Dispossession: Discrimination Against African American Farmers in the Age of Civil Rights* (Chapel Hill: University of North Carolina Press, 2013); Monica White, *Freedom Farmers: Agricultural Resistance and the Black Freedom Movement* (Chapel Hill: University of North Carolina Press, 2018).

66. See Pinder, *Pinder*, pp. 59–60. 关于吉斯班的项目，见 John Beardsley, "River Island," in *Gee's Bend: The Women and Their Quilts* (Atlanta, GA: Tinwood Books, 2002), pp. 22–35。

67. Frank Pinder, "Point Four—A New Name for An Old Job!," n.d., Folder 1, Frank Pinder, 1938–1951, Box 186, CABP.

68. Frank Pinder to Claude Barnett, February 15, 1952, Folder 2, Frank Pinder, 1952–1959, Box 186, CABP.

69. 感谢莫妮卡·怀特（Monica White）帮助我理解这一概念在平德的抵抗政治当中的重要性。

70. Pinder, "Point Four—A New Name for An Old Job!," pp. 8–9.

71. 关于穆尔的生平，见 Bai T. Moore Papers, 1919–2004, Liberia Collections, Indiana University, http://webapp1.dlib.indiana.edu/findingaids/view?doc.view=entiretext&docId =VAC1412。

72. 关于南方黑人通过合作反抗更迭变换的垄断种植园的传统，见 Clyde Woods,

Development Arrested andWhite, *Freedom Farmers.* Jean Casimir coined the word *counter-plantation* in rethinking the history of Haiti and the sovereignty of its peasantry in the countryside. See, most recently, *The Haitians: A Decolonial History*, trans. Laurent Dubois (Chapel Hill: University of North Carolina Press, 2020)。

73. Bai T. Moore, "A Preliminary Report on the Dimeh Project," June 27, 1950, Folder 1, Point Four Program (Liberia), 1947–1953, Box 192, CABP; *Point Four Pioneers*; *The Point Four Program: A Progress Report* 6 (May 1951): 3–5.

74. Pinder to Barnett, October 18, 1947, Folder 1, Frank Pinder, 1938–1951, Box 186, CABP.

75. Pinder to Barnett, January 15, 1948, Folder 1, Frank Pinder, 1938–1951, Box 186, CABP.

76. Pinder to Barnett, September 1, 1949, Folder 1, Frank Pinder, 1938–1951, Box 186, CABP.

77. Pinder to Barnett, May 16, 1950, Folder 1, Frank Pinder, 1938–1951, Box 186, CABP.

78. "Laurels For:," *The Friend* (October 11, 1947), p. 4.

79. Patterson to Barnett, January 17, 1951, Folder 1, Frank Pinder, 1938–1951, Box 186, CABP.

80. Dudley to Pinder, May 8, 1952, Folder 2, Frank Pinder, 1952–1959, Box 186, CABP.

81. See, e. g., the tributes to Davis by Charles Wesley and Hugh Gloster in *Journal of Negro History* 66 (Spring 1981): 78–80.

82. See Pinder to Barnett, February 26, 1954, Folder 2, Frank Pinder, 1952–1959, Box 186, CABP.

83. 棕榈仁出口额在 1945 年还是零，1955 年已增长至 150 万美元。See "Reporting on 12 Years of Progress," *Liberia Today* 5 (January 1956): 2. 关于贝丁沼泽的水稻项目，见 *Liberian Swamp Rice Product: A Success* (Washington, DC: United States Foreign Operations Administration, 1955)。

84. Wilhelm Anderson, "Report on Visit to Liberia, October 12 Through October 23, 1953," Folder 1, Point 4 Program (Liberia), 1947–1953, CABP. See also Clayton Orton, *Agriculture of Liberia* (Washington, DC: United States Foreign Operations Administration, 1954).

85. "Ellender Has Some Reports," *Daily Chronicle* (DeKalb, Illinois), October 30, 1953, p. 19.

86. "Ellender Sees Congress Action on Point 4 Plan," *Daily Advertiser* (Lafayette, Louisiana), October 9, 1953, p. 7.

87. "Liberian Asserts Ellender Hurts Brotherhood Cause," *New York Times* (June 24, 1963), p. 2. 国内的种族歧视为美国的对外关系造成了挑战，关于这一主题的宏观背景，见 e. g., Thomas Borstelmann, *The Cold War and the Color Line: American Race Relations in the Global Arena* (Cambridge, MA: Harvard University Press, 2002), and Brenda Gayle Plummer, *Rising Wind: Black Americans and U. S. Foreign Affairs, 1935–1960* (Chapel Hill: University of North Carolina Press, 1996)。

88. "Ellender Hits at Liberian Aid," *Pittsburgh Courier* (March 20, 1954), p. 5.

89. 引文出自联合黑人通讯社的一篇新闻稿，与之一同发布的是 Barnett to Pinder, March 10, 1954, Folder 2, Frank Pinder, 1952–1959, Box 186, CABP. See also Pinder to Barnett, February 26, 1954, Folder 2, Frank Pinder, 1952–1959, Box 186, CABP。

90. AJE Diary 1953, Liberia, p. 33, Box 1517, AJEP.

91. 关于费尔斯通在本地市场倾销进口大米的行为，见 Niels Hahn, "The Experience of Land Grabbing in Liberia," in *Handbook of Land and Water Grabs in Africa: Foreign Direct Investment and Food and Water Security*, ed. Tony Allan, Martin Keulertz, Suvi Sojamo, and Jeroen Warner (London: Routledge, Taylor & Francis Group, 2013), pp. 71–87。

92. 关于"经济增长"成为科学目标的过程，见 Michelle Murphy, *The Economization of Life* (Durham, NC: Duke University Press, 2017)。See also Julie Livingston, *Self-Devouring Growth: A Planetary Parable as Told from Southern Africa* (Durham, NC: Duke University Press, 2019)。

93. Clower et al., *Growth Without Development*, p. 244. 对克洛尔的研究有一篇精彩的史学分析批评，见 Liberty, *Growth of the Liberian State*。

94. Kraaij, *The Open Door Policy of Liberia*, 64. 橡胶产量数据出自 Clower et al., *Growth Without Development*, p. 146, 154。

95. Taylor, *The Firestone Operations in Liberia*, p. 57.

96. 关于沃尔顿为杜伯曼所做的公关工作，见 , e. g., Walton to Tubman, October 9, 1951, and Benham to Tubman, n.d. Folder 5, Correspondence with William Tubman, 1950–1953, Box 19, LAWP。

97. Clower et al., *Growth Without Development*, p. 37.

98. See Kraaij, *The Open Door Policy of Liberia*, p. 120.

99. 关于更多细节，见 Emmanuel Urey, "Political Ecology of Land and Agriculture Concessions in Liberia" (doctoral dissertation, University of Wisconsin-Madison, 2018)。

100. John Robert Badger, "World View: Liberia's Future," *Chicago Defender* (March 2,

1946), p. 15.

101. Kraaij, *The Open Door Policy of Liberia*, p. 167; Wreh, *The Love of Liberty*, pp. 88–89.

102. Kraaij, *The Open Door Policy of Liberia*, pp. 168–169.

103. Barnett to Phillips, May 13, 1946, Folder 3, ANP + WNS Business Dealing, 1930–1964, Box 188, CABP.

104. Patterson to Barnett, January 17, 1951, Folder 1, Frank Pinder, 1938–1951, Box 186, CAPB.

105. "Liberians Report Bias in U. S.," *Chicago Daily Tribune* (December 28, 1960), p. 3. 关于非洲的解放斗争与美国的民权运动对利比里亚造成的冲击，有一篇精彩的分析，见 Patton, "Civil Rights in America's African Diaspora"。

106. Interview by Etta Moten Barnett, March 6, 1957, in *The Papers of Martin Luther King, Jr., Volume IV: Symbol of the Movement, January 1957–1958*, ed. Clayborne Carson et al. (Berkeley: University of California Press, 2000), 146. See also Kevin K. Gaines, *American Africans in Ghana: Black Expatriates and the Civil Rights Era* (Chapel Hill: University of North Carolina Press, 2006).

107. Quoted in Patton, "Civil Rights in America's African Diaspora," p. 334.

108. 在他的经典著作中，沃尔特·罗德尼曾专门拿出几页来写费尔斯通，以此探讨美国资本主义与对非洲的剥削。See Rodney, *How Europe Underdeveloped Africa*, pp. 192–193.

109. W. E. B. Du Bois, "A Future for Pan-Africa: Freedom, Peace, Socialism," *National Guardian*, March 11, 1957, reprinted in W. E. B. Du Bois, *The World and Africa* (New York: International Publishers, 1965), 296.

110. W. E. B. Du Bois, "The Future of Africa," reprinted in Du Bois, *The World and Africa*, pp. 308–309.

111. AAPC, *All-African People's Conference: Resolution on Neo-Colonialism*, Cairo, 1961. Reprinted in *Africa: The Politics of Independence and Unity* (Lincoln: University of Nebraska Press, 2005). 关于泛非主义历史的文献非常丰富。See, e. g., Sidney J. Lemelle and Robin D.G. Kelley, eds., *Imagining Home: Class, Culture, and Nationalism in the African Diaspora* (New York: Verso Books, 1994); Toyin Falola and Kwame Essien, eds., *Pan-Africanism, and the Politics of African Citizenship and Identity* (New York: Routledge, 2014); Hakim Adi, *Pan Africanism: A History* (London: Bloomsbury Academy, 2018).

112. CIA, "The All Africa Peoples Conference in 1961," November 1, 1961, CIA-RDP78-00915R0013003200009-3, p. 8.

113. See, e. g., "Surrender of Sovereignty Declared Unrealistic," *Liberian Age* (May 11, 1961), p. 1, 8; Dunn, *Liberia and the United States*, pp. 61–63.

114. Quoted in Dunn, *Liberia and the United States*, p. 45.

115. U. S. *Army Area Handbook for Liberia* (Washington, DC: U. S. Government Printing Office, 1964), p. 321, 382. Martin Lowenkopf, *Politics in Liberia: The Conservative Road to Development* (Stanford, CA: Hoover Institution Publications, 1976), p. 101.

116. Key S. interview, January 31, 2018. 关于罢工, 见 Lowenkopf, *Politics in Liberia*, pp. 102–103; Patricia A. Schechter, *Exploring the Decolonial Imaginary: Four Transnational Lives* (New York: Palgrave Macmillan, 2012), pp. 159–163。

117. Gwi S. interview, January 30, 2018; Dee B. interview, January 31, 2018.

118. Interview with Saphana K., January 30, 2018. 曾有多方证实费尔斯通管理人员开火一事, 见 Richards to Tubman, August 12, 1963; Tubman to Acting Attorney General, August 16, 1963, WTP-CNDRA。

119. "Harvey S. Firestone Jr. Dies at 75," *Rubber & Plastics News* (June 18, 1973), p. 8; "Firestone's Bid for the Top," *Forbes* (February 15, 1963), p. 22.

120. Kraaij, *The Open Door Policy of Liberia*, p. 64.

结　语

1. 关于利比里亚在 20 世纪 70 年代的阶级结构, 见 George Klay Kieh Jr., "Dependency and the Foreign Policy of a Small Power: An Examination of Liberia's Foreign Policy During the Tolbert Administration, 1971–1980" (doctoral dissertation, Northwestern University, 1986)。

2. Radio recording of Nina Simone in *What Happened, Miss Simone*?, directed by Liz Garbus (Netflix, 2015). See also Katherina Grace Thomas, "Nina Simone in Liberia," *Guernica*, June 19, 2017, www.guernicamag.com/nina-simone-in-liberia/.

3. 如需生动了解蒙罗维亚在 70 年代的时髦景象, 见 Hugh Masekela and D. Michael Cheers, *Still Grazing: The Musical Journey of Hugh Masekela* (New York: Crown Publishers, 2004)。

4. See Niels Hahn, "US Covert and Overt Operations in Liberia, 1970s to 2003," *Air & Space Power Journal—Africa and Francophonie* 5 (2014): 19–47; Dunn, *Liberia and the United States*, pp. 87–137.

5. Kraaij, *The Open Door Policy of Liberia*, pp. 77–83.

6. "Stephen Tolbert and Five Associates Killed in Plane," *Jet* (May 15, 1975), p. 15.

7. Brooks Marmon, "Murder and Mayhem in Liberia: What America Wrought in the

Country America Created," *Pambazuka News*, February 2, 2017.

8. Quoted in H. Boima Fahnbulleh, "Preface," in *Voices of Protest: Liberia on the Edge, 1974–1980*, ed. H. Boima Fahnbulleh (Boca Raton, FL: Universal Publishers, 2004), v.

9. Masekela and Cheers, *Still Grazing*, p. 258.

10. H. Boima Fahnbulleh, "Repression in Liberia," in *Voices of Protest*, p. 2; Fahnbulleh, "Preface," in *Voices of Protest*, vii.

11. Union of Liberia Associations in the Americas, Inc., "Mass Killing in Liberia," in *Voices of Protest*, pp. 281–284; Gwei Feh Kpei, "The Struggle Continues (Movement for Justice in Africa), March 1979," pp. 317–337, in *Voices of Protest*.

12. 多伊"致国民的讲话"引自 Jairo Munive, "A Political Economic History of the Liberian State, Forced Labor, and Armed Mobilization," *Journal of Agrarian Change* 11, no. 3 (2011): 357–376, on 367. 政变之后，"父亲之地"在利比里亚国家广播电台循环播放了近两个月。

13. T. Christian Miller and Jonathan Jones, "Firestone and the Warlord: The Untold Story of Firestone, Charles Taylor, and the Tragedy of Liberia," ProPublica, November 18, 2014. 关于费尔斯通与泰勒，见 also Stephen Ellis, *The Mask of Anarchy: The Destruction of Liberia and the Religious Dimension of an African Civil War* (New York: New York University Press, 2006)。关于利比里亚内战出现的原因已有丰富的讨论，但有一部作品通过族群矛盾视角，有力论述了内战从这个移民国家、当时的新殖民国家中爆发的过程，见 George Klay Kieh Jr., *The First Liberian Civil War: The Crisis of Underdevelopment* (New York: Peter Lang, 2008).

14. Interview with James B., July 4, 2013。

15. Stephen Archibald, *Feasibility Study into the Rehabilitation & Reintegration of Unregistered Ex-Combatants, Guthrie Rubber Plantation, Liberia, September-December 2006* (Landmine Action Liberia, 2006). 关于种植园劳动与内战中动员士兵的联系，见 Munive, "A Political Economic History of the Liberian State"。关于森那美特许地对乡村生活的冲击，见 Urey, "Political Ecology of Land and Agriculture Concessions in Liberia"。

16. Nicholai Hart Lidow, *Violent Order: Understanding Rebel Governance Through Liberia's Civil War* (Cambridge: Cambridge University Press, 2016).

17. Rachel Knight and Ali Kaba, "The Land Rights Act Victory in Liberia Means the Work Has Just Begun," Thomson Reuters Foundation News, October 23, 2018.

18. Truth and Reconciliation Commission of Liberia, *Final Report of the Truth and Reconciliation Commission of Liberia (TRC): Volume I: Preliminary Findings and*

Determinations (Monrovia, Truth and Reconciliation Commission, 2008).

19. Alaric Tokpa and Joseph Asunka, *Land Disputes in Liberia*, n.d., p. 6.

20. 关于利比里亚的农业、妇女权利与《土地权利法案》，参见 e. g., Moses M. Zinnah, Mulbah S. Jackollie, Emmett Crayton, and Olive B. Cisco, *Gender Assessment of the Policy Environment in Relation to the Cocoa, Oil Palm, Rubber and Timber Value Chains in Liberia*, Proforest's Production Landscape, February 2020。关于森那美与妇女土地权利的历史，有部分材料源自我同伊曼纽尔·尤里的合作，也有部分出自他为博士论文所做的田野调查，他都慷慨地同我分享。

21. 西尔维娅·温特观察到了种植园与小块土地之间的二元对立，并将后者的重要地位称作"反抗种植园体制的一种文化游击战"。这为思考乡村人民如何应对利比里亚的种植园经济提供了一种富有价值的研究方向。参见 Sylvia Wynter, "Novel and History, Plot and Plantation," *Savacou* 5 (1971): 95–102。